本书根据曾在东北日报社工作过的老同志于20世纪80年代编撰的内部资料《东北日报简史》修订而成。

谨以此书向《东北日报》的优良传统和9年新闻实践的辉煌成就表示敬意！

谨以此书向《东北日报》400余位新闻前辈表示敬意！

谨以此书向《东北日报简史》编写组成员马明华、田大钧、孙萌、王玉桂、焦殿珍、解克文、程颖等表示敬意！

辽宁日报社
历史书系

1945—1954

东北日报史

本书编委会

编著

辽宁人民出版社

图书在版编目（CIP）数据

东北日报史 / 本书编委会编著 . -- 沈阳：辽宁人民出版社， 2024. 10. --（辽宁日报社历史书系）.

ISBN 978-7-205-11363-6

Ⅰ . G219.243.1

中国国家版本馆 CIP 数据核字第 2024RA5725 号

出版发行：辽宁人民出版社

地址：沈阳市和平区十一纬路 25 号　邮编：110003

电话：024-23284325（邮　购）　024-23284300（发行部）

http://www.lnpph.com.cn

印　　刷：辽宁新华印务有限公司

幅面尺寸：185mm × 260mm

印　　张：19.5

字　　数：306 千字

出版时间：2024 年 10 月第 1 版

印刷时间：2024 年 10 月第 1 次印刷

责任编辑：刘　明

装帧设计：丁末末

责任校对：吴艳杰　等

书　　号：ISBN 978-7-205-11363-6

定　　价：88.00 元

1
—
2

1 《东北日报》在沈阳创刊时的电台小楼。地点为今沈阳市中山路339号

2 东北日报社在哈尔滨时期的所在地。地点为今哈尔滨市道里区地段街2号

东北全境解放，东北日报社由哈尔滨迁回沈阳后的办报地址。1954年9月1日，《辽宁日报》在这座楼内创刊。地点为今沈阳市中山路339号

总序

我们的历史

江河滔滔，其来有自；江河渺渺，其归有方。

新闻事业是党的事业重要组成部分。一代又一代的新闻工作者，从实现民族独立、人民解放开始，经历了社会主义革命和建设时期、改革开放和社会主义现代化建设新时期，更有幸的是走进了中国特色社会主义新时代。我们这个群体，既是实现中华民族伟大复兴的参与者，又是这壮阔历史的记录者。这特殊的身份带给我们别样的荣耀。

今天的新闻，明天的史记。如何以记录者的角色参与历史？时值《辽宁日报》创刊70周年之际，组织编撰《辽宁日报社历史书系》，既是对新闻工作的梳理，更是对历史现场的还原，这一过程里，我们这一代新闻工作者，精神为70年的风云所激荡，为新闻工作者的初心与奋斗所感动，为前辈的创新和创造而骄傲。在记录历史的同时，创造了自己的历史，70年来，一代代新闻工作者将自身价值的实现深深融入国家和民族的命运，并沉淀出自身的传统，我们的荣耀即源于此。

本书系包括三卷，即《辽宁日报史》一卷，记录了《辽宁日报》1954年创刊以来的发展历程；《东北日报史》一卷，为《东北日报》时期的老同志于1986年组织撰写，1987年定名为《东北日报简史》，以内部资料形式印制，追述了《东北日报》1945年创刊到1954年停刊9年间的发展过程，作为《辽宁日报》的前身，短短9年的《东北日报》极其重要，简史中记录的内容也异常珍贵；第三卷即《〈共产党员〉刊史》，《共产党员》杂志创刊于1948年，其前身分别是《翻身乐》《新农村》《好党员》，第四次正式更名为《共产党员》，为在全国拥有广泛影响的党刊之一。

党报和党刊的历史，是新闻工作者的奋斗史。从一张报纸到一个传媒集团，我们的事业不断壮大。一代又一代新闻名家、一个又一个新闻精品，累积成我们的传统和品格，其中包含着坚定信仰、守护初心使命、永葆理想主义精神、坚守文化价值等丰富内涵。

翻看发黄的纸上一行行文字，默读一篇篇稿子，仿佛看见前辈坐在农民的土炕上，在幽暗的灯光下写稿，或在地头和车间里，专注地采访，也仿佛看见伏案的老编辑头发花白，稿纸上的文字被勾得通红。这些历史的瞬间每每让人心潮澎湃，书系三卷所记录的全部历史成就，都由这样的瞬间构成。

谨以此礼敬 70 年过往，以此热望未来！

《辽宁日报社历史书系》编委会

2024 年 9 月

写在前面的话

李　荒

中共中央东北局的机关报《东北日报》，从出版到终刊，先后经历了近9年时间。这9年正是东北历史发生翻天覆地变化的时候——解放战争，土地改革，恢复国民经济，进行社会主义建设。对这些历史性的巨大变化，《东北日报》作了真实的记载，成为东北人民翻身做主人的记录。

东北日报社的9年工作，是有很大成绩的，发挥了党报的集体宣传者和集体组织者的作用，对东北解放区的开辟和建设，作出了贡献，有些文章在全国也产生了相当的影响。

它取得成绩的原因，从根本上讲，是报社全体同志保持和发扬了我们党多年创建起来的党报的光荣传统。

党报的光荣传统很多，《东北日报》主要是坚持了这样三条：一是严格服从党的领导，听党的话，贯彻执行党的方针政策，用执行党的指示如何，作为衡量报纸工作的标准。党报如果脱离了党的领导，就失掉了党报的性质，而变成了同人报。党报必须服从党的领导，这一原则将永放光辉。二是贯彻执行全党办报的方针，也就是坚持办报的群众路线，依靠各级党组织，依靠工人阶级和广大人民群众来办好报纸。报纸必须时刻密切联系群众，丝毫也不应脱离群众，如果脱离了群众，报纸就要发生这样或那样的错误。三是全体工作人员，上下左右，亲密团结，群策群力，共同为办好报纸而艰苦奋斗。回顾历史，总结经验，这三点至今仍有重要意义。

《东北日报》在9年中间，也曾发生过不少缺点和失误。回头来看，发生这些失误虽有当时的具体历史原因，但是报纸仍有自己必须汲取的教训。这些教训，从编辑思想检查，概括起来，首先是在世界观上对人民创造历史而不是英雄创造历史的观念不坚定，其次思想方法上对复杂事物缺少辩证唯物主义的分析态度，还有在党的政策如何和实际相结合上钻研精神不够。前事不忘，后事之师。30 多年过去了，这些深刻的教训，至今教育意义不减。

近几年来，不少历史较久的报纸，都在编写自己的历史。受此启发和激励，曾在东北日报社工作过的同志，不少人倡议编写东北日报社的历史。王楫同志是其中最积极、最热心的人。1986 年 8 月，我俩在大连见面时，他曾自告奋勇，打算抽出几个月时间，到沈阳翻阅全部《东北日报》，从而着手编写报史。大家听到这个消息，都十分高兴。正在我们翘首盼望他前来的时候，不幸他竟突然患病溘然长逝。这事促使我们马上动作起来。由马明华同志牵头，邀集了田大钧、孙萌、王玉桂、焦殿珍、解克文、程颖等同志，共同来着手编写。这些同志都就自己分担的专题，查阅了《东北日报》全部有关材料，有的同志在此之前，就曾专门访问过一些了解东北日报社情况的老同志。他们都进行了大量深入细致的准备工作，用了几个月时间写出这样一部简史。各部分负责执笔的同志是：田大钧为第一、第三、第七、第八篇，孙萌为第二篇的第一章，程颖为第二篇的第二章，焦殿珍为第二篇的第三章，王玉桂为第四篇，解克文为第五、第六篇。马明华负责全书的汇总工作。

这里应当提到的是，编写工作自始至终得到辽宁日报社党委的支持。辽宁日报社原副总编辑、新闻研究所所长郑直，副所长戴宇平和所内杨潮、王其先等同志，都参加了报史早期的筹划和编采工作。

《东北日报》从创办到现在，已经过去 40 多年了。这期间人事变化很多，当时在一起共同工作的同志，已经有 10 多位成了故人。我们愿以这本小册子记下他们当年的足迹，缅怀他们的功绩，永志不忘。对于现在天各一方的当年同志，愿我们大家坚持和发扬党的光荣传统，为社会主义建设奋斗不已。

我们编写简史的基本态度是力求实事求是，对成绩不夸大，对缺点错误不掩饰，按历史的本来面目来记述历史。9 年时间虽不算长，但是，所经历的变化却很大。如何用简明的文字记载下那么丰富复杂、头绪万千的历史，实非易事。下笔之后，大家深感困难很多，诸如列出的专题是否恰当，材料取舍是否得体，事后评定过去史实是否客观准确，都不是完全有把握的事。

简史打出清样后，曾分送原东北日报社的部分老同志，征求意见。他们都提出了有益的建议和意见，有的还帮助修改。感谢这些同志对简史的热诚支持。

我们把这部简史作为初稿拿出来，谨就教于原东北日报社的同志和广大读者。如果它对研究中国新闻发展史稍有裨益，我们就于愿已足。

1987 年 9 月 20 日

（本文作者为《东北日报》首任总编辑）

写在正式印行之际

丁宗皓

《东北日报》是《辽宁日报》的前身。一直以来，辽报人追溯《辽宁日报》报史，其叙事都以《东北日报》为开端。《东北日报》是我党于1945年在新开辟的东北解放区办起来的第一张大区报纸，当年11月1日创刊，至1954年8月31日为止。随着行政大区的撤销，1954年9月1日，《东北日报》的报头改换成“辽宁日报”，意味着原中共中央东北局的机关报正式改为中共辽宁省委机关报。确切地说，《东北日报》存续的时间为8年零10个月。

身处和平年代的新闻工作者，难以想象《东北日报》的前辈们，在那段岁月里经历了怎样的艰难困苦，无论是解放战争、抗美援朝战争，还是进入社会主义建设阶段，我们那些怀有革命理想主义精神的前辈们，如何舍生忘死开展办报工作。今天，翻开纸张暗黄、几近酥脆的《东北日报》，那股报人最喜爱的墨香已然散尽，但战争的硝烟和迎接并建设一个新中国的强烈喜悦杂糅一处，这最能冲击报人心灵的气息，会扑面而来。

《东北日报》历史光荣，成就辉煌。围绕党的中心工作，充分发挥了党的思想舆论阵地的作用；培育出一批卓有成就的新闻记者、作家、学者；新中国成立后一些名家被抽调到中央新闻单位和其他地区工作，并成为宣传思想战线的领导，使《东北日报》成为新中国新闻事业的奠基者之一；在宣传党的路线、方针、政策的过程中，形成了自身办好党报的新闻工作规制，积累了重要的工作经验。正是由于对这份精神遗产的承袭，《辽宁日报》在以后的70年里，才始终拥有自己的特色与地位。

及至20世纪80年代，在辽宁日报社工作的原《东北日报》的老同志陆续离开工作岗位，有的离世。撰写《东北日报》史的紧迫感愈来愈强，屈指算来，30多年已经过去，尚在工作岗位上的老同志们，抓紧联系其他身处天南地北的老同志，找资料、讨论大纲、划分章节、分配任务。这项工作从1986年开始，历时一年左右，于1987年成稿，定书名为《东北日报简史》。廖井丹题写书名，李荒为书作了序言，两位前辈均担任过东北日报社社长，对整理《东北日报》历史的重视程度可见一斑。遗憾的是，该书只是以内部资料的方式印制留存，尽管如此，为《东北日报》存史的目标已经实现。

时至今日，又是38年过去。38年间，这本印制粗陋的“简史”始终是很多同志的案头书，“简史”不简，包含着极其丰富的历史况味，我们反复研读、梳理与总结，从中获得了诸多丰富的滋养，这里不一一陈述。时值《辽宁日报》创刊70周年，辽宁日报社决定将此书公开印行，除以附录的形式，增加必要的补充要素以外，按照非必要不删减不调整的原则，保留“简史”内容的全貌，并将书名定为《东北日报史》。去掉一个原名中的“简”字，是想告诉读者，以《东北日报》而论，历史的重量和时间的长度并不成正比。

前辈们著史的视角和态度，是本书最为意味深长的部分，其叙事平实与简朴，没有任何夸饰，他们保持了新闻工作者永远用事实说话的职业精神，体现了实事求是的态度，让我们更加深切地感受到，支撑历史记忆的，是事实和细节，而不是形容词，这一点在李荒同志的序言中体现得尤为充分。今天很难想象，来自全国18个解放区的业务骨干，如何在枪林弹雨中辗转东北，顽强地坚持办报，让报纸发出党的声音，成为一支不拿枪的“铁军”。这如传奇般的经历，是由他们的精神境界所决定的，并同时决定了他们著史的视角。从根本上，前辈们把自己仅仅看作革命队伍的一员，始终把党的事业作为一生的价值选择，而作为个体的“我”，永远遥遥排在后面。

因为上述原因，原“简史”中缺少对《东北日报》编采人员的详细介绍，其中对机构变迁以及重要领导者和其他名人名家介绍都语焉不详，我们面临着历史档案查找困难、在世的前辈已然寥寥等问题，印行之前，虽然做了大量收集工作，但收效甚微，不能不说这是一大缺憾。历史的记录者，当被历史记录。为报业存史的工作不会停止，我们会继续努力，以补不足。

2024年4月11日

[本文作者为辽宁报刊传媒集团（辽宁日报社）党委书记、社长]

目录

东北日报

第一章

宣传东北解放战争

一

《东北日报》在沈阳创刊

1945 年 8 月，苏联出兵中国东北，日本宣布无条件投降。这一重大的历史事件，急剧地改变了中国内外的政治形势，从而使东北成为我党同国民党反动派激烈争夺的一个焦点。东北的战略地位极为重要，不仅有丰富的物产和发达的工业（重工业产值占当时全国的 90%），而且紧靠苏联、蒙古国、朝鲜。我党我军如果掌握了东北，把东北建成重要的战略基地，便可使中国革命立于不败之地。根据中央的指示，自 1945 年 8 月底至 11 月，除原来奋战在东北的共产党领导的人民武装外，我浴血战斗在敌后的关内许多部队和大批干部进入东北，扫清残敌，建立起人民的政权。在此期间，国民党军队也拼命地要把东北抢到手。他们一面在美国的援助下，从陆、海、空三路加紧向东北运兵，妄图抢占已被我军解放了的各战略要地，一面派遣大批“接收大员”进入东北各地，收编伪满的汉奸、特务、宪兵、警察、军队和地主土匪武装，大演其蒋伪合流的丑剧。《东北日报》就是在我党同国民党反动派争夺东北的殊死搏斗中诞生的。

《东北日报》是我党于新开辟的东北解放区办起来的第一张大区报纸。从 1945 年 11 月 1 日创刊，到 1954 年 8 月 31 日终刊，它经历了解放战争全过程，迎来了中华人民共和国的诞生，见证了新中国初期的经济建设。《东北日报》在 8 年零 10 个月的时间里，作为中共中央东北局的机关报，对于向沦陷 14 年的东北人民进行爱国主义和人民当家作主的教育，介绍中国共产党伟大、光荣、正确的历史及其所领导的人民军队的光辉的形象，揭露美蒋的反革命丑恶面目，宣传我军节节胜利和土地改革成果，动员组织人民力量支援前线，指导东北解放区的生产建设，支援全国解放战争，都起了很大的作用。《东北日报》在我党的新闻发展史上，是占有相当重要地位的。

中華民國三十四年十一月一日 東北日報 （星期四） 陰曆乙酉年九月廿七日 第一期 （一）

東北日報

社址 上海關山

中華民國三十四年十一月一日創刊

創刊號

定價 零售每份一元 定閱每月十五元

外蒙人民投票 一致贊成完全獨立

（新華社延安二十三日電）塔斯社訊，外蒙古人民共和國在十八省中已經收到十三省的選民投票，初步結果有三十八萬一千二百四十三人投票，一致贊成獨立。

（新華社延安廿四日電）據各方報導，外蒙古人民共和國的全民投票，業已勝利結束，選民總數爲四九四零七四人，參加投票的達四八三二九一人，佔選民總數的百分之九十七點八，均一致投票贊成外蒙古的完全獨立，據合衆社電稱，國民政府觀察員雷法章發表聲明說，全民投票係按嚴格遵守民主原則舉行，並表示尚證實人民對於政府的意志。

國共商談獲重要成就 毛澤東飛返延安

解放日報指出 國共會談獲得重要結果 但是仍有障礙需要克服

張家口人民熱烈歡迎 毛主席回延安

發刊詞

東北人民在長期苦難鬥爭之後，在蘇聯紅軍援助下開始解放了。今天我們可以自由說話，表示我們的真正意志了，本報就是東北人民的喉舌，它以東北人民的利益爲利益，以東北人民的意志爲意志，反映人民的要求，表達人民的呼聲，爲着團結友好以保障遠東和平，爲東北人民自己作主的民主自由繁榮的新東北而奮鬥。一切都爲東北人民而服務，這就是我們的宗旨，我們的天職。

最近中國共產黨中央委員會所提出的和平民主團結的建國方針，也就是本報今後努力的方向。

敵偽在東北已經摧殘蹂躪了我們十四年，現在在政治上經濟上文化上甚至軍事上還有不少的殘餘勢力，都給我們留下了許多毒素而沒有肅清。爲了建設民主自由繁榮的新東北，必須徹底肅清敵偽一切殘餘勢力與其遺毒，建立起我們東北人民新的思想武裝和新的組織力量。本報爲了東北人民之切身利益，決以全力和一切敵偽及法西斯餘孽作無情的鬥爭，無論它掛着什麼樣的漂亮招牌，穿着如何美麗的外衣，我們都將以照妖鏡暴露其原形而給以無情打擊。這就是我們當前的現實的鬥爭任務。

本報就站在這樣的立場上肩負着這樣的任務而誕生了。它是東北人民的報紙。

東北同胞們！全國同胞們！東北人民已從異族的統制下解放出來，但這只是解放的開始，還需要我們進一步掃除一切反人民的反動勢力，才能達到真正的解放，我們東北人民需要民主，需要自治，需要武裝自衛，需要清除一切敵偽殘餘勢力，以安定社會秩序，安定經濟秩序，需要民主自由的文化教育，需要健全的人民組織，需要取消一切經濟統制，並救濟災民難民，減輕負擔改善民生。本報願與我東北同胞共同奮鬥，以促其早日實現。

本報草創伊始，資力人力諸多不備，見聞學識又甚有限，尚望各界人士，隨時不吝賜教。

民主自由繁榮的新東北萬歲！

東北人民解放萬歲！

中華民族解放萬歲！

中蘇兩大民族友好團結萬歲！

《东北日报》创刊号

（一）

“山海关”办报之谜

《东北日报》在何地创刊？1979年版《辞海》有关条目和复旦大学新闻系编的《中国新闻事业史讲义》里，都讲是在“山海关”，其实不对。创刊并非在“山海关”，而是在沈阳。可是查阅头10期的《东北日报》，报头下面的地址，确实标着“山海关”三个字，这是怎么回事呢？这里有一段故事。

原来，1945年9月，以彭真同志为书记的中共中央东北局来到沈阳，决定创办《东北日报》。当时的口号是：靠“二万干部、十万兵、一张报纸”开展工作。因为当时的复杂环境，为了更好地开展工作，11月1日《东北日报》创刊时，在报纸刊头下边写上了“山海关”的“借用”地址作掩护。这个“借用”地址一直在报上登到第十期，直到国民党军队向山海关进犯，才从报头上取消。

《东北日报》创刊时，具体的地点是在今沈阳一经街和三经街之间的浩然里路北，两座同样外形的青砖二层小楼，东边那座用作编辑部，西边那座是印刷工厂。这个时期，筹建和领导办报的同志是：社长李常青、副社长廖井丹、总编辑李荒。编辑部的工作人员主要有：林火（韩冰野）、叶兆麒、宋士达（宋振庭）、杨永平、陆地等同志。领导后勤工作的同志有：向叔保、李平、董晨、王大任、林德光、史宁等。党总支专职人员有刘柯、武通甫等同志。

创刊时的《东北日报》报头，是吕正操同志题写的，他当时任东北民主联军副总司令。

首任《东北日报》总编辑李荒

（二）

半地下状态的创刊时期

1945年，《东北日报》在沈阳共出版了21期。在创刊号上的《发刊辞》里，明确申明“本报是东北人民的喉舌，它以东北人民的利益为利益，以东北人民的意志为意志，反映人民的要求，表达人民的呼声……为东北人民自己作主的民主自由繁荣的新东北而奋斗。一切都为东北人民而服务，这就是我们的宗旨，我们的天职。最近中国共产党中央委员会所提出的和平民主团结的建国方针，也就是本报今后努力的方向”。《发刊辞》里并没有指明这是共产党的机关报，但从其“宗旨”“方向”和发表的稿件看，报纸的政治立场十分明确，所以它便成为敌人的眼中钉。国民党特务和汉奸曾向报社的一个驻所打过黑枪，撕过报社张贴的标语。为了防范敌、伪、顽反动势力的捣乱和破坏，报社的地址对外是保密的。报社人员的活动也采取半公开、半秘密的方式。那时，办公地点不悬挂东北日报社的牌子，而是悬挂“文化社”“辽宁省教材编审处”等牌子。当时治安混乱，敌人猖狂。为此，东北局专给报社派来一个警卫连，加强保卫工作。

那时，报纸主要刊登新华社电稿，地方新闻稿极少。起初由于没有电台，稿源靠剪各解放区捎来的报纸。所以，见报稿件的电头，一般都晚 10 天左右，后来报社自己设立了电台，由周叔康等同志负责，报纸从第七期起，才有了近日新华社电头的消息。

此期间，出报是非常艰苦的。报纸印刷没有固定地点。它在以前的伪满洲日报社的印刷厂印过，在原“盛京时报”印刷厂印过，也曾到 100 多里外的本溪印刷过。有一次，工厂刘登奎同志携带制好了的纸型，去本溪印刷，不幸途中被汽车撞伤，失掉了一条腿。

报纸印出后，大多派人分送到各部队、机关。一般是赠阅，也在群众中销售一部分，发行量一般在数千份到 2 万份之间，最多一次达到过 20 万份，发行范围限于市内和邻近地区。

办报同志们的生活也是十分俭朴的。报纸草创伊始，正值冬月，天骤冷，屋内一度无取暖设备，人们需要忍冻工作和睡眠。对于吃穿，大家只求“衣能蔽体，食能充饥”，别无奢望。报社千方百计地为当地聘用的工人筹款发薪，而来自解放区的干部却照旧实行供给制，不发工资。这些经过抗日战争锻炼的干部，对待如此的艰苦生活，都怡然自乐，不以为苦。

二

半年间历经数次转移

（一）

第一次转移——本溪办报

1945 年 11 月 23 日，由于战局的关系，东北日报社跟随东北局一道撤出沈阳，向本溪、抚顺转移。当时命令下得紧迫，转移十分仓促。不仅人要走，还要拉运机器、纸张和生活物资。负责后勤工作的同志，分头组织人力联系车辆，拆卸机器，装运纸张。最后，人员一路经苏家屯转乘火车去本溪，另一路由汽车拉着辎重物资，顺公路直奔本溪。

到达本溪后，报纸于 1945 年 12 月 5 日复刊，在本溪办到 1946 年 2 月 2 日，共出了 40 期日报和 8 期号外。这个时期的稿件，仍以刊登新华社电稿为主，也开始有了一些地方新闻。在地方新闻里，多限于本溪、抚顺、安东等一些地区的报道。报道主要是关于发动厂矿工人反奸、反霸、反特、反专制的群众运动，起了教育群众、组织群众的作用。

在本溪办报，物资困难比沈阳还大。从沈阳带来的纸张，到本溪不久就用得差不多了。没有办法，做后勤工作的王大任等同志，又两次化装到沈阳，通过特殊渠道，运出两批纸张。印刷油墨也不足，只好黑的用完，再用杂色的。在本溪出版的 40 期报纸中，就有 12 期是用蓝色油墨印刷的。后来质量好的纸没有了，就用质量差的纸印，当然两面印铅字是不行了，只好改单面印刷。入冬雪封，天寒地冻，服装也成问题，有的记者外出采访，不得不辗转求借大衣，以作御寒之用。

在本溪期间，严文井、华君武同志来到报社。

（二）
初具规模的海龙办报

1946 年 1 月下旬，国民党军队逼近沈阳，并图谋向本溪进犯。报社迫不得已又随东北局向吉林省海龙县（今吉林省梅河口市）转移，同时也组织一些同志去通化，进行后方基地建设。

这次转移同样是紧急仓促的。为了保证到达新的地点能迅速出报，报社人员全力以赴地把印刷机器、纸张、字模、铅字尽多尽快地装满了汽车，而每个人所带的，却只有一个小行李包。东西装好，车队要出发了，这时突然发现缺了一个汽车司机，编辑孙蔚祥会开车，自告奋勇，并煞费苦心找来一名司机，做了细致工作，跟他同吃同睡，终于把一车物资安全运到了目的地，孙蔚祥为这次转移立了一功。

《东北日报》在海龙办报的时间比在沈阳、本溪都长，从 1946 年 2 月 7 日起，到同年 4 月 22 日止，有两个半月之久。在此期间报纸发生了四个变化：第一，由东北局宣传部部长凯丰同志负责领导报纸。在此之前，报社由彭真同志直接领导。第二，在海龙期间，又从关内陆续来了一批干部，他们是：王揖、穆青、常工、陈学

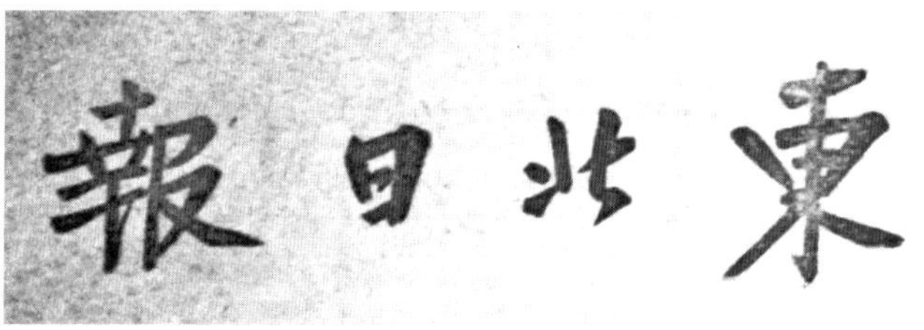

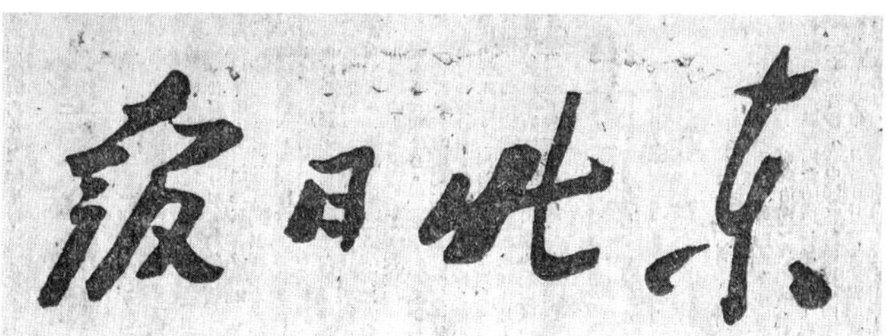

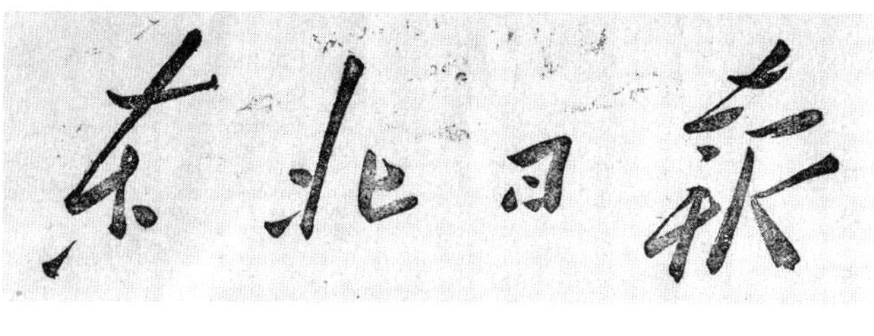

1 吕正操题写的报头（《东北日报》创刊起采用）

2 毛泽东集字报头（1946 年 4 月后采用）

3 毛泽东 1946 年为《东北日报》题写的报头，当年 12 月 8 日开始使用

1
—
2
—
3

昭、林聿时、赵煦天、史勘等同志。这时报社人员虽然仍不算多，却包括了来自延安、晋绥、太行、晋察冀、冀察热辽、山东、苏北等解放区的干部，真是五湖四海，人才济济。第三，编辑部已初具规模，开始组成新闻部、通采部和副刊部。第四，自1946年3月24日（第93期）把第二版辟为地方新闻专页后，地方新闻有所增加。3月31日（第100期）起，把原四开版报纸改为对开版大报；并在4月28日（第123期）开始使用毛主席的题字作报头。

（三）
宣传东北抗联光辉业绩

在海龙期间，正值国共停战协定公布和政治协商会议召开。停战协定墨迹未干，国民党竟然横生枝节，颠倒黑白地胡说："日本投降前东北没有共产党军队。"以此为借口，硬是不把东北放在军事停战和政治协商之内，继续增派军队在东北挑动内战。为了批驳国民党的无耻谰言和揭露国民党阴谋独霸东北的行径，《东北日报》在报道反奸、反霸和地方政权建设消息的同时，自1946年2月下旬起，在一个多月时间里，集中突出地发表了一批有关东北抗日联军历史的文章，进行了针锋相对的斗争。其中有穆青、魏东明等同志经过深入采访写出的《阐述抗日联军斗争简史及东北建设意见——周保中将军答本报记者问》《东北抗日联军斗争史实》《中国共产党与东北抗日联军十四年斗争史略》《中国共产党与东北人民的血肉关系》等访问记、调查报告、人物介绍和专论等10多篇报道，用大量生动具体的事实，有理有据地阐明了东北抗日联军在中国共产党的领导下，14年中如何在极端艰苦的条件下，坚持抗日游击战争，著名的民族英雄杨靖宇、魏拯民、夏云杰、王德泰、陈翰章、李文彬、冯志刚、周旭东、曹亚范、王光宇、李延平、张振华、黄玉清皆相继战死在抗日的疆场上。东北抗日联军奋勇抗战的业绩，不仅展现了中华民族宁死不屈的气节，而且消耗了日军大批人力物力，延缓了日本侵略者向内地的进攻，并以自己的流血牺牲坚定了全国人民的抗战意志，最后和苏联红军一道战胜了日本侵略者，解放了全东北。东北抗日联军对抗战作出了巨大贡献。这是一组比较成功的宣传报道。这组报道，将东北抗日联军气壮山河的英勇斗争，中国共产党为国家为民族大义凛然的光辉形

DUNGBEI RHBAO

東北日報

第八十六期

中國共產黨與東北抗日聯軍十四年鬥爭史略

關寄晨

1

2
—
3

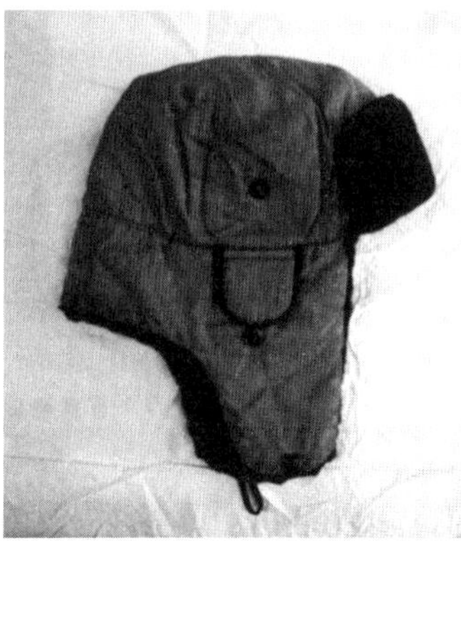

1　穆青（署名关寄晨）采写的《中国共产党与东北抗日联军十四年斗争史略》

2　穆青在东北日报社时的留影

3　穆青采访东北抗联时用过的棉帽

象，深深刻印在东北读者的心中，使长期受日伪和国民党欺骗宣传，只知有“满洲国”而不知有中国，或者虽然知道有中国而不知道有中国共产党的东北人民，开阔了眼界，提高了认识。

正当报纸集中报道东北抗日联军的辉煌业绩时，3 月 9 日突然发生了哈尔滨中苏友好协会会长、东北抗日联军第三路军总指挥李兆麟被国民党特务暗杀的事件。消息传来，在东北解放区和原抗联根据地的群众，无不愤慨万分。报纸抓住这一严重事件，在 20 天内，连续发表消息、社论、传略、通电等 7 篇报道，一方面介绍了李兆麟同志的抗日事迹；另一方面，对国民党卑鄙的暗害罪行，破坏东北和平制造内战的阴谋，进一步加以揭露。

（四）
第四次转移——长春险撤，路遇敌机

1946 年 4 月 18 日我军解放长春后，东北日报社随东北局于 4 月 25 日进入长春，这是第三次转移。

报纸迁到长春后，正是国民党集中兵力攻打我四平，而长春也日益受到严重威胁的时候。在这种形势下，有些人被国民党一时的貌似“强大”迷惑，为我方暂时的困难而担心。对此，报纸在 5 月 6 日发表了一篇专论《国民党的危机》，文内比较全面地分析了国民党在政治、经济和军事上的弱点和危机，指出：“国民党反动派若继续坚持独裁与内战方针，不仅将使它本身达到崩溃的命运，而且也将使全国和平局面遭到严重的破坏，从而引起全国政治经济可怕的糜烂。要制止这一空前严重的危机，端赖全国人民向国民党反动派的严重斗争。”这篇文章，有力地指出了当时国民党不可解决的矛盾，并得出他们倒行逆施必然走向崩溃的结论。

此外，报纸还用长春地区人民所见闻所感受的事实，做了对比性报道：国民党一度接收长春后，任命曾是日本侵略者走狗的姜鹏飞为接收大员，汉奸、特务受到重用，横征暴敛，物价飞涨，工人失业，学生失学。而东北民主联军进驻长春后，因被敌人破坏而造成的水、电、粮、煤四大困难，很快得到解决；工厂复工，学校开课，物价下降，市面繁荣。有的群众说，“想不到民主联军来了，有这样的能力，四五天内交通、电灯、用水恢复得这样快”“民主联军对待老百姓和自家人一样”“国民党来了要穷人命，共产党来了要穷人活”。报纸把这些群众心声，都及时刊登出来。

在长春办报不及一个月，敌人进犯，报社又被迫进行第四次转移，前往哈尔滨。报社由长春向哈尔滨的转移，是最紧张和冒风险的一次。1946 年 5 月 22 日，四平已经失守。下午 6 时许，突然接到东北局紧急命令，翌晨以前，全部撤出长春，北上到哈尔滨。这次转移，不仅时间紧，而且又值夜间准备，就更为艰难。但经过后勤同志的努力，用一夜和一个上午，不仅把东北日报社所需要的设备器材和生活物资装上了列车，而且还帮助装运了东北局宣传部、东北电影制片厂、东北书店等单位的部分物资。

这一夜，全社职工虽然投入转移的战斗，但是编辑部和工厂的同志还是坚持站好最后一班岗，把 23 日的报纸编排妥当，按时印出。

列车在 23 日下午离开长春。两个车头拉着几十节车皮，缓缓向哈尔滨行驶。火车司机是临时请的，这是从长春外撤的较晚的一列火车。车行不远，长春即被国民党部队合围。列车行至德惠县附近，国民党飞机即在上空盘旋，司机熟练地采取紧刹疾驶的办法，躲过了几次敌机围追，后来仍然摆脱不掉，于是只好停车，疏散了车上人员。这时，敌机却扫射了前边的另一列车，结果造成东北大学赴哈学生 10 多人遇难、30 多人负伤的惨剧。报社人员乘坐的火车，等敌机离去，加速开行，脱离

东北日报社迁移示意图

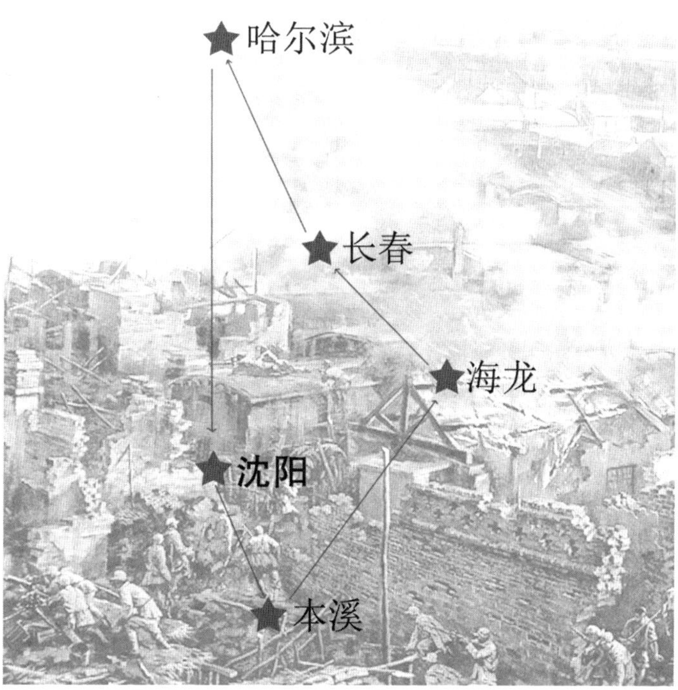

险境。5 月 24 日，报社人员平安到达哈尔滨，随即确定大部分同志留在哈市办报，并于 28 日就出版了报纸。另外一部分同志到佳木斯，经营东北日报社的后方基地。不久，东北局发布了“七月决定”，动员 12000 名干部下乡，报社也派出一批干部参加下乡工作。自此以后，报社把解放战争和土地改革作为报道的中心任务。

总之，从创刊到 1946 年 7 月这一时期，《东北日报》是在时局动荡不安的情况下度过的，报社曾四次转移，工作人员缺少，编辑记者最多时还不到 20 人。在环境艰险、物力困难的情况下，由于全社职工患难与共，齐心协力，一个人做两个人的工作，报纸除在转移过程中中断过一些时日外，一直都是坚持出报，而且由小到大，地方新闻日益增多，办得越来越有针对性和鼓动性。其中，比较突出的报道是：介绍中国共产党及其所领导的东北抗日联军在东北沦陷 14 年中的英勇奋斗史实。当时发动群众的中心工作，是进行反奸清算斗争，报纸也对此进行了若干报道。那时，报纸发行量达到过 2 万份的可喜数字。

三

军事宣传报道占据重要地位

报纸在哈尔滨复刊之初，东北战局形势极为紧张。国民党反动派妄图独占全东北，在美帝国主义援助下，攻占了已被东北民主联军（后改称东北人民解放军）解放的北宁路、中长路沈阳段、承沈路、平梅路、梅辑路、安沈路、大通路等铁路沿线及附近的城市，抢夺了松花江地区德惠以南的东北大部分地区，并且图谋向北进犯。东北人民自卫战争当时进入了十分艰苦的阶段，在这危急之际，中共中央东北局认真执行了毛主席《建立巩固的东北根据地》的指示，派大批干部下乡，认真发动群众，进行土改斗争，逐步积蓄力量，很快打开了军事局面，由防御转为进攻，终于在 1948 年 11 月，取得了解放全东北的伟大胜利。《东北日报》这一个时期宣传报道的重点，主要放在自卫战争和土地改革两大任务上。

在此期间，报社机构已具规模，人员日渐增多，先由李常青、后由廖井丹任社长，李荒任总编辑。编辑部已有 80 多人，共设新闻、通采、副刊三个部，后又增设城市工人部、农村部和评论部。报纸通讯网开始建立，以松江省（今黑龙江省南部）为主，并向三肇地区（今黑龙江省肇东市、肇源县、肇州县）发展，通讯网使报纸同实际工作密切配合。这一个时期报社的后勤工作也逐步加强，领导人员是：向叔保、王大任为正副经理，刘力子、董晨为石岘造纸厂正副厂长，李平为哈尔滨印刷厂厂长，吕西良、王大任（兼）、林德光是佳木斯印刷厂的负责人，傅守凡是东安印刷厂的厂长。其他管后勤的人还有史宁、史勘、王书枫、冯尧生、李和明等。报纸发行量迅速增加，到 1948 年末，已近 8 万份。

东北全境解放是东北三年解放战争伟大胜利的结果。在《东北日报》的新闻报道中，军事斗争始终占据最重要的地位，投入了大量人力，使用了最多篇幅，特别是报社在哈尔滨两年半期间，正是东北人民解放战争历史上的重大年代，它包括了以下阶段：一、敌人集结优势兵力向我进攻，我方采取攻势防御；二、我军“三下江南，四保临江”，迫使敌人由战略进攻转入防御；三、我军转入全面反攻，迫使敌军处于被动挨打；四、我军发动辽沈战役，解放全东北。报纸在战争每个阶段都尽力做到紧跟斗争形势，把军事宣传报道放在突出地位。报纸上一、三版的重要位置和其他版的一部分版面，都刊登军事报道；不仅形式多样（有消息、通讯、评论、解放区介绍、每月每周战况、图片、地图和各种文艺形式），而且内容丰富（有军事分析、胜利捷报、功臣英雄介绍、揭露敌人罪行、人民踊跃参军支前、拥军爱民等）。空前壮丽的东北人民解放战争，是冲垮国民党在白山黑水间反动统治的洪流，而这股洪流的每朵浪花，几乎都在《东北日报》的军事报道中闪烁着动人的光彩。而今天，人们把这些报道从头到尾翻阅一遍，又仿佛看到了一部脉络清楚、轮廓分明的东北解放战争简史。

（一）
破除和平幻想　宣传必胜信念

在哈尔滨期间，军事宣传重点抓了几件大事。首先是通过宣传，打破当时存在的和平幻想，揭露美蒋制造中国内战的阴谋。当我军主动撤出四平、长春等地后，党内党外一些人在思想上有了混乱。报纸反复说明，只有以人民的正义的解放战争，反对国民党反动集团的非正义的反人民战争，才能获得真正和平；只要坚持战斗，我们一定能获得胜利。这些观点，主要是通过一系列的社论、文章反复加以阐述。1946 年 5 月 28 日在哈尔滨复刊当天发表的《以坚决的自卫战争粉碎国民党军队的进攻》，以及以后陆续发表的《庆祝胜利争取新胜利》《用自卫战争争取和平民主》等社论，就是这一类的实例。这些文章除了揭露蒋介石扩大东北内战的罪恶，还分析了国民党军队战线拉长、兵力分散、后方薄弱，加上军心厌战、违背民心，结果一定要失败；而我方军队则与人民结合，有毛泽东思想指导，加上我们的战争得军心、顺民意，解放区又团结巩固，还有国际民主力量的支援，真正的优势在人民军队方面，它过去是打败日本帝国主义的主力军，今后完全可以打垮蒋军，取得最后胜利。这些宣传都在东北人民中产生了积极正向影响。

报纸及时发布我军每个胜利消息，并严格执行每个战况必须如实报道的原则，缴了多少枪，俘虏多少人，都要真实，绝不允许任何夸张。这一点，是报社始终坚持的原则，从来没有松动过。《东北日报》很快在东北人民中树起威信，这一条是重要原因之一。有一个名叫吴云的东北知识青年的来信，就能充分说明问题。他原来不相信《东北日报》刊登的胜利消息，后来他把亲眼看到的被捉的俘虏和收缴的枪炮，同《东北日报》登的消息加以核对，于是心悦诚服了。为此，他写了《实际经验中打破了对报纸的怀疑》一稿，投给副刊，不但相信了报纸的报道，而且进一步表示“今后我更相信共产党，永远跟共产党走”。可见，要求新闻完全真实是我们党报的优良传统，也是我们党报用以宣传群众、组织群众的主要原则。

（二）
剿灭“中央胡子”　安定后方秩序

在军事报道中，报纸突出宣传的第二件大事，就是动员全体军民力量，剿灭各地的“中央胡子”，安定后方秩序，壮大我们的武装力量，建立巩固的东北根据地。所谓“中央胡子”，是指由被国民党网罗、收编和主使的一批敌伪特务、警察、汉奸、土匪组成的地主武装，他们被加封为“中央先遣军”“光复军”“东北挺进军”等各种名号。他们横征暴敛，绑架抢劫，强奸妇女，杀害百姓，袭扰我军，无恶不作，是国民党安插在我解放区的一支“别动队”，群众与他们不共戴天，对其恨之入骨。

当时的东北日报社也受过胡匪的侵害，曾牺牲了一些人员，损失了一些物资。报社在哈尔滨复刊不久，为解决纸张困难，根据东北局的指示，派出管后勤的刘力子、董晨同志，带着几名干部和一排战士，到吉林图们附近，在一座饱受炮火破坏的日本纸浆厂的废址上，建立了中国新闻史上第一个由报社自办的大型造纸厂——石砚造纸厂。由于干部战士筚路蓝缕、辛勤劳动，纸厂很快生产出质量虽差，但数量却相当可观的新闻纸，不但解决了报社用纸的燃眉之需，而且逐渐能供应东北书店的用纸。纸厂距报社远达数百公里，纸张需靠铁路运输，中途经常遇到土匪拦车抢劫。

有一次，火车装运了一批新闻纸，驶到老爷岭时，突然受到一伙胡匪的袭击，结果列车翻到山崖下边，6 名押车战士和工作人员全部牺牲。

报纸登载部队剿匪的捷报，更介绍了各地军民联合剿匪的经验，特别是地方自卫队剿匪活动的胜利。例如，1946 年 7 月，佳木斯青龙山人民自卫队用步枪、“老母猪炮”（旧式土炮）、扎枪、木棒，击溃了臭名远扬的匪首谢文东、李华堂率领的 800 多名土匪的四次进攻。对此，报纸作了较详细的报道。最令读者感兴趣的一则新闻是 1947 年 2 月 19 日一版发的《战斗模范杨子荣等活捉匪首坐山雕》，新闻中介绍了春节期间，牡丹江军分区战斗模范杨子荣等六位同志，化装深入匪巢，活捉匪首“坐山雕”张乐山及他手下的胡匪，创造了以少胜多的范例。后来曲波同志的小说《林海雪原》，即是据上述事迹写成的。

《东北日报》对剿匪斗争的宣传报道是比较突出的。据统计，从 1946 年 6 月到 1947 年 2 月，就发表有关剿匪报道百篇左右。其中特别注意抓住典型，深入揭露匪蒋一家危害人民的罪恶行径，把剿匪斗争与反对美蒋反动派的斗争结合起来，以教育人民，提高人民觉悟。擒获主要匪首姜鹏飞的报道就是一例。姜鹏飞是全国闻名的罪大恶极的大汉奸，在伪满铁石部队当将领时，曾配合日军进攻我抗日联军，残杀我抗日同胞，后为蒋介石收编，被任命为新编第 27 军军长、国民党冀东挺进军总司令，秘密潜入我解放区，阴谋在八月初一，与另一匪首李明信里应外合，占领哈尔滨。1947 年 9 月上旬，姜匪被擒、受审、伏法前后，报纸作了连续报道，共发了 10 多篇消息、文章，并配有照片，把姜匪的罪行一一诉诸报端。姜逆伏法的报道发表后，人心大快，哈尔滨市各界人士纷纷发表讲话，表示热烈拥护。另外，大土匪头子、国民党第十集团军总司令谢文东就擒伏法时，《东北日报》也进行了充分的报道。

（三）
“三下江南，四保临江”的报道

东北战场“三下江南，四保临江”几次连续性的战役，是我军由被动变主动，国民党军由主动变被动的一个转折点。解放战争初期，国民党军在东北取得了暂时的优势，而从 1947 年 1 月“三下江南”战役打响后，我军在各个战线的反攻也同时

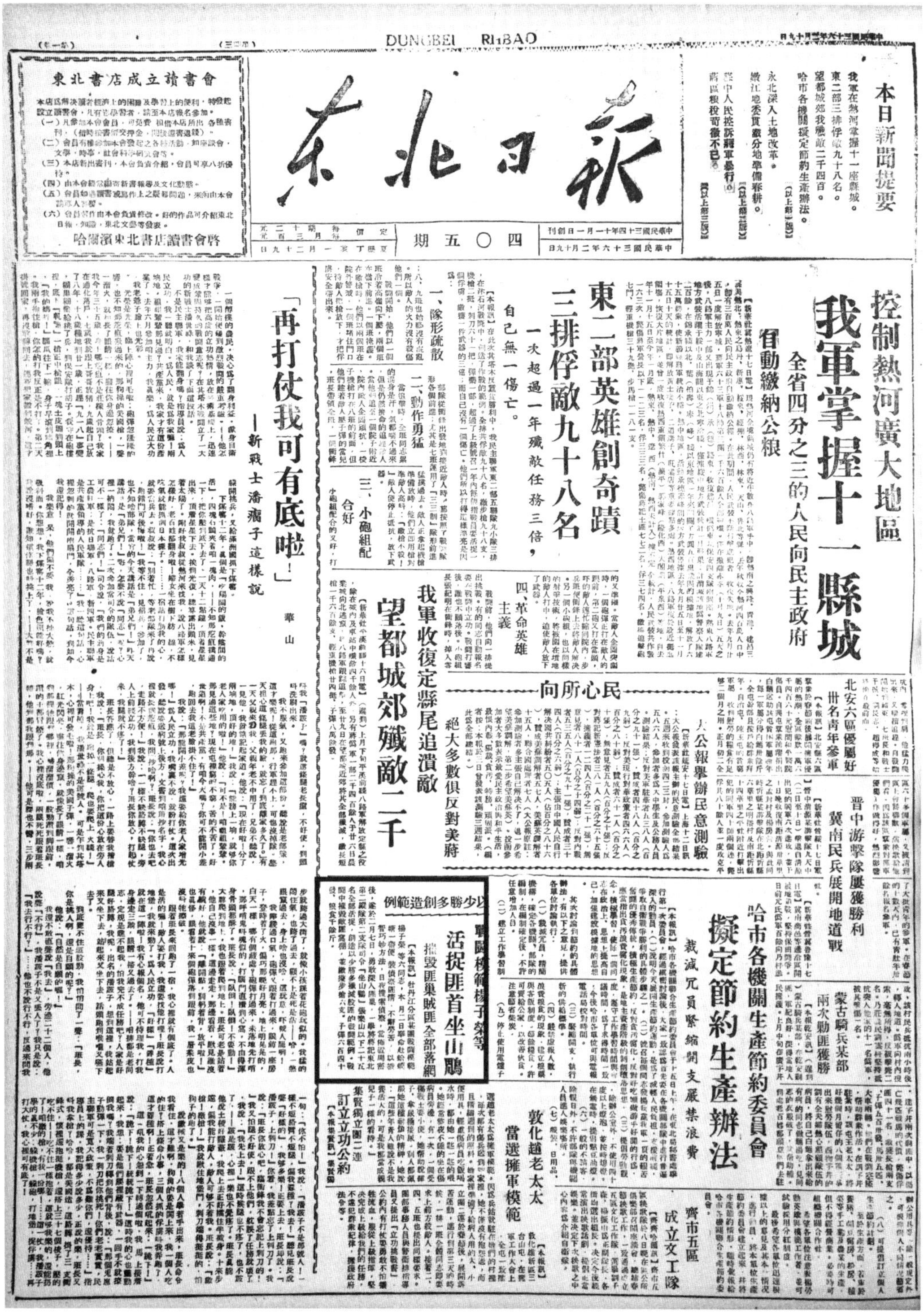
東北日報

DUNGBEI RIBAO

中華民國三十六年十二月十九日

四〇五期

本日新聞提要

我軍在熱河掌握十一座縣城。

東二部三排俘敵九十八名。

望都城郊我殲敵二千四百。

哈市各機關擬定節約生產辦法。

永北深入土地改革。

嫩江地委貫徹分地準備春耕。

蔣管區人民控訴國軍暴行。

蔣區粮稅苛徵不已。

控制熱河廣大地區

我軍掌握十一縣城

全省四分之三的人民向民主政府自動繳納公粮

東二部英雄創奇蹟

三排俘敵九十八名

一次超過一年殲敵任務三倍，自己無一傷亡。

「再打仗我可有底啦」

——新戰士潘癲子這樣說

華山

我軍收復定縣尾追潰敵

望都城郊殲敵二千

民心所向

大公報舉辦民意測驗

絕大多數俱反對美蔣

北安六區優屬好

卅名青年參軍

晉中游擊隊屢獲勝利

冀南民兵展開地道戰

蒙古騎兵某部兩次勦匪獲勝

哈市各機關生產節約委員會

擬定節約生產辦法

裁減冗員緊縮開支嚴禁浪費

以少勝多創造範例

戰鬥模範楊子榮等

活捉匪首坐山鵰

摧毀匪巢賊匪全部落網

敦化趙老太太

當選擁軍模範

齊市五區

成立文工隊

訂立立功公約

東北書店成立讀書會

《东北日报》发表战斗模范杨子荣等活捉匪首“坐山雕”的报道

告捷。到3月中旬，我北满大军，威震长（春）吉（林），取得了其塔木、张麻子沟、焦家岭、城子街，以及从靠山屯至农安一线歼灭战的胜利；南满部队在连续粉碎敌人三次进犯临江以后，接连收复辑安（今吉林省集安市）、金川、柳河、辉南、桓仁等县城，完全粉碎了敌人“先南后北”的进犯阴谋。这是我军在东北战场上第一次在较大范围里取得的胜利，歼敌人数约占敌人正规军的1/4。报纸对这次战役的报道，投入了相当大的采访力量，其报道规模之大，篇幅之多，是报纸创刊以来所未有过的。据统计，两个多月，共发表了110多篇消息、22篇通讯、4篇言论，并配有军事地图和人物肖像，把人民战争的伟大场面和我军英勇作战的事迹比较充分地报道出来。其塔木战役的报道是突出的一例。其塔木在吉林九台以北，由国民党自吹“天下无敌”的新一军主力113团第一营驻守。他们在不到2里长宽的地方，修筑了百余座地堡，明暗掺杂，高低配合，火力互相策应，敌人吹嘘“十万民主联军打不进去”。在这种密集的地堡群面前，我军能否取得胜利，当时是一个严峻的考验。战役的结果表明，我们有觉悟的战士在极为不利的条件下，也完全可以战胜敌人。不仅老战士能打，老战士带领新战士也能打。我军只用两天两夜的战斗，就歼灭了守敌，前来增援的两个营敌军也同遭歼灭。报纸大张旗鼓地宣传这一胜利，共发了30多篇消息和通讯，连续而多方面地进行了报道，详细地反映了战斗的过程，大量地歌颂了我军指战员的革命英雄主义。此外，还用一定的篇幅介绍了攻打敌人碉堡的经验。这是以弱胜强的宝贵经验，军民都爱读。这一组报道，对于鼓舞士气、振奋民心、教育新战士，起了重要作用。有些部队把这一组报道中的某些篇章当作教材使用，向战士们广泛进行宣传。

（四）
捷报频传新形势　鼓舞人心大标题

1947年夏季攻势之后，东北战场形势发生根本变化，敌人日益陷于分割孤立，我则东西南北逐步连成一片，掌握了战争主动权。报纸一方面反映我军由防御转入进攻后，捷报频传的新形势；另一方面则动员一切力量加紧支援战争。报纸从夏季攻势一直到解放全东北，所发表的军事报道，数量很多，在版上除了有几个月土改的报道略多以外，军事报道一般是占1/2或2/3的版面，同时二、三、四版还分别配发消息、通讯和各种文艺作品。特别是在每个战役之后，军事报道尤为突出。例如，1947 年 50 天夏季攻势中，报纸就用一版头题位置发了 35 条消息，报道我军歼敌 8 万，收复县城 38 座的胜利。到了 1948 年春季和秋季攻势，报纸更是连续突出、绘声绘色地宣传我军在歼敌克城战斗中，那种风扫落叶、势如破竹的英勇气概，以及反映敌人土崩瓦解、垂死挣扎的丑相。

我军转入全面反攻后，捷报频传。有时甚至出现一天三捷、日克四城的喜讯。军事报道不仅篇幅多，地位突出，而且标题字号越来越大。开始，我军收复一般县城，标题用四倍的字号标出；收复重要的县城，用五倍的字号作标题。后来，胜利越来越大，标题字号也随之增大。到 1947 年秋季，我军歼敌 69000 人，收复县城 5 座时，就使用六倍的字号作标题了。

以后在辽沈战役阶段，《解放战略重镇锦州　守敌十万全部就歼》以及《六十军长春起义》两个标题，就用了报社仅有的最大字号——七倍体。1948 年 10 月 21 日《郑洞国率部投降》消息，想用更大的字号作标题，但是没有现成的，于是大家出主意，照相放大出了相当于八倍半的锌版题。10 月 30 日见报的《辽西围歼战彻底胜利　全歼敌精锐五个军》，以及 11 月 4 日见报的《攻克沈阳全歼守敌　东北全境解放》，则用了九倍的明体字，标题简直大得出奇，每个字竟有 3 厘米见方，报纸由上到下竖排，通栏只能容八九个字。这样空前大的标题，在报社迁回沈阳后，又在报道全国解放的重大胜利时使用了几次。

（五）
运用漫画这个锐利的武器

提到《东北日报》的漫画，必然会令人想到华君武同志，当年《东北日报》上 90% 以上的漫画，都是他画的。华君武以创造蒋介石的漫画形象，蜚声东北和全国。

华君武同志 1945 年来到东北日报社时，先做过一段时间的记者，1946 年 6 月起，开始在《东北日报》上发表漫画作品。在哈尔滨时期，华君武同志发表在《东北日报》上的许多漫画，用民族化、通俗化的表现形式，内容丰富，主题明确，爱憎分明；同时构思巧妙，笔墨洗练，既突出幽默感，又具有战斗性，收到引人深思的艺术效

著名漫画家华君武

果，成为配合军事报道、打击敌人的一种强大的武器。当时，他的绝大部分作品，一个总内容是：打倒蒋介石，解放全中国。他创造的蒋介石漫画形象，穿着一身美国大兵服装，光头、高颧骨、凹眼睛、小胡子，脸上贴块黑膏药，不仅在形象上而且在精神实质上作了入木三分的刻画。他的漫画多产，反映了他创作热情旺盛，到 1947 年底，一年半的时间，就在《东北日报》和其他画报杂志发表了 130 多幅漫画。他的作品还成了群众描摹的画帖。那时，在东北解放区的王爷庙、北安、东安、佳木斯、哈尔滨等地的街头、火车站、电车上，以及学校、工厂、文工团和秧歌队的宣传牌上，到处可以看到华君武漫画的复制品和仿制品。东北画报社曾给读者印发过一种征求“意见书”，上面有一项“喜欢什么画？”“谁的画？”，在读者回信中，有 80% 是这样写的：“喜欢漫画。”“最喜欢华君武同志的画。”

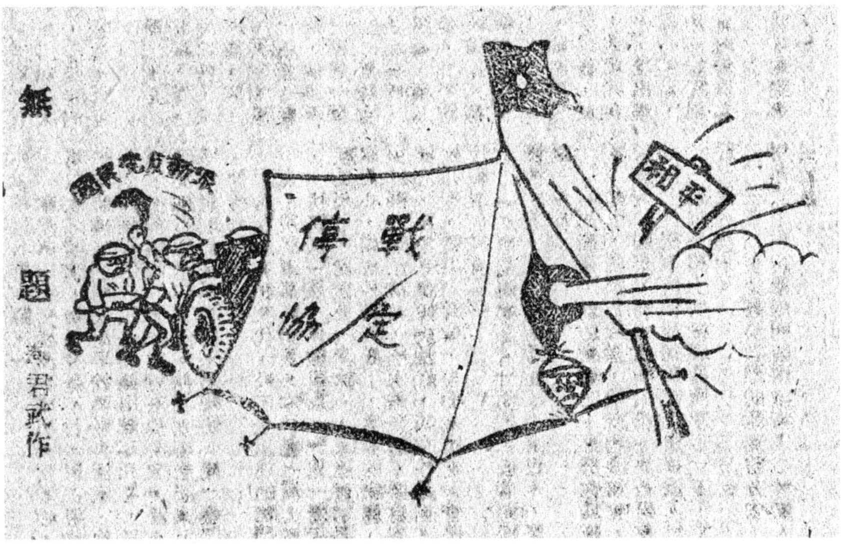

华君武发表在《东北日报》上的第一幅漫画（1946 年 5 月 31 日）

磨好刀再殺

华君武

华君武发表在《东北日报》上的漫画作品

在反革命的後台

後台老闆：「快滾進來吧！别人還等着出台呢！」

甕中捉鼈

華君武作

空城無計

華君武作

（六）

爆破英雄董存瑞永垂不朽

东北民主联军的领导同志们很重视报纸的军事报道。大凡民主联军总部召开的军事会议，都邀请报社的领导参加。因此，报社同志对于军队情况和军事形势比较熟悉。此外，军区还发动各部队的报纸给《东北日报》供稿。

有些军队的领导同志直接组织和亲自撰写军事新闻的评论。舍身炸碉堡的英雄董存瑞的报道就是一例。1948 年 5 月底，我军歼敌千余人，收复隆化县城。不久，中共冀察热辽分局书记、军区司令员程子华同志就派人送来一条消息，题为《共产党员董存瑞　英勇爆炸扫除障碍　自我牺牲换取胜利》，具体内容是：我军在隆化战斗中，部队逼近蒋军城内的核心工事时，敌人的明暗地堡群和一个架在一道浅沟上的桥状碉堡，组成了交叉火网严密封锁，阻挡我军前进道路，连续上去了两个爆炸组都没有完成任务。这时，如不炸毁桥状堡垒，战斗就不能发展，更不能歼灭集中于该核心工事的全部残敌。于是，20 岁的共产党员董存瑞，不顾刚刚完成其他两次爆炸任务的疲劳和连长的劝阻，坚决要求担当炸毁这一桥状堡垒的任务。经允许后，他抱起炸药箱子冲到堡垒跟前。但当时没有别的东西可以把炸药箱支在桥堡中间，若放在堡垒下则炸不毁它。董存瑞发扬了高度自我牺牲精神，毫不犹豫地一手扶托炸药箱，一手拉导火线，在强烈的轰响声中，堡垒被炸毁，

董存瑞同志永垂不朽

——發揚英勇頑强精神，加緊提高戰術技術

程子華

人民英雄董存瑞同志，你是具有自我犧牲精神的榜樣，我區全軍將永遠記着你的英勇，有了你那種堅決頑强的攻擊精神，敵人的任何抵擋都是枉然。

蔣匪十三軍守隆化時，石覺就總是打電報指示他的部下，說什麼『鞏固部隊本身之立足點爲兵力部署之第一要義』，應以主力『固守』苦山、龍頭山及城內核心工事等，他還吹牛說：『相信他的部下定能確保隆化無虞』，其牛皮的根據就是憑着苦山和城內的核心工事說的。

當我軍佔領苦山制高點突入隆化城裡後，敵人依據城內核心工事頑抗着，但是我們的董存瑞同志爆破了該核心工事東北角的一個橋狀的主要堡壘，把敵人的頑抗計劃打破了。

我們每次戰鬥的勝利，是前後方千百萬戰士與人民的功勞。在這當中，個別的指戰員，戰鬥英雄能够起到特別重要的帶關鍵性的作用，就像董存瑞同志這樣，他的功勞和對人民的貢獻是永垂不朽的。

我們的每一次戰鬥，特別是攻堅戰更需要戰術技術與勇敢頑强精神結合。這裡面，勇敢頑强的精神是掌握技術能力的基礎，因爲我們的戰術技術，是給勇敢的人們用的，不是給不勇敢的人們用的。同時，一定程度的戰術與技術修養，又給了我們的指戰員以一些眞正戰勝敵人的辦法，會加强他們的勇氣，增大他們的胆量；因此，沒有戰術技術的戰士最多祇有『蠻勇』，在攻堅中還是不能生效；我們悼念董存瑞同志，主要地要學習他英勇頑强的戰鬥精神與堅決意志，因爲沒有這一點，就不要說進行中國人民革命戰爭，更不要說是使這個戰爭贏得勝利。其次，從董存瑞他們參加戰鬥的整個連隊的問題來看，我們今後就該特別加强攻堅的器材準備，認眞實行『林彪戰術』，實行火力掩護爆炸，這方面我們的部隊是急迫需要提高，一點也不能馬虎的。

我區軍民解放熱河全省及進一步粉碎敵軍困守點線的形勢是越來越近了，發揚董存瑞同志的英勇頑强的精神，爲消滅敵人不怕犧牲自己，再加上加緊提高戰術與技術，我們一定能得到更大的勝利。

《东北日报》发表程子华司令员亲自撰写的短文

董存瑞也光荣牺牲了。突击队同志踏着他的血迹，随着浓烟冲进敌阵。董存瑞的英勇行动，对这次战斗的胜利，起了关键性的重大作用。见报的全篇消息，仅用900多字，就把董存瑞的出身，在部队的三次立功，在隆化英勇牺牲过程，真实、生动、简练地反映出来。董存瑞是无数革命英雄的一个代表，通过这篇报道，一方面大量宣传了我军的革命英雄主义，另一方面也揭露了国民党军队的腐朽狼狈相。稿件全篇用事实说话，简洁明了，干净利落，不论当时和现在，都是一篇报道英雄人物的优秀稿件。

配合消息，程子华司令员亲自撰写了一篇短文，题为《董存瑞同志永垂不朽》，重点论述了既要发扬董存瑞的顽强精神，又要加紧提高战术的重要性，以及这两者互为条件的关系。这两篇稿件在7月22日报纸一版刊登以后，很快成为部队里的教材。这是在全国范围内有关董存瑞的第一次报道。不久，新华社根据这条线索，加以补充采访，向全国发了稿。从此，董存瑞的英名传遍全国。

（七）
蓬勃兴起的战地通讯

《东北日报》的军事报道，由新闻部里的军事组、时事组和通采部共同负责。新闻部的时事组编发新华社的电稿，军事组除了摘编各部队的报纸消息外，还办了一个《解放军人》专刊，一般每月出两期，总共出了12期，内容主要是通过被解放过来的国民党官兵现身说法的形式，来揭露国民党军队的黑暗腐败。报社则派出一些记者专门从事军事采访报道。从1946年年底开始，东北日报社先后派去随军采访记者四人。他们是刘白羽、华山、常工和煌颖。

这个时期，随着记者逐渐深入战争实际，战地通讯成了报纸的重要报道形式，特别是在我军反攻后，发展更为明显，出现了许多优秀的通讯报道。

当时写战地通讯最多的，要算刘白羽和华山了。据统计，从1947年到1948年两年间，两人各写通讯50篇左右。

其他如杨赓、程青、张沛、常工、煌颖等同志也写了不少军事报道。

总之，《东北日报》这一个时期的战地通讯，比较生动地反映了东北人民解放战争胜利进程的一些侧面，已成为一部分有价值的史料。

四

土地改革宣传密切配合实际

发动农民进行土地改革，是建立东北根据地的关键，是东北解放战争胜利的主要源泉。东北日报社在哈尔滨时期，除了军事报道，还在一个时期集中突出地“反映与指导”土地改革运动。东北解放区的土地改革，共经过清算斗争和分配敌伪“开拓地”、“煮夹生饭”、“砍挖运动”、“平分土地”等阶段。《东北日报》在土改每个阶段的报道，基本上做到了与实际斗争“脉搏一致，密切配合”。当1946年，中共中央东北局发布“七七决议”，动员12000名干部下乡搞土改时，报纸立即发了题为《到农村中去，到群众中去》的社论，并派出一批干部参加土改工作团。编辑部抽出一批记者，专门采访土改消息。同时大力组织各地通讯员投稿，因此很快在报上造成了很大的声势。在土改宣传中，报纸结合运动的发展，通过报道农民对封建剥削的控诉，对地主罪恶发家史的揭露，以及各地工作队的经验介绍，热情地反映了这一伟大的群众斗争，宣传了党关于土地改革的方针政策。

（一）
端正干部思想　政策交给群众

东北的土改运动，是在1946年“七七决议”以后全面展开的。在土地改革运动的初期，首要的任务是端正干部思想，动员广大干部到农村去，报纸连续发表言论和文章，指出某些干部的和平幻想和迷恋大城市的错误，提倡长期坚持斗争和下乡苦干的决心，提倡工作团下乡住在贫雇农家里，启发其阶级觉悟，组织他们同地主和敌伪残余做斗争。接着连续报道了各地由领导带队下乡的消息，有力地推动了12000名干部奔赴农村发动群众进行土地改革的壮举。

当1947年12月，东北局根据《中国土地法大纲》发布《告农民书》时，报纸撰写了题为《消灭封建走向胜利》的社论，阐明土地革命的重大意义，指出“贯彻土地改革是争取自卫战争胜利的基本环节，要使我们的力量继续不断地生长、发展和壮大，就必须实行土地法大纲，彻底平分土地，充分满足贫雇农和一切无地少地农民的土地要求。……土地革命是生长、发展力量的源泉，是改变敌我力量对比，打败卖国贼蒋介石的关键”。

把政策交给群众，反对“恩赐观点”，是土改宣传的重点。报纸前期把坚持群众路线作为指导思想，反复报道放手发动群众；在后期则重点强调贫雇农路线，宣传把政策交给贫雇农，建立贫雇农领导的吸收中农参加的政权等。在长时期内，《东北日报》每天都在二版用整版篇幅发表土改消息，一版也发了不少头题和重要文章。仅1947年7月到1948年2月，《东北日报》就发表土改消息240多条，言论和省委一级指示30多篇，经验介绍40多篇，通讯（专论、专访、文章）70多篇。其中仅1948年1月，土改报道在一版头题的就有15篇，二版头题的25篇。一个波澜壮阔的反封建的土地改革运动，在报纸版面上得到了充分体现。

（二）
一批意气风发的女编辑记者

被抽调搞土改报道的记者里，有一批女同志。她们是张健虹、石铭、罗立韵、续磊、张凛等。她们当时都20多岁，分别在松江、合江（今黑龙江省东部）等省包片做采访工作。她们夏季骑马，冬天坐爬犁，英姿飒爽，意气风发，白日奔驰于山林原野之间，夜里埋头在农户油灯之下，写出一篇篇新闻报道。

编辑部里还有一些女同志，如汪溪、宋琦、汪琦、陈振翟、栗野（李野）、张淑容等人，她们在编辑的业务以外，有时也参加有关土改报道工作，都能独当一面。尤其可贵的是，这些女同志，绝大多数以新闻出版为终身职业，她们中的大部分直到头发斑白时，依然战斗在我国新闻出版战线上，并担负着不同的领导职务。

当时，这些女记者和女编辑的工作量是相当大的，除了采访、编辑业务，人人都肩负着组建通讯网、开展通讯工作的任务。

（三）

注意报道典型经验　宣传宾县工作方法

当时，报纸十分注意抓住县、区典型，指导土改运动，先后刊登了双城、柳河、宾县、五常、拉林、呼兰县（今黑龙江省哈尔滨市呼兰区）长岭区等土改经验介绍，并放在一版，插有小标题，十分醒目。以宾县为例，在清算分地阶段，报纸曾介绍了“马斌工作方法”，集中突出宣传，结果对开辟时期的土改工作起了很大推动作用。这组报道，具体地反映出《东北日报》在土改宣传中，抓住典型经验，多种形式配套，连续深入宣传，点面互相呼应，造成强大持久的舆论，并力争反映出典型经验在面上开花结果的一套报道方法。

马斌当时是宾县县委书记，依靠贫雇农，逐步把全县土改斗争开展起来，被誉为“东北群众工作的模范”。

根据东北局的推荐，《东北日报》抓住了这个典型，大造声势，广为宣传。除了刊登《宾县领导群众工作的经验总结》、马斌同志自己写的《地方工作中的几个问题》等几篇调查报告以外，还特地发了一篇社论，题为《发扬马斌式的群众工作》，介绍了马斌群众工作的特点：

社論

發揚馬斌式的群衆工作

1946 年 7 月 3 日《东北日报》关于推广马斌工作经验的社论

一、下乡工作不走上层路线，住在贫苦农民家里，不怕脏，不怕乱，了解群众的要求；二、领导群众斗争，不是主观决定，而是从群众需要出发，把党的政策和当地实际结合起来；三、发动群众斗争，不搞“恩赐”办法，推动群众自己起来干；四、有接近下层群众的习惯，善于向群众学习，学到本地群众方言，摸到群众的心理。社论最后号召：“我们要求到处有马斌，马斌到处有。”

马斌工作方法一经发表，引起了很大反响，许多领导机关和下乡工作队展开了学习，宾县的工作也不断前进。报纸又接连在7月发了有关宾县土改工作的4条消息（其中有3个一版头题）、1篇通讯；还发了《牡丹江工作团精研马斌工作经验》《学习马斌群众工作作风　佳市工作团检查思想》等报道。8月，又发了《宾县土地改革运动中九万赤贫农获得土地》等6条宾县土改、群运消息。以后一直到11月，这中间仍发了不少宾县群众运动继续深入和土改的消息，并发了题为《群众运动的初步总结》的社论，再次重申和宣传了马斌的群众工作方法。再加上配发的其他地方群众运动的调查报告和大批干部争相下乡的消息，报纸在第一阶段土改的报道有声有色，有起有伏，持续不断，指导性很强。报纸关于马斌工作方法的宣传，对土改工作队深入群众，发动群众开展斗争，起到了很好的指导作用，在当时已成为一组公认的、有定评的好报道。

（四）
翻身农民保田保家　参军支前热潮澎湃

经过三年土改运动，彻底打垮了封建势力，消灭了农村剥削制度，翻了身的农民觉悟提高，改造了乡村政权，建立了人民武装，随之掀起了参军支前热潮。在“穷人江山穷人保”“翻身农民保田保家”的雄壮呼声中，父送子、妻送夫的参军热烈场面，层出不穷。有的地方甚至出现“兄弟赛跑争参军”“青年个子小未收哭一场，老头剃胡须被拒收”的动人景象，报纸对此都做了生动的报道。方青同志在这项报道中做出了显著成绩。

与此同时，后方人民热情支援前方活动，也在报上得到充分反映。先后报道了《十万人民奋勇助战　冰天雪地运护伤员》《五千担架拥上前线　榆树数万人参战》

《扶余人民全力支援前线》等消息。从报纸上可以看出：我军英勇作战同翻身农民支前助战，协同一致，交相辉映，形成了一幅壮丽伟大的人民战争图景。

（五）

纠正宣传报道中“左”的错误

报纸的土改报道，在“煮夹生饭”阶段以前，取得了非凡的成绩，没有发生什么偏差。但是，在“砍挖运动”末期，随着实际斗争中出现的“左”倾思潮和做法，报纸也在宣传报道上犯了“左”的错误，散布了一些过“左”的口号。这段过“左”的报道，虽然为时不长，而且很快得到纠正，但对实际工作的不良影响和干扰还是有的。

1948 年 2 月 11 日，《中共中央关于纠正土地改革宣传中的左倾错误》的指示发下来了。文件里指出了“左”倾的各种表现。报社编辑部开了几次学习中央指示的讨论会，并认真检讨了报纸宣传中所犯“左”的错误，大家都受到深刻教育。不久，东北局作出《关于平分土地运动的基本总结》，标志着东北地区全党开始扭转土改中“左”的倾向，这份总结 5 月在报上公开发表。

五

团结大批革命作家的副刊

《东北日报》副刊，从 1946 年 3 月 24 日在海龙创办第一期后，就固定在第四版上。到了哈尔滨，这个“综合性的文化版”，内容和形式不断改进，逐渐成了一块东北解放区作家的重要园地。

那时，在第四版上，每月除了《卫生》《戏剧专刊》《新闻通讯》《解放军人》《民主青年》和一些节日的纪念特刊外，大约出了文化副刊 20 期。副刊公开申明“主要是给城市知识青年看的”，其中包括大中学生和学校职员、机关职员、工人店员；也有一些文章是给部队同志、文教工作者、地方工作者和一般市民看的。它经常刊登的稿件是：指导青年思想修养和学习的文章，反映解放区工农兵为和平、为解放而进行的翻天覆地的斗争和揭露国统区的黑暗统治的文章等。副刊在形式上是多样的，有短篇小说、报告、速写、散文、新诗、歌曲、照片、短剧、书刊影剧评介、翻译作品等。

《东北日报》这一个时期的副刊部，可以说人才济济，实力雄厚。先后有儿童文学家严文井、作家白朗、搞文艺评论的高铁等人，担任过副刊部的领导。其他如陈学昭、林蓝、李纳、关沫南，东北后起的青年文学工作者刘和民、刘仲平等，也都在副刊当过编辑。

哈尔滨时期的《东北日报》副刊，在团结东北解放区的文化工作者方面成效显著，为他们提供了较充分的作品发表阵地，繁荣了创作活动。那时，在东北解放区的作家舒群、丁玲、罗烽、塞克、萧军、周立波、草明、颜一烟、刘白羽、华山、马加、马可、古元、向隅、吕骥、张庚、袁牧之、王曼硕、水华、王一丁、荒草、陈振球、

马可创作的歌曲《咱们工人有力量》在《东北日报》上首发

周洁夫、西虹、吴伯箫等，都在副刊上发表过作品。

例如，1947 年 7 月下旬刊登的李之华写的独幕剧《反“翻把”斗争》，曾对东北农民群众和新干部起了深刻的教育作用。又如，马可谱曲填词的歌曲《咱们工人有力量》，第一次就发表在 1948 年 5 月 24 日的《东北日报》副刊上。这首歌由于高昂雄壮的旋律和豪情满怀的歌词，谱写得恰到好处，一发表就在群众中得到热烈的反响，过了两年便普及全国，久唱不衰。其他如周立波的长篇小说《暴风骤雨》、西虹的中篇小说《在零下四十度》，1948 年出书之前，都在《东北日报》副刊节录发表过。赵树理的小说《李家庄的变迁》在东北翻印前，也先在副刊上连载。

在这个时期，《东北日报》副刊总的任务是团结教育广大的知识分子。一般说，它通过文学作品、文艺评论等形式，做了许多工作，特别是结合土改和解放战争的宣传，进行团结教育工作尤为突出。副刊在培养新作家方面，是很有成绩的。胡昭、韶华、西虹、李纳、管桦、鲁琪和白刃等人，就是这个时期在副刊上崭露头角的。但是，由于当时稿源等条件所限，加上排版和版面装饰也不讲究，所以副刊在编排上便不免显得有些呆板。另外，在文艺批评上，比较起来，仍是一个薄弱环节。一是数量不多，二是有些批评文章质量不高。

报纸迁回沈阳以后，副刊仍继续出了一个时期。在副刊里，还发起一次较大规模的征文，评选出《海上风暴》《一心向党》等佳作，并推荐和讨论了东北作家写的《桥》《原动力》《为了幸福的明天》《在新事物面前》《星星之火》等作品。这个时期的副刊，文艺批评有所加强，但又有过“左”的失误，混淆了两类不同性质的矛盾。比较典型的是，1949 年初参与对萧军同志的过火批判，当时《东北日报》连篇累牍地发表了批判文章。现在看来，那次批判及其报道，都是不妥当的。到 1951 年 2 月中旬，《东北日报》副刊撤销，副刊部改为文艺组，有关文学艺术活动和文艺批评的稿件，发表在三版，而文艺作品则推荐给《东北文艺》杂志发表。

六

输入新鲜血液　增加发行份数

报社迁到哈尔滨后，于1946年12月18日又更换了一次报头。新报头是毛泽东题写的。一直到《东北日报》停刊，始终用此报头，没有再换过。

1946年下半年，由于局势动荡，同南满交通隔绝，报纸发行量不大，每日只有四五万份。随着军事胜利形势的发展，东北解放区的不断扩大，以及群众对共产党的认识日益提高，《东北日报》的发行量也迅速增加，到1948年11月，发行量已近8万份。

在哈尔滨时期，东北日报社连续从富锦联合中学、佳木斯联合中学招收两批青年学生，共20多名，分别安排到报社的译电、资料、校对等部门做练习生。这是报社第一次从东北当地青年中大批招收工作人员。这股新鲜血液，为报社增添了青春的活力。当时这些学生都不过十六七岁，经过报社多年培养训练，后来多数已成为新闻和其他战线上的骨干力量。

在宣传工作上，还有一件有意义的事，就是协助东北书店出版了《毛泽东选集》一卷本。东北书店同报社当时是一个党总支，书店负责人是李文和周保昌同志。书店在编印书籍方面，有时借用报社的力量。1948年初，经东北局批准，书店组织一些同志，着手筹备《毛泽东选集》的编辑出版工作，到当年5月正式出版。全书合6卷为一册，选有50篇文章，共印了2万册，公开发行。在成书过程中，东北日报社的石岘造纸厂提供了特别的印刷纸。

1948年2月以前，由于报纸集中力量反映军事斗争和土地改革，城市工作与工人运动未放在主要地位，只集中报道过在哈尔滨举行的全国第六次劳动大会的盛况，尚未在工人群众中组织通讯网。3月以后，随着战争形势的发展，城市工作被提到重要议事日程上来。为了加强对城市工作、工业建设和工人运动的报道，编辑部建立了城市工人部，着手在工人中组织通讯网。

1948 年内，报社副总编辑除了严文井外，又增加王揖、张沛二人。

1948年11月辽沈战役彻底胜利，全东北宣告解放，中共中央东北局从哈尔滨迁回沈阳，《东北日报》于12月12日迁沈出版，一直到1954年8月31日，报纸因东北大区撤销而终刊为止，这是《东北日报》发展的第二个时期——经济建设时期，也是它的较长历史时期。

回沈阳后的东北日报社，由廖井丹率领的从哈尔滨来沈的东北日报社全体人员和由陈楚率领的原《辽东日报》的一部分同志，合并组成。《辽东日报》是中共中央辽东分局的机关报。1948年11月沈阳解放，《辽东日报》社长陈楚奉命带领一部分干部先进沈阳，创办属于沈阳军管会领导的《沈阳时报》，不及两月，并入东北日报社。合并后的东北日报社，社长是廖井丹，副社长是李荒、陈楚，总编辑由李荒兼任，副总编辑有王揖、白汝瑗、严文井、张沛。报社的领导成员和主要编辑、记者，都是从老解放区来的有多年新闻工作经验的老同志，加上又有一批新参加革命的青年知识分子，是一支充满活力的新闻队伍。1949年4月，报社抽调一大批干部随解放军进关南下，开辟新解放区新闻工作。这批干部由廖井丹和陈楚率领，去武汉创办中南局机关报《长江日报》。东北日报社则由李荒任社长，王揖任总编辑，副总编辑是严文井、张沛。

1951年秋，王揖、严文井先后调北京后，李荒任社长，张沛任总编辑，林聿时、邹晓青任副总编辑。

东北全境解放后，党的工作重点由战争转向生产建设，由乡村转向城市。这一重大转变，给报纸提出了新的任务和新的要求。1948年12月12日，《东北日报》在社论《本报迁沈出版》里指出，“在今后的新闻报道里，经济建设应成为主要的中心，特别是城市和工业生产的报道比重要增加。报纸必须以重要篇幅反映和宣传经济建设，动员千百万人民与劳动大军进入生产热潮，为发展生产增加财富、支援全国解放战争、改善人民生活、建设新民主的东北而奋斗”。从这以后，《东北日报》始终注意密切联系实际，联系群众，确实把经济建设摆在中心地位。

第二章

宣传经济恢复和建设

一

工业报道为全国瞩目

东北工业经历了恢复与建设时期。《东北日报》反映和指导了这一实际，宣传和解释党的方针政策，介绍先进人物，推广先进经验，宣扬广大职工的积极性、创造性。在20世纪50年代的经济建设宣传中，《东北日报》先走了一步，所以颇为全国所瞩目。

（一）
工业报道突出宣传新经验新做法

从1948年底到1951年，《东北日报》的工业报道，主要宣传了两件大事。

1. 宣传党的迅速恢复生产的方针，反映工矿企业积极进行整顿和组织开工

新中国成立前后，东北工业产能居于全国首位。但是，我们接收过来的企业都是破破烂烂的。工厂矿山设备80%以上遭受了严重的破坏。日本人走时说，把高炉留给中国人种高粱。面对这种情况，中央要求必须用最快的速度把生产恢复起来。当时，报纸的首要任务就是用事实表现干部和群众响应中央号召的认识和觉悟。

这一段时间的报纸，用大量篇幅报道工人献纳器材、工矿抢修开工的情况，如《鞍山、本溪、抚顺等地开展献纳器材运动》《沈阳数十个国营工厂提前修复开工》《沈阳市人民政府大力协助沈阳四百个私营工厂开工》等，与此同时也大量地报道了恢

复经济建设的典型经验。1949 年 1 月 24 日，沈阳冶炼厂正式开炉，报纸在头题位置发了消息，并发表了通讯《冶炼厂复活了》。接着是《东北最大火力发电厂大部机器修建一新》《小丰满水电局员工修建水电站坝　工效与质量超过伪满水平》《石嘴子铜矿生产超过伪满最高水平》《东北三大铜矿之一芙蓉铜矿复工》等新闻，几乎占据了一版和二版的全部重要地位。

连续报道了《鞍钢第一座炼焦炉出焦》《鞍钢第一座炼铁炉开工》，从此鞍钢全面恢复生产了。鞍钢的恢复生产是全东北恢复生产的缩影。这些报道告诉人们，鞍钢在中国人民手里，它没有变成高粱地，也没需要 20 年，而是仅用几年它就恢复和发展了。

报纸十分注意反映工人阶级所表现的国家主人翁的责任心、积极性和创造性。鞍钢劳动模范孟泰就是这群英雄模范的代表。至今孟泰的精神仍在鼓舞和推动着鞍钢的工作。

这些反映整顿和开工的报道，有力地宣传和解释了党的方针政策，反映了东北工人阶级的国家主人翁的觉悟；同时，用事实证明了中国共产党完全有能力领导生产建设，回击了某些反动论点，也批判了悲观情绪和保守思想。它鼓舞了全东北的人民，也鼓舞了全国人民。

2. 工业宣传中的第一个重大题材——关于创造生产新纪录运动

到 1949 年六七月，国营厂矿开工后大部开始组织正常生产。这时发现，由于干部缺乏管理工业的经验，某些职工存在“伪满标准不能超过”的错误思想，在生产上缺乏管理制度、生产没有合理的标准和定额，以致劳动生产率低，企业存在严重的浪费现象。这时，东北工业部派工作组到沈阳机器三厂进行工时标定，在工人中发现了创造生产新纪录的事迹，代表人物有党会安、赵富有、赵国有等，于是掀起了创造生产新纪录运动。东北局和东北工业部指出：“创新纪录是加强经济核算、反对浪费的更加具体的表现。”《东北日报》立即把创造生产新纪录运动作为一个重大题目，集中力量、集中版面，进行了连续的宣传。

第一，开展创造生产新纪录运动是逐步前进的，反映运动的报道也是随着运动

瀋鞍撫本等地職工
開展獻交器材運動
按器材價值獲獎並受表揚

東北各省市稅務局長聯席會
討論煙酒專賣條例
本月二十日開始施行煙酒專賣

戰犯閻錫山逃寧

城市交通改爲右側通行
公安部發佈注意事項

瀋鐵決定三月十日前
完成勞保登記與審查

介紹第一煤礦區的勞動保護部
方青

五十軍授名典禮

《东北日报》上关于职工献纳器材运动的报道

鞍山鋼鐵公司
第一座煉鐵爐開工

【本報訊】鞍鋼煉焦生產於上月十三日開工後，煉鐵亦已接着恢復生產。新一號鼓風爐於上月二十七日點火，二十八日即產出第一批生鐵。該爐是全國已開工的煉鐵爐中最大的一個，其容量爲四百噸（最高產量）。煉焦與煉鐵的先後恢復，建立了煉鋼生產恢復的先決條件，鞍山鋼鐵公司從此即可展開全面的復工工作。
（眉初）

【鞍山訊】鞍鋼煉鐵廠爲加緊修復工作準備生產，並熟練生產技術，行政與工會號召全體工友尊師愛徒，技術公開，工友們普遍的捲入了學習熱潮。高爐組祁寶宗、莊鐵惡、金心等技術員，自報奮勇來教給工友技術。高鳳岐說：我幹了十好幾年也不知用多少原料，能出多少鐵，現在可明白了。運轉組、鑄鐵組、原料組他們採用一面做一面學習的方式，新老工友互相研究來提高技術。吳洪勳老工友在一個多月內就教會李洪翮等九名工友開捲揚機及簡單修理。

大會電賀
世界工聯大會

【新華社北平四日電】在平舉行的中華全國鐵路職工臨時代表會議，七月一日致電祝賀世界工聯第二屆代表大會開幕。原電如下：

工；爲新中國的人民鐵路建設事業作更堅決的更艱巨的奮鬥。致朱總司令及人民解放軍的電報說：我們恢復中華全國鐵路總工會，是爲迅速恢復全國原有鐵路，建設新的鐵路，以支援人民解放戰爭。致鐵道兵團三支隊及修建淮河大橋的全體員工的電報說：淮河大橋竣工是你們以布爾塞維克的頑強性戰勝自然的英雄行爲。

鞍山鋼鐵公司
第一座煉焦爐出焦
產量超計劃質量近僞滿最高水平

【本報訊】鞍山鋼鐵公司第一座奧托式煉焦爐，已於六月十三日出第一爐焦炭。這是東北解放以來第一個新式煉焦爐的正式復工生產。出焦時間較原計劃提前十八天，產量在頭兩天超過計劃百分之九，第三天超過百分之六十。質量極好，第一爐焦炭僅含灰分百分之十二·七九，不但打破了僞滿歷次開爐紀錄，並接近了僞滿正常生產時焦炭質量的最高水平（含灰分百分之十二·〇五）。煉焦爐的勝利開工，將使早已修竣的一座高爐提前一月開爐，源源不斷地把生鐵供給煉鋼、機器製造等部門，以製成爲建設和修復東北工業，交通所急需的鋼料與機器。同時，由於焦爐開工，副產廠也可隨之開工出產苯（爲製造溶劑、染料及燃料的一種化學原料）、動力苯、硫酸錏、溶劑油及煤焦油、瀝青等重要化學原料，以供應製藥、染料、橡膠等輕工業部門需要。煉焦開始以前，該廠曾進行了相當充分的準備工作，除完成設備的修建外，還進行了技術的教育，如成立了技術訓練班，使工人懂得了開始煉爐時溫度不能上升太快的道理，因而完全避免了爐牆破裂現象。開工前，行政上又組織全體老工友學習開爐作業計劃，保證了開爐的順利與安全，避免了僞滿時曾數次發生的因開爐不愼引起爐體爆炸事件。（眉初）

北平黨員團員及黨外民主人士
三萬人隆重紀念「七一」
毛主席朱總司令周恩來均親臨參加

【新華社北平二日電】「七一」中國共產黨二十八週年紀念日，中共中央華北局和中共北平市委召集在北平的黨政軍機關、工廠、學校和各人民團體的共產黨員，青年團員共三萬人，舉行隆重的紀念大會。毛主席、朱總司令、周恩來均親臨參加，民主人士李濟深、沈鈞儒、何香凝、郭沫若、張瀾、羅隆基、譚平山、蔡廷鍇、章乃器、章伯鈞、李達、陳其尤及中華全國文學藝術工作者代表大會代表茅盾等亦被邀出席。大會在莊嚴的國際歌聲中開始。薄一波在開幕詞中說：「……中國共產黨成立以後，自從馬列主義傳到中國，中國的歷史就離不開共產黨了。中國共產黨的勝利和失敗就代表着中國人民的勝利和失敗。馬列主義照明了中國人民奮鬥的道路，如果沒

【新華社北平二日電】中國國民黨革命委員

《东北日报》关于鞍钢恢复生产的报道

而逐步深入的。

事物的发展，总是由小到大、由少到多、由表及里、由浅入深的，创造生产新纪录运动也是按这个规律发展的。运动开始时，多数人还是限于个人或只在数量上提高，运动要前进，就需要解决由一个人、一台机器扩展到全组全班，甚至全厂的问题；不仅需要有提高效率的新纪录，而且需要有提高质量、节约原材料等各方面的新纪录；最后应表现为全面完成国家生产计划。报纸及时提出“把创新纪录运动推向多方面”的新要求，并发表有关的典型材料的报道和言论。这些报道和言论来得及时，和运动呼吸相通，深受干部和职工的欢迎，发挥了应有的推动作用，有针对性地提出和解决了运动深入所遇到的思想政策和思想观念上的问题。

第二，保证运动的健康发展，还应从政策和思想上防止和纠正可能出现的偏向。

一种规模较大的群众性活动，不可避免地会出现这样或那样的偏向。领导有力，可以减少偏向或者不出大的偏向。若想完全不出偏向，则是不可能的、无法做到的。报纸针对创纪录运动中存在的“个别新纪录出现不少，总的生产任务完不成、废品率增高，以及加班加点、单纯拼体力”等现象，发表社论《克服偏向　稳步前进》，指导运动健康发展。报纸有意识地突出宣传了以下几个问题。

（1）强调重视产品质量

当时报纸提出最响亮的口号：“提高产品质量、减少废品是最大的节约。”为了引起全体职工对产品质量的重视，报纸把一贯重视产品质量、全面完成生产计划的马恒昌小组作为先进典型，进行了集中、突出的宣传。一个月后，结合《推广马恒昌小组经验　机械各厂废品率普遍降低》的综合报道，报纸再发表言论强调了“马恒昌小组的经验是多方面，但最主要的还是提高产品质量，而目前阻碍生产进步的一个最严重问题，也正是质量的普遍低劣，这种质量低劣的情况，不但不能完成生产任务，而且造成严重的浪费”。还指出：马恒昌小组经验不仅在机械系统有推广价值，其他单位也应推广。

报纸在报道了一些厂矿注意改进产品质量的同时，还对仍然忽视产品质量的企业进行了批评，一再提出：“质量不好是最大的浪费。”

（2）改进与加强管理，提出企业干部要学会管理企业

管理工作必须跟上，这是新纪录运动本身提出的要求。运动发展到一定阶段，

DUNGBEI RHBAO

东北日报

一五三〇期

馬恒昌模範小組
經常保證優越質量
一貫超過生產任務
該組先進生產經驗值得效法

東北人民政府工業部
關於一九五〇年第二季度工作的決定

東北銀行第二季度工作重點
擴大廠礦結算範圍

中央人民政府委員會任命
李富春任政務院委員
兼任重工業部部長
劉瀾濤任政法委員會委員

社論
推廣馬恒昌小組的生產經驗

日反動派投降前夕
慘殺我被俘軍民四百多
美帝庇護下兇手依然逍遙法外
東京華僑民報揭露慘案真相

馬恒昌小組的生產經驗

《东北日报》对马恒昌小组的报道

就对生产组织、物资供应、领导机构等方面提出更高的要求。不改进管理，新纪录运动就要受到阻碍。报纸在《改进生产管理》的言论中提出："厂矿领导同志要钻研业务，学习技术，由'外行'变成'内行'，才能发现企业的症结所在，改进领导与管理，才能完成经济建设的艰巨任务。"

报纸提出改进生产管理的同时，还提出普遍建立生产责任制，说明"只有真正建立了负责制，加强管理，才能不断提高产量，保证质量，降低成本，才能不断提高劳动生产率"。

（3）学习与改进技术，重视劳动与技术相结合

工厂必须重视技术改进，重视发挥技术人员的作用，使技术人员的科学研究与

工人的劳动相结合，才能在多方面创造新纪录，质量好、成本低，按时完成国家计划。《东北日报》运用沈阳冶炼厂的典型经验，发了社论，把这一经验肯定为《新纪录运动的新方向》。

第三，反映创造生产新纪录运动的主要收获和经验。

开展群众性创新纪录运动对东北工业的恢复与发展起了巨大的推动作用。5个月中，涌现了5万多名新纪录创造者，打破了所谓不可能突破的“伪满水平”和旧的“理论标准”，找到了新的合理定额，为以后有计划地管理生产创造了条件。在运动中，除了思想收获以外，在工作上也创造和取得了一些经验，给以后的企业管理打下了基础。报纸宣传了这些主要的收获和经验，发挥了集体宣传者和集体组织者的作用。

（1）制定合理、先进的定额

报纸通过报道和言论，反复说明制定新定额是个政策很强的工作，与职工本身利益密切相关，与新纪录运动成果的巩固密切相关。“定额是介乎先进生产者所达到的新纪录，和现在自然存在的技术标准之间，而为一般职工在正常的积极工作条件下能达到的标准。”针对当时存在的偏向，说明不能迁就落后，迁就“实质上是把发展经济提高劳动生产率的政策，服从于少数落后群众的意志，而且使新纪录运动脱离了提高劳动生产率这一总的目标”。同时，也反对把定额定得过高，一般人达不到，这也会挫伤群众积极性。

（2）推广在运动中出现的包括集体合同和联系合同的合同制经验

在新纪录运动中，曾出现了新纪录成千上万却完不成生产计划的现象。这是由于运动发展的不平衡，班组之间，生产与管理等许多环节不相适应，不能配合。这说明，光要工人创造生产新纪录不够了，更重要的是需要解决领导问题，即领导管理水平要跟上来。这时，出现了订立联系合同和集体合同的经验。各小组之间，各工种之间，以及各车间之间订立联系合同，通过先进带后进，后进赶先进，把个别新纪录加以组织，共同完成一个总目标——生产计划，提高总的劳动生产率。集体合同则是车间与工厂，或工会代表工人与工厂订立的旨在保证完成生产计划的合同。报纸对这项经验的意义给予高度的评价，并积极推广了这方面的典型经验。报纸必须紧密联系实际，才能有效地指导实际。

从这一段报道收获来看，报纸一方面结合具体工作宣传党的方针政策，为运动指明方向、扫除障碍；另一方面，介绍经验，提出问题，用典型引路。这是《东北日报》工业宣传的良好开端，从没经验中摸索出一些经验，为以后的工业建设报道打开了路子。

3. 推动工矿企业开展增产节约运动

1951 年 6 月 25 日东北局召开的城市工作会议向东北工人阶级提出增产节约的任务，当时口号是“为增产节约五百万吨粮食而奋斗”。报纸除阐述增产节约的重大意义外，特别强调走群众路线，发动广大职工共同奋斗。当时针对有的单位单纯从数字着眼、忽视发动群众的典型事例，在报上开展了一次群众性讨论。参加讨论的有局长、厂长、工程师、科长、车间主任、班组长和徒工等各个方面的人物，从各个角度联系实际，批判了脱离实际、忽视发动群众的错误思想与错误做法。讨论持续一个月之久，提高了广大职工的认识，报纸发挥了指导作用。

（二）
把报道重点放在基本建设上

1952 年，东北工业开始有重点的大规模建设，把基本建设放在首要地位。《东北日报》立即把工业宣传的重点转向基本建设，从人力安排到报道比重，都相应地作了调整。

从报面上看，《东北日报》的工业宣传，特别是对基本建设的报道是集中而突出的。下面记述几个主要方面的情况。

1. 宣传重点建设的方针，强调把基本建设放在首要地位

东北局作出加强基本建设工作的决定后，《东北日报》立即发表社论，提出《必须把国营工业领导重心转到基本建设上》；相继又发表了《东北工业进入新阶段》《加强地方党委对基本建设政治工作的领导》《加紧准备　迎接即将到来的大规模建设》

等多篇社论和评论，深入地、反复地进行宣传，说明“如果没有工业基本建设，国家工业化只能是一句空话，我们国家也就不可能有巩固的国防和真正的独立，也就不能设想社会主义的前途”。

工作重点转向基本建设以后，报纸贯彻始终地宣传这样一个思想和方针，就是要加强对重点工程的领导，集中力量搞好重点工程。

无论言论和新闻，都既反映了重点工程的施工进度和概貌，又有力地宣传了国家的重点建设方针，并报道了这一方针在东北地区贯彻执行的情况。

2. 一个重点工程的典型——关于对鞍钢建设的宣传

鞍钢的建设是国家第一个五年计划156项重点工程中的重点项目，是建设东北工业基地的骨干工程。东北人民政府工业部在《关于加强鞍钢基本建设工作的指示》中曾指出：鞍钢基本建设工作的成效，在某种意义上相当地影响着东北工业建设的速度，自然也就会影响着全国工业建设速度。因此，《东北日报》选择鞍钢这个典型是有它的重要意义的。

对著名的鞍钢三大工程，报纸进行了全过程的报道。从施工到建成投产，都可以在《东北日报》上找到它的历史踪迹。从对鞍钢的整个宣传中，能看出这样几个方面。

第一，基本建设报道居于首要地位。

能否完成基本建设任务，关键在于能否迅速集结与培训力量，不断充实与壮大基本建设机构。这是鞍钢和东北地区所有工业基本建设所面临的首先需要认识和解决的问题。《东北日报》对鞍钢的宣传也是首先从这里开始的。在一些新闻报道里，除了向东北人民宣告“人民的钢都鞍山，胜利地结束了恢复时期，开始进行大规模的建设”以外，主要介绍了鞍钢是如何迈出大规模建设的第一步。为了充实基本建设力量，鞍钢生产部门输送大批干部充实基本建设战线，真正体现出“一方有难，八方支援”的精神和风格，不存在本位主义的思想，而职工也以到基本建设的艰苦岗位为荣，而不以为苦。这些事实对当时存在的“从哪里调人”“生产会不会垮台”等疑虑，作了有力的回答。当时，鞍钢提供的这些经验，对东北地区基本建设部门来说，都是十分及时和宝贵的。

第二，报道巨大的规模、复杂的技术，把鞍钢建设的壮丽图景呈现给读者。

鞍钢的大规模建设开始了。但建设的规模究竟有多大？著名的三大工程是如何建设的？这不仅是东北读者想知道的，也是全国人民所关注的事，报纸有责任把这些报道出来。

《东北日报》既运用综合消息介绍工程概貌，如 1953 年 5 月 1 日，在一篇《六万工人紧张劳动　鞍钢今年各主要工程大部动工》的消息中，介绍工程规模和建设情况。也运用通俗化的形象方法，如介绍“鞍钢大型轧钢厂建成后，年产的钢轨，可铺一条从长春到广州的铁路，年产型钢可盖十四个像该厂一样大的巨型现代化轧钢厂厂房；还有数以万吨计算的无缝钢管管坯”。介绍大型轧钢厂的建筑工程究竟有多大，说该工程的一个安装机器的混凝土座子，就等于一座具有 40 个 30 平方米房间的两层大楼。仅这一个工程需用的混凝土、钢材、木头，比盖一座 8000 平方米的五层大楼所需要的还多，但这项工程还只是整个工程的一个基础工程。这样形象化的介绍，就便于读者去理解。

关于技术上的复杂，以介绍无缝钢管厂为例，全厂数千吨的机械设备安装要丝毫不差地安在一定的中心线与标高点上，如果标高点差上几道，它就不能制出又圆又匀的无缝钢管来。一道有多大呢？一道只有一根头发丝的 1/8 粗。把复杂的难懂的技术问题，用形象的比喻，尽可能通俗地介绍给读者，在当时对记者来说，也不是一件容易的事。为了搞好对鞍钢的报道，《东北日报》在鞍山建立起第一个地方记者站，他们不仅自己写稿，还担负着联系通讯员的任务。在鞍钢三大工程从开工到竣工的紧张日子里，《东北日报》的记者，可以说是和鞍钢的干部、工人并肩战斗、日夜滚在一起的。

鞍钢三大工程分别为大型轧钢厂、无缝钢管厂和七号炼铁炉，它们的竣工时间先后不一，在报道上采取了典型与综合报道相结合的方法。典型表现在竣工一个做一次集中的宣传；综合表现在三大工程建设全部竣工后又做了一次总的报道。

在报道三大工程前，率先报道了竣工更早的八号大型炼铁炉，1953 年 3 月 9 日开炉生产。3 月 6 日，《东北日报》就发表了《我国第一座自动化炼铁炉鞍钢八号大型炼铁炉改建完工》的消息。3 月 11 日则发表了《鞍钢八号高炉开炉生产》新闻，这座自己设计的自动化炼铁炉的改建成功，“是中国技术界的重大成就，也将直接加速现已开始的第七号高炉改建的速度”。在通讯报道里，反映了鞍钢工人阶级如何用忘我的劳动热情和创造智慧，建设了这座高炉，并开始掌握它的生产技术。

一九五三年十二月二十八日（星期一）

在祖國的東北

东北日報

二八七二期

歡慶鞍山三大工程投入生產 全區人民的建設信心倍增

鞍钢在兩年來的基本建設過程中 培養出一支强大的技術力量

我國工業建設的重大勝利

李相朝中將就解釋工作發表談話

《东北日报》对鞍钢三大工程的报道（一）

继八号高炉之后，无缝钢管厂经过一年又三个月的紧张建设，于1953年10月31日提前竣工。

和八号高炉的报道相比，无缝钢管厂完工的报道更早，早在工程正式投产以前，报纸就连续报道了这个工厂进行试车的情况；到10月28日，则发表了《鞍钢无缝钢管厂第一批无缝钢管试轧成功》，向读者报道“胜利地轧出了新中国第一批无缝钢管，这是我国执行第一个五年计划的一大胜利”。

大型轧钢厂在三大工程中，是规模最大、技术最复杂、遇到的困难也最多的一项工程。它在施工技术和施工管理方面，都创造和积累了不少先进的经验。为了介绍这些经验，《东北日报》连续发表了6篇通讯，从各个角度，从不同人物，报道了这个工厂的诞生过程。这些经验不仅可供东北其他重点工程借鉴，而且更坚定了我们实现社会主义工业化的信心。

“与八号高炉相媲美！但规模更大、有些部分更加先进的我国第二座自动化高炉——第七号高炉，仅用7个月的时间改建成功，于12月19日炼出了第一炉铁水。”1953年12月20日，《东北日报》发表《我国重工业建设又一巨大胜利　鞍钢

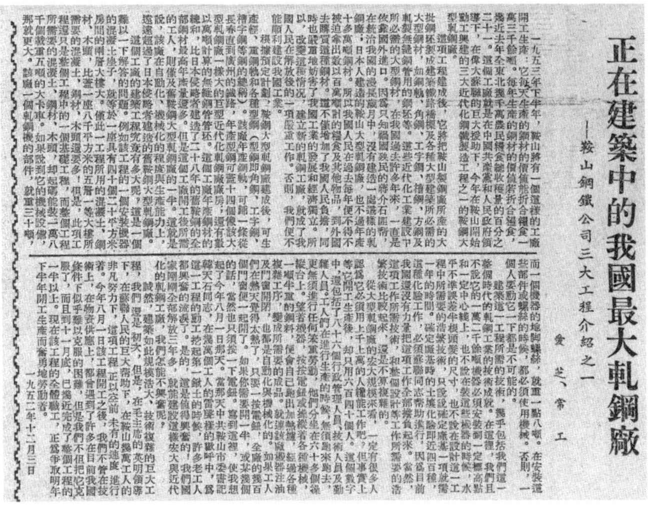

正在建築中的我國最大軋鋼廠

——鞍山鋼鐵公司三大工程介紹之一

愛芝、常工

我國的第一座無縫鋼管廠

——鞍山鋼鐵公司三大工程介紹之二

常工 愛芝

我國第一座自動化的煉鐵爐

——鞍山鋼鐵公司三大工程介紹之三

常工 愛芝

《东北日报》对鞍钢三大工程的报道（二）

七号炼铁炉开始出铁》的报道，向世界宣布：鞍钢三大工程胜利建成！

对于三大工程的系统报道，应该说是有气魄的，也是有效果的。它集中宣传了社会主义工业化方针、道路和它取得的巨大成就；同时，使读者看到了党的英明领导、看到了工人阶级的伟大力量，报纸给读者以自强不息的奋斗信心和力量。

第三，歌颂鞍钢的建设者。

现代化的建设技术，对鞍钢的领导干部和工人来说，都是比较陌生的，在实践中，他们逐渐学会了过去不会的东西，用先进的技术武装了自己的头脑和双手。他们靠什么？就靠“钻进去”的坚韧不拔的精神。《东北日报》赞扬了他们这种精神。现在，他们中许多人成长为专家、经理、工地主任，学会了在工地上将数十个工种科学地组织起来，在一个计划指导下，有节奏地进行工作。

工人、技术人员，在建设鞍钢中献出了最大的热情；但他们深知单靠热情不行，为了学习和掌握先进技术，他们付出了非凡的努力。《东北日报》报道了这方面的典型人物和创造的奇迹：安装鼓风机“设计要求的定心公差是零点零四米，他们竟做到零点零零五米；设计要求的震动系数在零点零二米以下，这已是世界上第一流技术标准，但五号鼓风机以每分钟三千六百转以上速度运转时，却没有丝毫的震动！”

还有一个惊人的事例：无缝钢管厂工地有一项复杂的工程叫“托柱换基”——把支撑厂房梁架的钢柱往上顶起 100 米，把钢柱的混凝土炸掉重新浇灌，要求爆破时丝毫不能使钢柱受到震动。爆破队由于掌握了新技术，他们在钢柱上放了两碗清水，爆破过后，人们围上去一看，两碗清水仍是满满的，而混凝土基础则变成了碎块。

第四，鞍钢为了全国，全国支援鞍钢。

鞍钢的大规模建设，一方面是依靠鞍钢全体职工的艰苦努力和忘我劳动，另一方面，则是依靠全国人民的支援。没有全国的“东西南北来人才，四面八方送物资”，要以最快的速度完成如此规模的现代化工程，也是不可能的。

《东北日报》把全国支援鞍钢，鞍钢紧紧依靠全国，作为一个重要方面进行了报道。

全国各地给鞍山送来干部工人、技术人员以及设备、材料等，这些都是完成建设鞍钢任务的重要条件。因为有了这些条件，鞍钢才有可能加紧建设大型轧钢厂、无缝钢管厂、薄板轧制厂、七号炼铁炉等巨大工程。这些工程的顺利进行、按期完成与开始生产，标志着我国工业化水平的显著提高。

记者深入实际、了解情况，报道了许多感人的典型事例。鞍钢派人到衡阳铁路局招收架工，当时中南地区正在轰轰烈烈进行荆江分洪工程，架工都被调去修桥修闸了。但是衡阳铁路局听说鞍钢急需架工，便连夜打电话、开会，商议如何把最好的架工抽出来送给鞍山。不到一个月的时间，衡阳的 120 名架工就来到鞍山。黑山县是 1948 年全歼东北蒋匪军的战场，现在听说要建设鞍钢，他们都兴奋地说，这是建设国家的大事情，咱们要像支援解放战争那样支援鞍钢，三天就动员了 400 人参加鞍钢的建设工程。就是这样，不到两年时间，全国各地仅向鞍钢无缝钢管厂和大型轧钢厂两大工程输送的干部、技术人员和工人，就有两万多人。

鞍钢三大工程所需要的大量机械设备和电气设备，更是得到全国有关企业的大力支援。报纸反映出：有来自兴安岭和赣江、湘江流域的成千上万立方米的各种木材，有关内和关外六七个水泥厂供给的数万吨水泥，有大连和沈阳运来的成车的石棉，有重庆钢厂经过三峡送来的重钢轨，有上海送来的大量电线和钢架。

“鞍山为了全国，全国支援鞍山。”报纸在宣传全国支援鞍山的同时，也报道了鞍钢在全国经济生活中的地位。1953 年国庆前夕，鞍山在全国的经济生活中已经开始显示了自己的重要地位，从国防前线到淮河工地，从首都到全国各个角落，都在使用着鞍山的钢铁，中央有二十几个部、全国有千余单位，都是鞍山的货主。而随着全国经济建设事业的发展，随着鞍山建设事业的发展，鞍钢在全国经济生活中的位置也越来越重要。鞍钢三大工程投产以后，鞍钢出钢材、出人才、出经验，很快就变成了事实。《东北日报》发表了不少反映这方面情况的新闻报道。这些报道，说明了全国万众一心的支援是鞍钢建设得以顺利进行的保障，同时也说明了鞍钢建设和全国的关系。

鞍钢的建设是东北基本建设的缩影。鞍钢走的每一步，对东北其他工程都有借鉴和推动作用，从效果看，把鞍钢的建设作为宣传的典型，这个选择是正确的，报道也是比较成功的。

对鞍钢的宣传，是符合当时东北日报社编委会进行新闻业务改革提出的“深入群众，深入生活，结合中心工作，加强新闻报道，扩大报道面，丰富报道内容”的总的要求的。编辑、记者在宣传方法上，努力做到“有中心、多方面，写典型、写群众”。更重要的是，从对鞍钢的宣传进一步认识了典型报道在新闻宣传中的重要地位和所发生的深刻而巨大的影响，认识到典型报道是新闻记者反映现实的重要方法。

3. 宣传先进人物，传播先进经验

经济恢复和建设时期，东北工矿企业都把学习与推广先进经验作为社会主义企业领导生产和建设的重要手段。《东北日报》密切结合实际，在工业宣传中，始终把传播先进经验、宣传先进人物作为重要的内容。几年中，以大量的篇幅进行了先进经验和先进人物的宣传。在宣传什么和如何宣传上，都有一些可贵的经验。

第一，选择有决定性、关键性、普遍推广意义的先进经验和有代表性、针对性的先进人物，进行集中而连续的宣传。

所谓有决定性的先进经验，包括先进的管理经验、先进的技术和先进的思想三个方面。在这些方面出现的新东西是大量的，报纸不可能一一加以介绍，只能根据实际工作的需要，优中选优，有目的地、有针对性地选择其中重大的、有普遍意义的加以宣传与推广。几年中，《东北日报》在管理方面着重宣传的先进经验有：沈阳冶炼厂管理民主化的经验；五三工厂贯彻依靠工人阶级思想、政治工作与经济相结合的经验；机械工厂推行的按指示图表组织均衡生产的经验；鞍钢实行计划管理的经验；中长铁路经营管理的系统经验，以及基本建设方面实行的交叉平行流水作业，等等。这些经验都是当时在企业管理方面迫切需要而又行之有效的工作方法。在先进技术方面，报纸宣传的都是在一个行业或一个方面，有代表性、能解决主要问题，并有普遍推广价值的经验。例如，机械工业的高速切削、多刀多刃；钢铁工业的快速炼钢；煤矿开采的周期采煤、快速掘进、安全生产的先进经验；电力系统的调整负荷、节约用电；有色金属矿山的复式凿岩、湿式凿岩等。1952年东北地区开始有重点的大规模建设基本建设提到重要地位以后，对学习与推广先进经验的需要显得更加突出，涌现与推广的各种先进经验更多也更丰富了；报纸关于先进经验的报道也更加突出。例如，在地质钻探上，有马文志小组的快速钻进法；在设计工作上，有标准设计、设计流水作业；在矿井建设上，有平行作业法；在机械安装中，有预安装、分部组合安装法；施工管理中的平行流水作业；在土木建筑方面，苏长有的砌砖法、杨德重的抹灰流水作业法、谢万福的木工流水作业等则更是广为人知

的。这些先进经验推行之后，都大大加快了工业建设速度。如西安竖井按旧法先凿岩、后砌壁的单行作业法施工，需要十年建完，采用平行作业方法施工，五年就能出煤。报纸以《跃进五年》为题写的通讯，通俗而详尽地报道了这项先进经验。在钻探上推广马文志小组的快速钻进经验，较旧的钻探法提高效率三倍。在施工管理上，实行按指示图表平行流水作业法，平均缩短工期三分之一。经过宣传和推广的先进经验，效果显著，或提高效率，或加快进度，或提高质量，或保证安全，集中起来是保质保量地加快了建设速度。

对先进人物的宣传，选择的都是有着“投一石而激起千层浪”作用的先进典型。如1949年宣传的赵国有，他是以国家主人翁的劳动积极性和创造性，打破了伪满的技术标准，而当时有些人则认为“伪满标准不能突破”。宣传赵国有这个先进典型，对破除这种思想，起了很大作用。另如宣传王孙慈、谷发明、苏长有等，都结合当时实际，产生了巨大的影响，发挥了榜样的力量。

宣传先进经验和先进人物，不是人云亦云，不是有什么宣传什么，而是经过恰当的选择。如何选择？首先要摸清实际工作情况，准确地掌握需要解决的关键问题。这样，一个先进人物、一项先进经验出现之后，我们才有鉴别能力，知道是否具有传播和普遍推广的价值。对实际情况的了解，要经常深入下去调查研究，和各有关部门保持密切联系，这就能知道实际工作最需要解决的问题是什么。其次，编辑、记者对先进人物和先进经验本身必须有个较好的了解——了解它的特点、实质、主要作用和它的影响，对照实际工作加以比较然后才能正确地加以判断和选择。再次，也是特别应该注意的，是必须取得党委和主管部门的支持和帮助，重要的先进经验必须经过他们的审核和鉴定，避免失实和片面性。在选择先进人物和先进经验时，还要注意防止求全思想，如果求全责备，容易扼杀萌芽状态的新事物。

第二，着重宣传先进经验的特点和推广价值。

报道先进经验和新技术，都会碰到一个对技术性、业务性如何处理的问题。报纸的任务在于进行政策思想宣传与政治鼓动，在于指导与推动实际工作的进行。宣传先进经验不能光讲技术与业务，而主要给予政治评价，宣传先进事物的作用和意义；对先进经验或新技术本身的介绍，则要通俗地、深入浅出地说明特点、实质和价值。这样，就能避免业务性、技术性太强，而表现出应有的思想性、鼓动性，增加可读性，其影响与宣传效果也就会更大些。当时《东北日报》抓住先进经验主要特点，或综合或典型进行宣传，并着重介绍在推广中所产生的作用。例如，苏长有改革了旧中国的落后的砌砖方法，他创造的新砌砖方法有什么特点呢？“在工地上，苏长有小组正在迅速而从容地砌着一段砖墙。小徒工拉着个像小坦克似的铺灰器走过去，墙上就留下了一条又平又匀的灰浆，两个技工，一手一块砖接连不断地往上挤，眼看着砖墙一层一层地长了起来。一个工人一天能砌六千块，比旧砌砖法快五倍。”《东北日报》采取配套成龙的方法，宣传了从砌砖到抹灰、勾缝、挖地槽，还有木工一套新的工作方法，使占整个工程 10% 的土木建筑工程进度普遍加快。

第三，把先进人物、先进思想和先进经验结合起来进行宣传，宣传先进人物不能孤立地突出个人，更不能忽视先进人物的先进思想。《东北日报》宣传先进人物，差不多都是和他所学习与创造的先进经验联在一起报道的；先进思想则通过先进经验创造过程来体现。反过来一样，宣传一项重大的先进经验，也都是同时介绍创造这项先进经验的先进人物。在报道方法上，则经常是有新闻，有通讯，有的还配有言论。这样宣传先进人物，才能把一面旗帜树立起来，它所发挥的组织动员作用才能大。

第四，先进经验在实践中不断丰富、发展。无论学习外来的或本地的先进经验，都有个如何从实际出发具体运用的问题。同时，随着先进经验的推广和先进技术的具体运用，也势必会有新发展和提高，也就是对原有先进经验的丰富、发展，也就是工人、技术人员发挥自己的创造精神。报纸报道了许多这样的事例，说明了在每一项成功的先进经验中所蕴藏的中国工人阶级的聪明才智，也宣传了学习一切先进经验，都必须从实际出发，并使之不断丰富与发展。

第五，宣传典型的目的在于推广。为了把先进经验、先进思想变成大家的经验和社会的财富，除了在报上大张旗鼓进行宣传以外，《东北日报》的编辑、记者还做了许多细致的社会工作。例如，召开各种形式座谈会，主动取得党委、工会的支持和配合，等等。这种内外结合的做法，对先进经验的推广，扩大先进人物的影响，的确起了很好的作用，效果是明显的。比如对王崇伦技术革新事迹的宣传，就是一个很好的事例。除了在报纸上报道他的事迹和连续发表了各地学习、推广的消息外，还派记者到他所在工厂，到鞍山、沈阳、哈尔滨等地，协同当地党委和工会，召开座谈会，组织推广，并及时地把这些情况反映到报纸上来。随后，吉林、本溪、黑龙江等地都行动起来，很快在东北地区掀起一个以技术革新为内容的劳动竞赛。有人把这种宣传方法称为“四面出击”。从实际效果看，报纸确实发挥了宣传与组织作用。

4. 尊重科学，按事物固有的规律进行工作。

进行大规模基本建设，必须严格遵循它的客观程序

勘察—设计—施工，这是基本建设的科学程序。特别是“设计工作的好坏，关系着国家工业化的长远利益，关系着工程的质量和进度，更关系着国家资金的节约和浪费”。这是从 1952 年工作中得到的必须遵守基本建设规律的经验教训。1952 年我们自行设计的一些工程，由于设计得不准确，或者根本上有错误，给国家造成了严重损失。事实教训了我们，必须加强对设计工作的领导，才能改变这种状况。抓住设计工作这个关键环节，集中而连续地宣传了基本建设必须严格遵循客观程序的思想。对不遵守基本建设程序而造成损失的事例，也进行了公开批评。

从大量的事实看出，在设计人员中树立正确的先进的设计思想，克服各种错误的思想，是搞好设计工作的关键。东北日报社于 1953 年 2 月 2 日召开了一次设计人员的座谈会，就设计工作和设计人员思想存在的问题交换了意见，并在报纸上报道了这个座谈会的内容；以此为序幕，又在报纸上开展了一次公开的讨论。这个讨论，持续了将近两个月，在《必须树立先进的设计思想　反对浪费的设计》的总栏题下，连续发表了 20 多篇设计人员写的文章。这些文章写得具体而亲切，结合对一个个工程设计的解剖，联系思想，作具体分析，进行批评与自我批评。但是，讨论并非就事论事，它从树立先进设计思想的高度提高了设计部门的领导和设计人员的认识。一位主任工程师在文章中说，他通过讨论认识到：“在工厂设计上如果犯了错误，那是历史性的错误，是不可挽救的错误……工业生产要消灭废品，设计工厂更不允许有废品。”像这样在报纸上组织讨论，在工业宣传中已不是第一次。抓住关键问题，运用开展讨论这一报道形式，对于报纸联系实际、指导实际来说，实在是一种有效的宣传方法。

二

财贸报道反映国营商业从无到有过程

《东北日报》在解放战争和国民经济恢复和建设时期，对财贸工作的宣传也比较重视。这个时期财贸宣传的特点是：反映东北地区在支援战争、支援全国方面所作出的重大贡献；充分反映了财贸工作发挥城乡、工农之间纽带作用，在大力组织物资交流，促进生产的恢复和发展，提高和改善人民生活方面的巨大作用；系统清晰地反映了国营商业和合作社商业在战争中从无到有，从不懂经商到学会经商的发展壮大过程。

（一）
及时报道稳定大局的经济活动

新中国成立前后，财贸战线的工作是十分重要的。东北地区党和人民政府每采取一项新的财经措施，都关系到局势的稳定和解放战争的胜利。《东北日报》在财贸报道上投入了大量的版面，推出了众多有分量的报道。

日本帝国主义投降后，东北殖民地经济已经土崩瓦解，私人经济经过日本侵略者的掠夺，凋敝不堪。解放后，为了恢复和发展东北经济，各省市先后成立了贸易局、贸易公司，1946 年秋季又成立了东北贸易总公司，创建了东北的国营商业。当时它的任务是调剂军需民用，由各地分别解决自己的财政困难，借以支持东北解放战争。《东北日报》紧跟这一形势积极加以报道。沈阳解放前，东北商业根据战争与生产、人民生活的需要，大力采购粮食、副产品及各种农作物，一部分供应城市及工业生产需要，使军民在困难的物质条件下有衣穿，有饭吃。这些购销活动给农民的产品找到了出路，迅速改变了农村的流通状况。《东北日报》及时地报道了这些稳定大局的经济活动，对加强城乡联系，发展和巩固工农联盟起了很好的作用。

东北全境解放以后，战事向关内发展，许多大城市相继解放。这个时期的东北财贸工作，不仅担负着支持东北地区的工农业生产和为东北城乡人民服务的重担，还要支援全国新解放的城市，为解放全国提供必要的物资。因此，这个时期《东北日报》的财贸宣传是十分活跃的。从一组有关稳定市场、平抑物价的报道中就可以看到当时财贸工作任务的艰巨。

在刚刚解放的北京、天津、上海等大城市，物资匮乏，一些不法资本家乘国家之危，大量收集游资，囤积居奇，哄抬物价，严重威胁着广大城市人民的生活，妨碍对解放战争的支援。当时，不法资本家与我们争夺市场的主要物资是粮食，解放区的居民需要粮食，解放战争需要粮食，新解放的城市也需要粮食。因此，从1949年末到1950年末这一年间，出现了三次全国性的因粮食涨价而起的物价全面上涨。为了配合这场关系到全局稳定、战争胜利的斗争，《东北日报》组织了长达一年的连续报道。一方面以大量篇幅宣传东北翻身农民踊跃向国家交售粮食，同时报道商业部门如何组织收购、调运，以及各地平抑物价的情况。仅以1949年12月的报纸为例，全月共发表这方面的新闻33条，其中发在版面显著位置的有14条。再以1950年全国平抑第三次大涨价的报道为例，10月26日的报道从不同角度反映，“月初以来京津及华北地区粮价上涨，影响其他物价上涨”“各省粮食部门正积极收购粮食，赶运华北”“东北运往上海的大米、大豆仍在陆续发运”。在相隔三天的29日报纸上，又在《大力支援关内》标题下，报道了“7.5万吨粮食下旬运往华北”“运沪大米月底完成”。在东北人民的支持下，11月25日，京津等一些主要城市的国营贸易公司统一行动，大力平抑粮价，使粮价逐渐稳定下来。12月20日的报道公布：“持续一个多月的全国物价大波动终告稳定。”整个这组报道，系统地反映了这场斗争的全过程。

在当时的《东北日报》上，像平抑物价这类经济宣传接连不断，配合东北经济形势非常紧密。诸如发行流通券，实行工薪实物券制，发行建国公债，改善私营企业的劳资关系，发展城市职工合作社，600种商品降价，等等，通过这些报道客观地反映了党全心全意为人民服务的宗旨，使广大人民群众紧密地团结在党的周围，为“建设繁荣的东北经济”而斗争不息。

（二）
大力宣传党的财经政策

《东北日报》结合经济形势的发展，集中地、系统地宣传党在各个时期的财经政策在各地贯彻执行的情况。在这方面，1950年以后的报道比较突出。例如1950年3月3日国家政务院发布《关于统一全国财政经济工作的决定》之后，报纸宣传了如何集中使用国家的主要开支，统一物资调度、统一现金管理等具体措施。1950年打击投机不法私营工商业之后，由于虚假购买力的消失，私营商业一度陷于困境，有的工厂减产、停工，有的甚至倒闭歇业。为了发挥私营工商业有利于国计民生的积极作用，并避免由于大批倒闭而引起的失业人员增加，党和政府在当年6月提出了“统筹兼顾”的方针，《东北日报》在“统筹兼顾，促进城乡物资交流”的口号下，报道有关扶持私营工商业的措施。1950年下半年又集中宣传贯彻了“发展生产，保障供给”的经济工作总方针，报纸在言论中反复强调：适应城乡生产发展和人民生活水平提高的需要，组织城乡物资交流已成为商业部门的中心任务。完成这一任务的关键是如何把占农民总收入40%左右的土特产品及时收购上来，把工业品运销到农村去。集中宣传了各地商业部门恢复原有的流通渠道，开辟新的渠道；合作商业建立专门经营土特产品的机构，组织私商下乡贩运土特产品；建立和恢复贸易货栈，发展农村集市、庙会；召开各级土产物资交流大会，等等。

宣传贯彻党的方针政策，就要充分反映全区各种经济成分的商业在迅速发展壮大。1952年10月1日，在二版《三年来东北区财政工作成就》一文中写道：伴随着农业生产的恢复和发展，也活跃了城乡间与地区间的物资交流，并扩大了内销市场与国外贸易，从而加速了商品流转。1952年国营商业与合作社商业为农民推销农副产品的总值要比1949年提高6.88倍。按计划，这年国营商业供应城乡人民的工业品总值与1949年比较，煤炭与建筑材料类增加4.1倍，花纱布类增加6.5倍，石油增加了18.2倍，日用百货类增加了19.18倍，工业器材类增加了93.19倍。这都反映了商业在促进工农业生产和改善人民生活中发挥了巨大作用。

（三）
东北人民生活水平提高的历史记录

“随着国民经济中工业、农业生产的恢复和重建，起着结合城乡、工农业纽带作用的东北商业已成为人民经济生活中的重要组成部分。全国人民都在称赞着东北有三好：工农业生产发展好，金融物价稳定好，财政收支平衡好。三好合一好，人民生活好。”1950年国庆节前夕报道中的这一段话，准确生动地概括了当时东北商业在经济发展中的作用。

新中国成立初期，东北城乡人民生活水平很低。在城市，党和政府采取一切措施，保证职工的基本生活需要。为使职工不受物价波动的影响，实行工薪实物制，规定不论物价变动如何，每一分值包括的高粱米、煤、豆油、海盐、五福布的数量不变。在农村，以物换物的原始交换方式还普遍存在，农民只能用粮食或鸡蛋从串乡小贩手中换取一些必要的食盐和针头线脑。随着生产的发展，城乡国营、合作社商业的迅速发展，城乡流通活跃，人民生活在迅速改善。

报纸运用各种新闻形式不断地反映东北人民生活的新变化。这里仅摘取一些报道的标题就可见一斑了：《新的城乡关系在阿城》《城乡人民生活上升　年货畅销》《文教事业发展　需要大量纸张》《东北人民经济上升的又一例证——储蓄事业获得迅速发展》等。此外每年都发表一些城乡人民购买力调查。看看这些报道，东北人民生活水平提高的历史脚步就清晰地描绘出来了。

1949年在一篇报道中反映，在各地国营商店，农民整匹买布已很平常，在10月、11月全东北仅国营商业卖出的布就有100万匹，等于1948年国营商业全年的卖布数，煤油、靰鞡、豆饼也同样大量卖出。东北农民生活水平上升，耕地面积和产量年年增加，农民余粮增多，购买力提高，农具需要量增多，要求供应质量好的商品。全区从南到北，村村有新房，一片新气象。农民自己说：“庄稼人有福了！”1951年的变化就更加明显。食品中大米、白面、豆油销量比上年成倍增加，白条猪肉、海菜、冻鱼、粉条、红枣经常供应不足。穿衣已不满足于色布和平纹布，花哔叽、花贡呢一类斜纹细布最受农民欢迎。除了吃、穿、用外，农民要求购买纸张、自来水笔。报道松江省集贤县三个村的典型调查，人均购买力比上年提高 34.7%。由于购买力提高，购买生产资料的支出增加了，农民开始添置好车好马了。农村新盖的房子全是玻璃窗，家家院里有牛、马、猪、鸡，青年男女普遍穿上了色布衣裳。过去，一年也吃不到大米、白面，现在隔三差五吃顿细粮。

1953 年在报道中反映：当年全区人民的购买力比 1952 年增加 25% 左右。其中职工购买力增加近 30%，农民增加 20%。特产区许多农民家里已有缝纫机。农民说，自土改后生产一年比一年提高，生活随着改善，买台缝纫机做衣服又省工又好看。义县瓦子份村平均每两户半就有一台缝纫机。农村文化用品、医药、化学肥料、农药、新式农具销量也明显增加。

仅以上几例已可看出，《东北日报》成为东北人民生活水平提高的真实生动的历史记录。

（四）
组织公开讨论的一次成功尝试

国营商业在几年之中迅速发展壮大起来，已经成为市场的主导力量。但是，国营商业工作人员还缺乏经商和管理经验，特别是在各级领导和管理人员中还残留着严重的“上拨下卖，进啥卖啥”“只顾进货销售，不讲核算，不计成本”的供给制思想。“九火车绒衣积压事件”就是在这种情况下发生的。

1952 年 12 月 3 日，报纸发表了《沈阳地区百货批发站官僚主义作风严重　畅销期将九火车绒衣积压在库》，报道沈阳地区从 10 月起绒衣裤连续脱销了一个多月，群众反映很强烈。零售商店到批发站去进货，总是答复无货。而一查仓库却发现积压着 12389 打的绒衣裤。报纸抓住这一典型事件，组织了公开讨论，引起了各级领导干部、有关部门以及全体商业职工和广大消费者的普遍关注和大力支持，对促进国营商业提高经营观念、改进服务水平推动很大。

事件发表以后，报纸在二版设立了讨论专栏，两个月共发表十期，参加讨论的有消费者，也有商业部门的干部、职工、模范营业员。专栏的题目也随着讨论的发展而更换，从开始的单纯“对绒衣事件的批判”到“接受绒衣事件教训，深入检查积压损失，把商业工作提高一步”，还不断配发各种评论，引导讨论步步深入。对不重视讨论、不吸取教训的单位，进行公开批评。并配发短评指出，“火不烧身不觉痛”的错误思想，是进一步提高认识、改进工作的最大思想障碍。

这次讨论，问题抓得准，有典型意义，引起了各有关部门的重视。各部门在事件报道后迅速布置联系事件检查工作，而后又明确提出将这次讨论作为反对官僚主义、反对供给制思想的运动。商业部门的各级领导，如东北区百货公司经理、沈阳市国营商业局局长等同志都给报纸写文章，谈认识，分析事件的原因。由于有关部门与报社密切配合，这次讨论实际上形成了一个自下而上和自上而下相结合的检查工作的群众运动，推动了商业部门改善经营管理，提高服务质量。

（五）
接连不断地推广新鲜经验

《东北日报》商业宣传中用先进的典型经验推动全区工作这一特点十分突出。继“九火车绒衣积压事件”揭露出商业工作中存在的问题之后，接连不断地推广新经验，诸如密切国营商业与合作社商业的关系，扩大城乡物资交流，改进商业工作的计划和经营管理，提高服务水平等各方面的先进经验。

这方面的报道首先是从宣传东北地区第一个女劳动模范孙芳芝开始的。孙芳芝是凤城县（今辽宁省凤城市）百货批发部的营业员。她一心为顾客服务，熟悉商品的种类、产地、价格，以诚恳、耐心的态度帮助顾客挑选商品。她注意了解市场情况，经常到农村合作社去了解农民购买商品和合作社的销售情况。当发现批发部里的许多商品合作社没有货时，便考察原因。原来合作社有的是怕进货卖不出去，造成积压；有的是不了解百货批发部的货源情况。她首先帮助合作社解除怕积压的顾虑，分析造成积压的原因主要是对农民过去不习惯用的商品宣传不够。报纸在介绍孙芳芝事迹里有一段描写：孙芳芝下乡在一个合作社了解到窗户纸卖得挺快，玻璃却卖不动。她主动劝农民买玻璃，“老乡，买玻璃吧！玻璃亮堂、卫生、结实，不用年年换，三张窗户纸的钱就能买块玻璃”。经她这样一宣传，这个合作社积压的 5 箱玻璃一个星期就卖光了。为了帮助合作社了解批发部的货源情况，她用通信的办法与合作社建立联系制度，掌握各社进货、销售情况，打开了部分工业品在农村的销路。对于为什么要这样做，她在一篇文章中写道：“全县 90% 以上人口分散在农村，如不充分发挥合作社的作用、扩大商品推销，就不能发挥国营商业更好地为农民和农业生产服务的作用。”她所创造的与合作社的联系制度在全区推广。东北商业管理局组织广播大会，推广孙芳芝的经验。之后，孙芳芝到全区各大中城市商业系统传播经验，听报告的职工达 4.5 万余人。孙芳芝的与合作社联系制度到了 1953 年逐步完善，形成了“五项联系制度”，即联络员下乡制、商品目录下乡制、合作社购货登记制、聘请合作社通讯员制、组织合作社参观样品参观仓库制。

在 1953 年里，《东北日报》还针对销售工作中的保守思想，宣传并在全区推广了凤城县百货公司发动职工讨论销售计划的经验；安达县背货下乡收购粮食的经验，白城子批发站改进劳动组织，建立专业小组，密切批发与零售关系的经验等 12 种先进经验。其中，1953 年下半年，特别集中突出地宣传了城市国营大中型零售商店改善经营管理、提高服务质量的经验。例如，沈阳市第三百货商店为改变机关式作风、延长营业时间所实行的连带上班制；沈阳市联营公司建立“柜台日记”，及时向生产部门反映消费者对产品质量的意见、要求；简化零售商店账簿管理的“售货卡片记账法”；秋林公司的全面经营管理经验，等等。全区的商业工作管理水平和服务面貌已经有了明显的改善，报纸确实发挥了思想指导作用和政治鼓动作用。

三

农业报道充分发挥指导作用

（一）
用生动的事实教育农民

1949年，东北地区贯彻执行了由乡村到城市的转变，把全党的工作重心由战争与土改转到了经济建设上。这时，《东北日报》的农业生产报道数量相对地减少，但是，仍在配合各个时期农业的中心任务，继续发挥其指导作用。

东北地区在完成土地改革后，面临的首要任务是尽快发展新民主主义的农村经济。广大农民有了土地，但是由于缺车少马，给农业生产带来很大的困难。在解放较早的地区，从1947年便积极组织劳动互助组。这是东北地区农业生产互助合作的开端。1950年1月，中共中央东北局根据毛主席的指示，进一步提出："今后农村经济发展方向，在一方面，应该是奖励农民生产发家，勤劳致富，使绝大多数农民上升为丰衣足食的农民，而另一方面，又必须使绝大多数农民由个体逐渐地向集体方向发展。"由此推动全区的农业生产互助合作运动又有新的发展。《东北日报》的农业生产互助合作运动报道，占农业生产报道总篇幅的50%以上。在当时的历史条件下，根据党的政策，报社联系全区各个阶段农业生产互助合作的实际，采取多种形式进行了有效的宣传报道。

农民是最讲实际的人。因此"就要善于用明白易懂而为农民所能够接受的道理和办法去教育和促进农民群众逐步联合起来"。《东北日报》对整个互助合作运动的报道，不论是在最初换工插犋（指几家农户合用牲口，共同耕种）阶段，还是发展到后期建立农业生产合作社，都是按照新闻的基本特点，用具有说服力的事实去教育农民。报纸曾用大量篇幅报道组织起来比单干多打粮食。1950 年 1 月就接连刊登了 4 篇同一主题的消息:《组织起来胜过单干　德都王忠有小组每垧地多打三石粮》《组织起来力量大　战胜天灾多打粮　彰武王福云组获九成年景　加上副业收入更富裕》《二龙山屯三年互助　家家户户丰衣足食》《省出工来精耕细作　孙绍岩互助组比单干多打百石粮》。报纸选择对互助合作有过正反两方面经验的农民的经历进行对比报道,就更为生动有力。1951 年 10 月 11 日报道的《农民刘福义参加互助组前后》事迹就很有说服力:“农民刘福义家住金县二十里村,五十多岁。解放前给地主扛活,共产党来了,分了土地、牲口和房子。去年人们都参加互助组,可是他还是别个劲儿,不愿参加。但是人单力薄,地莳弄不过来,结果草比庄稼长得还高,八亩棉花才拣了八十斤籽棉,大田也仅打了八石粮,去掉人吃马喂,过了年就得掉顿了,使他一天到晚愁眉不展。这时有些人钻空子,想占老刘的便宜,有的要租他的地,有的要买他的骡子。老刘才悔恨自己:‘为什么不参加互助组?’特别是看到参加互助组的户,都有吃有穿,更加恨自己是‘死心眼子’。经过一番思想斗争,最后终于去找村党支部书记,坚决要求参加互助组。”报纸还采用自述形式,让像刘福义那样的农民,在报上讲述参加互助组前后的思想认识,记者、通讯员专为他们代笔。这样的现身说法,就更使尚在彷徨的农民信服。当时,有不少县区干部反映,《东北日报》对互助合作的宣传报道,为他们提供了生动的教材,对实际工作有很大的推动力。

(二)
学有方向　赶有样板

早在东北地区开展农业生产互助合作初期,《东北日报》就选择一批典型互助组进行报道。吉林省蛟河县(今蛟河市)的韩恩互助组就被列为典型之一。1949 年 7 月 31 日一版刊登消息:《蛟河县保安屯党员(韩恩)带头换工互助　耕种三年普遍发家》。同天二版刊登通讯:《保安屯的韩恩互助组》,介绍这个组从 1947 年春天成立到 1949 年,是怎样由单纯农业生产的三个小型互助组,发展为农业副业结合、全屯大换工的互助组的。这是吉林省最好的一个组。编者在按语中,既指出韩恩互助组的经验值得各地参考,又提请各地注意当地的换工互助基础,不应机械地搬用、普遍推广。从中可以看出，《东北日报》在宣传典型经验时，很注意跟各地的具体情况相联系，强调因地制宜，决不能盲目从事。

随着农业生产互助合作运动的发展，老的典型互助组不断前进，新的典型互助组不断涌现。《东北日报》不但接连选择新的典型互助组进行报道，而且对老的典型互助组坚持连续报道他们在前进中所取得的新成就和新经验。对韩恩互助组，从他们开始换工互助直到成立农业生产合作社，每个阶段都有所介绍。1951 年 1 月 25 日，报纸以近两个版的篇幅，刊登《在农业合作化道路上前进的韩恩互助组》长篇通讯，详细介绍了这个组是怎样从“插犋换工”到分工分业，又由小组互助到全屯联组，以及新旧制度的交替和新意识在成长。1952 年，进入发展农业生产合作社的阶段，报纸又于 4 月 17 日发表长篇通讯，介绍了韩恩互助组转为农业生产合作社的经过。1951 年 5 月 6 日，再次在二版用整版的篇幅介绍了韩恩农业生产合作社是怎样逐步巩固和提高的。《东北日报》抓住韩恩这个典型，分阶段宣传报道他们的互助合作发展经过，及时为各地提供了经验，对推动东北全区互助合作运动的发展起了很大的作用。

在刚一进入发展农业生产合作社的阶段，《东北日报》又立即选择一批新的典型社进行报道，以更好地为广大互助组指出前进的方向。1952 年 1 月 19 日，在一版头题刊登了吉林省延吉县（今吉林省延吉市）金时龙农业生产合作社的调查报告。接着又从 2 月 27 日开始，通过长篇连载的形式，详细介绍了金时龙农业生产合作社是怎样发展起来的。之后，又报道了黑龙江省杨显亭等农业生产合作社的经验，对这些典型社的报道，都对互助组向农业生产合作社转化起了示范作用。

报纸的典型报道，有很强的针对性，每个典型都是在一定的背景下筛选出来的。1953 年 12 月，中共中央作出《关于发展农业生产合作社的决议》后，摆在广大县区干部面前的一个重要问题是普遍缺乏领导办社的经验。《东北日报》这时有针对性地选择积极学会办社的区干部作典型进行了报道，于 1954 年 2 月 10 日刊登《从外行到内行》长篇通讯，介绍绥中县第九区委副书记刘振东刻苦学会办社的事迹。报纸同时配发评论:《重要问题在于刻苦学习深入实际》。有的省、县把这篇通讯和评论作为学习材料印发，有些县区干部把刊登这篇通讯的报纸放在背兜里，下乡领导办社遇到难题时经常打开报纸学习。

（三）

正确宣传党的政策

政策是党的生命，自然也是党报的生命。《东北日报》一贯注重宣传党的政策，在农业报道上也是这样，用政策指导全区互助合作运动健康发展。

在刚开始组织换工互助组时，报纸在宣传上就特别强调必须贯彻自愿两利的政策。1948 年，在黑龙江部分农村地区，曾出现强迫命令的现象，报纸及时进行批评纠正。1949 年春天，在辽宁辽中和新民等地，又出现强迫命令的现象。对此，报纸于 3 月 18 日用综合报道形式提出批评，标题是《辽中新民组织劳动互助组中　部分干部强迫编组　忽视贯彻自愿两利》。但是，农村工作干部的强迫命令作风，并不是报纸刊登一两篇批评报道就能根除的，应当什么时候出现强迫命令现象，什么时候就提出批评。1950 年 1 月 11 日又批评绥化县（今黑龙江省绥化市）正白二村：“错误宣传生产政策，农村经济发展缓慢，强迫命令作风与空喊，使干部更加脱离群众。”同年 4 月 4 日，接着刊登消息批评锦西（今辽宁省葫芦岛市）县委和县政府：“组织换工不从实效着眼，盲目追求数字，发动各区挑战。”消息引用东北人民政府的指示：“组织起来是为多打粮食，增加收入，而不是追求数量的形式组织。”同时配发短评指出：“组织起来不能靠强迫命令，也不能追求形式数目字，否则只能把好事变成坏事，互助组变成‘糊涂组’，‘自愿两利’变成‘自愿两离’。”“其结果是组织起来区上看，干部走了咱就散。”同月 13 日又报道了汤原县向阳区纠正“干部误解政策强迫编组，农民不摸底明插暗不插”偏向，又一次配短评指出：“凡是能发挥劳动效率提高生产改善农民自己生活，发动农民自愿组织起来的互助组就会巩固，相反的，如果干部以直接或间接的强迫命令方式硬编起来的，就会把好事弄成坏事，反而会妨碍生产。”这一连串的批评强迫命令的报道，引起各级领导的重视。热河省（今河北省、辽宁省和内蒙古自治区交界地带）委组织检查了全省换工组的情况，发现大部分违背自愿两利的组都已垮台，只有少数适合群众需要的贯彻自愿两利的组，生产效果好。因此，全省进一步整顿了互助组，使之健康地发展。

为了提高各级干部对组织劳动互助组必须贯彻“自愿两利”原则的认识，报纸在批评强迫命令错误的同时，连续报道了多篇贯彻“自愿两利”搞好生产的典型互助组的事例。这样，既有反面批评，又有正面范例，使宣传表现得生动活泼，收到更好的效果。

《东北日报》的报道，特别注意反对一种倾向，防止另一种倾向。早在反对强迫命令时，就指出："放任自流也是错误的。"当发现放任自流的事例时，便采用消息形式进行批评，并配短评，阐述放任自流的性质及其危害。指出："反对强迫命令，并不是取消领导。"报纸同时组织有关领导干部写文章，对强迫命令和放任自流的错误，从理论上进行了阐述，对纠正两种倾向，也都起了一定的作用。

1952 年，东北全区开始重点试办农业生产合作社。在这之前，农村曾开展了社会主义远景教育，农民"奔社会（主义）的积极性高涨"。当时，中共中央提出试办农业生产合作社，不少地方产生了一种急躁冒进倾向，不根据条件，盲目自发地搞起了农业生产合作社，有的省一下子搞起几百个农业生产合作社，平均一个县几十个社。发现这一倾向，《东北日报》及时选择纠正冒进倾向的典型，从正反两个方面作了连续报道。4 月 21 日二版头题刊登综合消息，报道"各地进行农村经济发展方向教育后，劳动互助组织获得显著发展和提高"，同时指出："部分地区不考虑具体情况，发生盲目组织农业生产合作社及强制编大组偏向，亟应纠正。"同版另一消息，批评开原县（今辽宁省开原市）不研究上级指示和本身条件，盲目组织大批农业生产合作社，结果造成农民思想混乱。铁岭县在东北是解放较晚的地区，互助合作的基础很薄弱，全县仅有十几个常年互助组，其余全是临时搭犋。但是，在备耕整顿互助组时，有部分村干部和互助合作积极分子，认为"早社会（主义）晚社会（主义），早晚都必须到社会（主义），早到比晚到强"。部分区干部也认为搞互助组不如搞农业生产合作社"有劲"。因此，全县很快组织起 141 个农业生产合作社。《东北日报》针对这个县的现象，以大量的篇幅进行批评报道。5 月 10 日二版头题刊登消息：《铁岭县干部经过说服教育后　认真改组不合条件的生产合作社》。同一版还发表一篇通讯，主标题是《生米不是一把火就能煮成熟饭的！》，副题是《铁岭县茨榆台村盲目组织农业生产合作社的教训》。这个村的劳动模范厉鸿儒从省里开会回村后，一边向乡亲们宣传社会主义远景，一边把自己领导的互助组改成农业生产合作社。因而打动了村党支部书记曹凤阁，他想："党员带头组织农业生产合作社先奔社会（主义），我是支部书记怎能晚走一步呢！"于是他从村西头到东头，一连动员了三四天，很快成立了一个社，但是，因为人心不齐，只一个月时间就垮台了。通讯以生动的事实说明不顾客观条件，盲目搞农业生产合作社是有害无益的。这一组报道，引起各地普遍的重视。随后在5月20日，报纸在一版头题报道了《铁岭县95个不够条件的农业生产合作社改组为各种形式互助组》消息。同一版还配发了辽中和义县改组不够条件农业生产合作社的消息，从而推动东北全区纠正了盲目发展农业生产合作社的急躁冒进偏向。为了全面贯彻“积极领导，稳步前进”的方针，反对急躁冒进之后，又出现放任自流的消极情绪，报纸于7月31日发表社论，题为《总结和宣传农业生产合作社的优越性》，强调“要在农民中扩大农业生产合作社的影响，并教育干部研究领导经验，以便为明年进一步推行农业生产合作社创造条件”。接着报纸在二版开辟《总结和学习生产合作社经验　为普遍试办做好准备》专栏，连续报道了重点试办的农业生产合作社显示的优越性，以及一些常年互助组如何为办农业生产合作社打基础。《东北日报》对农业生产互助合作的报道，从开始到终刊为止，时时按照党的有关方针、政策进行宣传，不断纠正工作中出现的“左”和右的偏向。

（四）
宣传推广先进生产经验

报纸通过各种形式宣传鼓动，经常推动各地学习先进生产经验，使生产获得较大的成果。对肇源丰产经验的宣传，就是较好的一例。这项报道声势比较大。它从1952年10月18日开始，到1954年3月29日结束，长达18个月的时间，先后发表了102篇稿件，其中有社论、评论和短评13篇。在这段时间内，东北广大农村，宣传推广肇源丰产经验已成为舆论中心，报纸在实践中不断发挥其指导作用。1953年冬天东北农业局总结工作时，肯定这一年推广肇源丰产经验获得显著成果。据估计，全区因此约增产粮食100万吨，并有力地冲击了群众的保守思想，促进了干部领导作风的转变，为进一步开展群众性的农业技术改革运动打下了基础。

《东北日报》对肇源丰产经验的宣传，一开始便大造声势。肇源县1952年在爱国增产运动中，大力推广了“等距宽播，间苗保苗，分期施肥”的耕作方法，使全县近万垧的丰产田，平均每垧产量提高一倍到两倍。它充分地证明：东北的农业生产中存在着极大的增产潜力，显示出全区在五六年内提高生产总值一倍的可能性，也为农业生产的领导提出了一个深入生产过程，总结推广群众的先进生产经验的工作方法。《东北日报》认识到肇源丰产经验具有重大意义，当即不惜拿出大块版面突出地进行报道。例如，1952年10月18日，一版刊登黑龙江省召开会议总结该县丰产经验消息，并配发社论:《总结和推广农业丰产经验　开展群众性的技术改革运动》。社论除阐述推广肇源县丰产经验的重要意义外，强调要跟总结推广当地农民的丰产经验结合起来，“一切农村工作者都应抛弃墨守成规的工作方法和轻视农业技术的陈腐思想，把具体领导农民的技术改革运动放到日程上来”。这样内容很充实的报道，引起了读者的重视，为深入宣传推广肇源丰产经验打下了良好的基础。

肇源的丰产经验，从技术角度看，是群众在生产实践中创造出的一套新耕作方法:“等距宽播，间苗保苗，分期追肥。”但它之所以能在肇源全县上万垧面积推广，还在于县委书记任国栋具有深入实际的工作作风，善于把群众的实践经验总结出来，再推广到群众中去，获得高额的粮食产量。因此，报纸仅就肇源丰产的技术经验去宣传就不够了，应提到改进领导思想和工作作风的高度，去增强宣传报道的思想性，不但推广肇源的丰产经验，而且要结合把本地群众的丰产经验总结出来，加以推广。同月20日，东北人民政府农业部副部长张克威写的《肇源县农业丰产新经验给我的启示》一文也提出:“肇源县丰产新经验之所以可贵，不在于他们能发现增产的技术办法，而尤其重要的是他们能够深入总结经验与大力推广。这对东北农业领导机关及所有农村工作干部，特别是对我自己来说，应该从肇源丰产新经验的模范事例中，很好地进行学习。”为了深入宣传这种思想，报社编辑部专门邀集各省农委工作同志及部分县委书记开会，座谈了肇源丰产新经验。会后于11月10日在二版头题刊登了座谈会消息。许多同志的发言都着重说明:“肇源县的增产新经验不单是推广了一种新的增产技术方法，而更重要的是运用了‘从群众中来，到群众中去’这种群众路线的工作方法。”“领导农业生产单凭政治领导是不够的，特别是广大农民有了新的科学技术要求的时候，必须改变这种单凭政治宣传教育的领导方法，而要具体地加强技术指导，因之今后应该学习掌握农业技术，一方面要向书本学，同时更重要的，还要向农民学，学会了技术，才能转变一般化的领导作风。”座谈会后，报纸又开辟《学习肇源增产运动新经验　不断提高单位面积产量》专栏，组织农村工作干部撰文，进一步展开讨论。在专栏里，先后刊登了9位县委书记写的文章，他们都对照肇源县委的领导，检查了自己的领导思想和工作作风。如中共阿城县委代理书记蒋惠群文章提出：“克服一般化领导作风，认真总结当地丰产经验。”中共海城县委书记李汝舟文章指出：“南满不必推广肇源丰产经验的想法是错误的。”由于报纸宣传肇源丰产经验，没有就技术讲技术，而是提高到领导思想和工作作风上来认识，便更好地发挥了指导作用。在推广肇源丰产经验的过程中，各地农村干部的工作方法和工作作风，有了很大的转变，全地区农业生产也取得了丰硕的成果。

以上是《东北日报》经济宣传的基本概貌。从其宣传内容和报道方法，可以看出报纸在如何报道和推进经济建设方面，已摸出一些门路、创出一些经验，表现出自己的风格和特点。这个风格就是报纸与实际的紧密联系，对实际的切实指导。他们在东北局领导下，依靠各级组织的帮助和支持，报纸通过对每个时期中心工作的报道，及时地、认真地宣传和解释了党的方针政策，并反映了政策在群众中具体贯彻执行的过程和存在的问题。正因为如此，《东北日报》在东北经济恢复和建设时期，比较能找到一些关于经济建设报道的规律，并适时地指导实际工作。从报纸上，不仅可以看出一个时期经济建设中的主要情况和主要动向，而且提倡什么，反对什么，旗帜是比较鲜明的。这样，在一定程度上，报纸的宣传就能把社会的注意力引到当前最重要的问题上来，推动了经济建设事业的不断前进。

1950年6月25日，正当东北人民加速恢复国民经济、建设家园之际，朝鲜内战爆发。美国政府从其全球战略和冷战思维出发，作出武装干涉朝鲜内战的决定，并派遣第七舰队侵入台湾海峡。1950年10月初，美军不顾中国政府一再警告，悍然越过三八线，把战火烧到中朝边境。侵朝美军飞机多次轰炸中国东北边境地区，给人民生命财产造成严重损失，我国安全面临严重威胁。为反对侵略，保卫祖国人民的安全，在党中央的号召下，一个空前规模的抗美援朝保家卫国运动，在全国范围内轰轰烈烈地展开了。

朝鲜同我国东北有500多公里的共同边界，而临近中朝边界的则是我国工业较发达的地区。鞍山、本溪、抚顺，以及东北日报社所在地沈阳等工业城市，距鸭绿江均不足200公里。

《东北日报》在这紧急时刻，从1950年10月中旬起展开抗美援朝的时事宣传。它分析朝鲜战局，揭发美帝国主义弱点，反映各界人民对美军侵略暴行的强烈抗议，鼓舞广大人民抗美援朝的决心和信心。11月，报纸便由以报道建设为主转到以抗美援朝宣传报道为主。通过时事报道，用大量的篇幅宣传了抗美援朝的伟大意义，反映了中国人民志愿军的英勇战斗事迹，揭露了美军侵略暴行，歌颂了人民群众订立爱国公约、参军出战勤、增产捐献武器、拥军优属、参加和平签名和爱国卫生运动，向广大干部群众进行了爱国主义和国际主义思想教育。另外，由于东北处于抗美援朝的前沿地区，报纸在时事宣传报道上也有一些同其他兄弟党报不同的地方，如针对抗美援朝中出现的一些重大事件或问题，发表了许多社论，派遣几批记者随志愿军入朝采写战地通讯等。

东北日报

第三章

抗美援朝
保家卫国

一

注视小红旗的移动

自从以美国为首的“联合国军”10月下旬逼近鸭绿江，辽东（今辽宁省东部）、吉林两省已进入了战备状态。作为东北大区首府的沈阳，到10月底，也完成了防空准备，共建成防空工事64000多个，并且进行了防空演习。东北日报社此时也实行了“战时体制”，把编辑部里一些老弱病残和刚参加工作的青年同志40多人，疏散到黑龙江等后方省份。编辑部只留下60多人坚持工作。这中间，除了校对、资料、社会服务部门外，余下的人组成两个大组：时事宣传组和地方新闻组。前者负责编采抗美援朝稿件，后者从事工、农、财、文教等报道。

留下来的人是一支干练的队伍，他们在抗美援朝的前期，大约三个月中，负担起双倍于平日的工作量，但是人人精神焕发，个个斗志昂扬。那时是夜间工作，半夜一点下班后，还涌向厨房，为前线志愿军炒面煮肉。在白天，大家也都要完成必要的采访任务。当时对大家来说，都取消了假日，而星期天只不过是另一个工作日而已。这种状况一直持续到1951年1月中旬才告一段落。

自中国人民志愿军入朝与朝鲜人民军并肩作战以来，大家对志愿军的英雄行为给予极大的注意和关怀。同志们在编辑部大厅的墙上，挂上一幅大型朝鲜地图，上面插着一面面的小红旗，记录着中朝人民的军事胜利。大家时刻关心着那些红旗的移动，注视着它从楚山移到了清川江，很快，又移到了平壤以南。每当朝鲜前线捷报传来，大家均以无比喜悦的心情编写消息、言论，采访各界反映，把胜利的喜讯，以最快速度传达给广大读者。同志们都用紧张工作，提高效率，创造优异的成绩，来庆祝接连不断的胜利。

直到 1951 年 1 月，中朝军队解放平壤后，继续南进，报社才逐步恢复了正常体制，把疏散在北满的人员调回，又按原来建制开展工作。

二

精心组写社论和时事论文

《东北日报》在抗美援朝的时事宣传中，组织撰写了许多社论。社论是报纸的旗帜，是言论中的重型武器。根据位于抗美援朝前沿地区这一特殊性，《东北日报》把精心组织撰写社论当作一项极其重要的任务，仅从 1950 年 10 月中旬到 12 月底，就发表了本报社论 11 篇。有些社论具有很强的时效性。例如，1950 年 11 月 5 日，新华社发了《中国各民主党派发表宣言　拥护全国人民以志愿行动抗美援朝保家卫国的正义要求》，报社当天即配发了题为《抗美援朝　保家卫国》的社论。又如《向挺进平壤的英雄们致敬》《庆祝光复汉城的伟大胜利》等社论，也是配合当日消息见报的。当时在人员很少、工作十分紧张的情况下，编辑部能够迅速刊出配发重要时事消息的社论，确实难能可贵。社论有的是报社内部同志写的，有的是约社外人写的，但均出自熟悉时事同志之手。显然，撰稿者都是经过彻夜不眠，加班加点写出来的，所以才能有很强的时效性，从而取得了较好的时事宣传效果。

有不少社论注意联系地方实际，加强政策性和针对性。它们除了根据党中央、东北局的指示、政策精神，不断宣传抗美援朝保家卫国的重大意义，还针对当时实际工作和群众思想上带有普遍性的问题，运用批评和自我批评的武器，提出解决和纠正的方法，指出今后的任务。例如，《大力开展时事宣传工作》《深入进行抗美援朝的思想教育》等社论，在肯定了宣传工作的成绩后，也指出了存在着的形式主义和一般化的问题，提出：要充分利用通俗的群众喜闻乐见的形式进行宣传，克服宣传中“单调呆板，空洞抽象，大块文章等缺点”。“时事课应列为当前学校课程中的一门主要功课，必须教好学好，有些学校采取突击方式或停课搞时事教育，这也是不当的”，等等。

除了社论，在抗美援朝的初期，报纸还针对群众当时存在的“美国武器好，空军强大”“会不会发生第三次世界大战”等恐美、崇美和怕战思想，发了不少的时事论文。据统计，仅从1950年10月中旬，到第二年2月底，就发表了《怎样认识朝鲜战争》《破了产的“空军制胜”论》《美国军事上的致命伤》《资源优势挽救不了美帝的军事危机》等揭露美帝国主义弱点的论文29篇。其中有11篇是报社时事组组长潘非同志写的，东北局的姜丕之、房维中等同志也写了一些。这些时事论文由于同社论一样，均系根据党的政策，帮助解决群众各种认识问题，所以对于提高群众思想政治觉悟，发挥了一定的作用。潘非同志写的《破了产的“空军制胜”论》，用第二次世界大战中的具体事实，阐明决定军事胜负的不是飞机等武器，而是掌握武器的人这一马克思主义的军事观点。文章在《东北日报》发表后，一个多月中，先后有《旅大人民报》《人民日报》《文汇报》《大公报》《新华日报》《长江日报》《南方日报》《新湖南报》《福建日报》《群众日报》《大众日报》等11家报纸转载。其他有几篇也被一些报纸转登。可见这些时事论文是有一定分量和影响力的。

此外，报纸自1950年10月中旬到年底，围绕抗美援朝问题，设立了一个《答读者问》专栏，针对群众思想发表了《帝国主义内部有哪些弱点》等问答21篇，其中除一篇是转自《人民日报》外，其余全部是由东北局宣传部同志撰写供稿，一篇解释一个问题，一般为几百字，短小精悍，丰富了当时的时事宣传。

三

派记者随志愿军入朝采访

东北日报社在抗美援朝运动开始，就派出记者随中国人民志愿军入朝，采写战地通讯。第一批派出的是顾雷和吴少琦同志。他们在1950年10月中旬，即到驻丹东的13兵团（即后来的志愿军总部）报到，很快随兵团出国入朝。他们发回的第一篇通讯是《在云山战场上》，主要报道了中国人民志愿军在云山战役中，英勇包围和歼灭美军的战斗故事。在当时，这是国内详细报道云山战役经过较早的一篇通讯。顾雷同志采访完第一次战役，因病先期回国，吴少琦同志继续南下采访，在朝鲜待了三个月，直到采访完突破三八线的第三次战役，随40军挺进汉城（今韩国首尔）外围，因左膝摔伤，才被调回国。继第一批之后，报社又派了多批记者，其中有方青、刘爱芝、王坪等同志。当时国内派到朝鲜战场上去的记者，大多来自新华社和《人民日报》，在地方党报中只有《东北日报》。这同报社位于抗美援朝前沿这一特殊性有关。

前线记者发回来很多战地通讯。据不完全统计，自1950年12月到1951年5月，半年时间里，报纸即刊载了近40篇。它们以大量具体事实，一方面控诉和谴责美帝国主义在朝鲜烧杀奸淫的残暴野蛮罪行，用事实揭露了敌人外强中干的虚弱本质，粉碎了美帝国主义军事“优势”的神话；另一方面，歌颂了中国人民志愿军爱国主义和国际主义的高尚品质及其英雄事迹，以及中朝人民用鲜血凝成的战斗友谊。这些通讯一般都有较强的感染力，使人读了受到激励、鼓舞，自然树立起抗美援朝必胜的信念。

吴少琦同志写的《为祖国而战　为朝鲜人民而战》，生动反映了中国人民志愿军所具有的高度政治觉悟的爱国主义和国际主义，是战胜敌人的力量源泉。因此，志

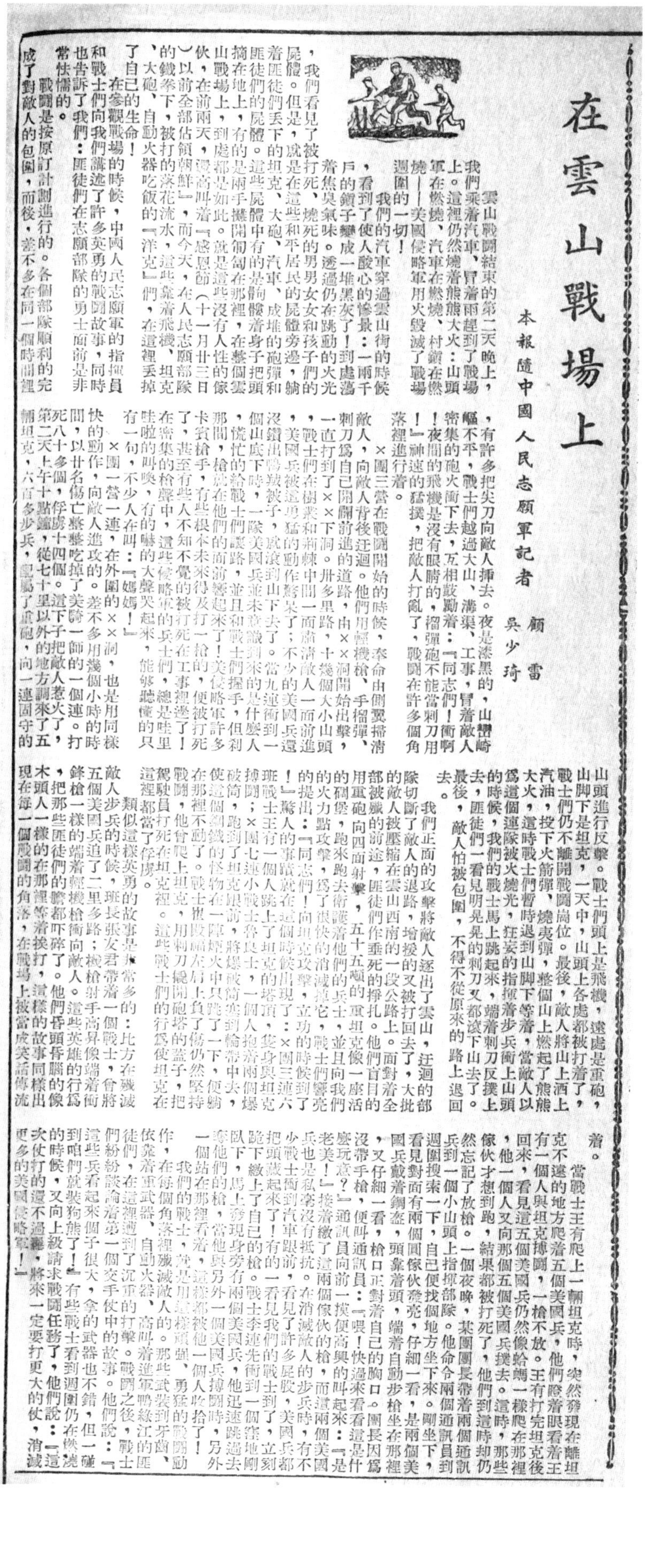

在雲山戰場上

本報隨中國人民志願軍記者 顧雷 吳少琦

雲山戰鬭結束的第二天晚上，我們乘着汽車，冒着雨趕到了戰場上。這裡仍然燒着熊熊大火：山頭在燃燒，汽車在燃燒，村鎮在燃燒——美國侵略軍用火毀滅了戰場週圍的一切！

我們的汽車穿過雲山街的時候，看到了使人酸心的慘景：一兩千戶的鎮子變成一堆黑灰了！到處瀰着焦臭氣味。透過仍在跳動的火光，我們看見了被打死、燒死的男男女女和孩子們的屍體。但是，就是在這些和平居民的屍體旁邊，躺着匪徒們丟下的坦克、大砲、汽車、成堆的砲彈和匪徒們的屍體。這些屍體中有的是軀體着身子把頭摘在地上，有的是兩手攤開匍匐在那裡，在整個雲山戰場上，到處都是如此。就是這些沒有人性的傢伙，在前兩天，還高叫着『感恩節（十一月廿三日）以前全部佔領朝鮮』，而今天，在人民志願部隊的鐵拳下，被打的落花流水，這些靠着飛機、坦克、大砲、自動火器吃飯的『洋克』們，在這裡丟掉了自己的生命！

在參觀戰場的時候，中國人民志願軍的指揮員和戰士們向我們講述了許多英勇的戰鬭故事，同時也告訴了我們：匪徒們在志願部隊的勇士面前是非常怯懦的。

戰鬭是按原訂計劃進行的。各個部隊順利的完成了對敵人的包圍，而後，差不多在同一個時間裡，有許多把尖刀向敵人插去。夜是漆黑的，山嶺崎嶇不平，戰士們越過大山、溝渠、工事，冒着敵人密集的砲火衝下去，互相鼓勵着：『同志們！衝啊！』夜間的飛機是沒有眼睛的，榴彈砲不能當刺刀用！』神速的猛撲，把敵人打亂了，戰鬭在許多個角落裡進行着。

×團三營在戰鬭開始的時候，奉命由側翼掃清敵人，向敵人背後迂迴的道路。他們用輕機槍、手榴彈、刺刀爲自已開闢前進的道路，由××洞開始出擊，一直打到了××下洞。中間卅多里路，十幾個大小山頭，戰士們在樹叢和荊棘中間一面肅清敵人一面前進，美國兵被這勇猛的動作驚呆了；不少的美國兵還沒鑽出鴨絨被子，就滾到山下去了。當九連衝到一個山底下時，一隊美國兵並未意識到來的是什麼人，慌忙的給戰士們讓路，並且和戰士們握手，但剎那間，槍就在他們的面前響起來了！美侵略軍許多卡賓槍手，有些根本未來得及打一槍的，便被打死了，甚至有些人不知不覺的被打死在工事裡邊了！在密集的槍聲中，這些侵略軍的兵士們，總是哇里哇啦的叫喚，有的嚇的大聲哭起來，能夠聽懂的只有一句，不少人在叫：『媽媽！』

×團一營一連，在外圍的××洞，也是用同樣快的動作，向敵人進攻的。差不多用幾個小時的時間，以廿名傷亡整整吃掉了美騎一師的一個連。打死八十多個，俘虜十四個。這下子把敵人惹火了，第二天上午十點鐘，從七十里以外的地方調來了五輛坦克，六百多步兵，配屬了重砲，向一連固守的山頭進行反擊。戰士們頭上是飛機，遠處是重砲，山脚下是坦克，一天中，山頭上各處都被打着了，戰士們仍不離開戰鬭崗位。最後，敵人將山上洒上汽油，投下火箭彈、燒夷彈，整個山上燃起了熊熊大火，這時戰士們暫時退到山脚下等着，當敵人以爲這個連隊被火燒光，狂妄的指揮着步兵衝上山頭的時候，我們的戰士馬上跳起來，端着刺刀反撲上去，匪徒們一看見明晃晃的刺刀又都滾下山去了。最後，敵人怕被包圍，不得不從原來的路上退回去。

我們正面的攻擊將敵人逐出了雲山，迂迴的部隊切斷了敵人的退路，增援的又被打回去了，大批的敵人被壓縮在雲山西南的一段公路上。面對着全部被殲的前途，匪徒們作垂死的掙扎。他們盲目的用重砲向四面射擊，五十五噸的重坦克像一座活的碉堡，跑來跑去衛護着他們的兵士，並且向我們的火力點攻擊，爲了很快的消滅掉它，戰士們響亮的提出：『同志們！向坦克攻擊，立功的時候到了！』驚人的事蹟就在這個時候出現了：×團三連六班戰士王有一個人跳上了坦克的塔頂，隻身與坦克搏鬭；×團七連小戰士魯良士，一個人抱着兩個爆破筒，跑到了坦克跟前，將爆破筒塞到輪帶中去，使這個鋼鐵的怪物在一陣煙火中只跳了一下，便躺在那裡不動了。戰士崔殷福左肩上負了傷仍然堅持戰鬭，他曾爬上坦克，用刺刀撬開砲塔的蓋子，把駕駛員打死在坦克裡。這些戰士們的行爲使坦克在這裡都當了俘虜。

類似這樣英勇的故事是非常多的：比方在殲滅敵人步兵的時候，班長張友君帶着一個戰士，曾將五個美國兵追了二里多路；機槍射手高昇像端着衝鋒槍一樣的端着輕機槍衝向敵人。這些英雄的行爲，把那些匪徒們的膽都嚇碎了。他們昏頭昏腦的像木頭人一樣的在那裡等着挨打。這樣的故事同樣出現在每一個戰鬭的角落，在戰場上被當成笑話傳流着。

當戰士王有爬上一輛坦克時，突然發現在離坦克不遠的地方爬着五個美國兵，他們瞪着眼看着王有一個人與坦克搏鬭，一槍不放。王有打完坦克後回來，看見這五個美國兵仍然像蛤蟆一樣爬在那裡，他一個人又向那個五個美國兵撲去。這時，那些傢伙才想到跑，結果都被打死了，他們到這時却仍然忘記了放槍。一個夜晚，某團團長帶着兩個通訊兵到一個小山頭上指揮部隊。他命令兩個通訊員到週圍搜索一下，自已便找個地方坐下來。剛坐下，看見對面有兩個傢伙發亮，仔細一看，是兩個美國兵戴着鋼盔，頭靠着頭，端着自動步槍坐在那裡，又仔細一看，槍口正對着自己的胸口。團長因爲沒帶手槍，便叫通訊員：『喂！快過來看看這是什麼玩意？』通訊員向前一摸便高興的叫起來：『是老美！』接着繳了這兩個傢伙的槍，而這兩個美國兵也是私毫沒有抵抗。在消滅敵人的步兵時，有不少戰士衝到汽車跟前，看見了許多屁股，美國兵都把頭藏起來了！有的一看我們的戰士到了，立刻跪下繳上了自已的槍。戰士李連先衝到一個窪地剛臥下，馬上發現身旁有兩個美國兵，他迅速跳過去奪他們的槍，當他與另外一個美國兵搏鬭時，另外一個站在那裡看着，這樣都被他一個人收拾了！

我們的戰士，就是用這樣頑強、勇猛的戰鬭動作，在每個角落裡殲滅敵人的。那些武裝到牙齒、依靠着重武器、自動火器、高叫着進軍鴨綠江的匪徒們，在這裡遭到了沉重的打擊。戰鬭之後，戰士們紛紛談論着第一個交手仗中的故事。他們說：『這些兵看起來個子很大，拿的武器也不錯，但一碰到咱們就裝狗熊了！』有些戰士看到週圍仍在燃燒的時候，又向上級請求戰鬭任務了，他們說：『這次仗打的還不過癮，將來一定要打更大的仗，消滅更多的美國侵略軍！』

全国最早发出的反映朝鲜战争的通讯——1950年12月7日《东北日报》刊登顾雷、吴少琦的通讯《在云山战场上》

1 《东北日报》记者白天明在朝鲜前线

2 《东北日报》记者霍庆双在朝鲜前线

3 《东北日报》记者张沛在朝鲜前线

愿军在云山、楚山两地同美军相遇，初试锋芒，即挫败了敌人的侵略凶焰。这篇通讯曾被《人民日报》转载，后来又被人民出版社以此标题为书名，选进了通讯集。另外一篇有影响的通讯，是刘爱芝同志写的《飞虎山上五昼夜》，通讯生动叙述了我志愿军以全部短兵器武装的一个团，攻占军隅里的飞虎山后，抗击了美李军一个师连续五昼夜的进犯而寸土未失的英雄事迹。

1951 年 7 月 25 日，正值朝鲜板门店谈判进入紧张激烈阶段，东北日报社副总编辑张沛率领中外记者团到开城采访一个月。在开城期间，张沛同志以“本报特派朝鲜开城记者”的名义，发回 4 篇通讯。其中较有影响的是《为和平而斗争》和《“海空优势”与“防御战”》。前一篇反映朝鲜人民没有被人类历史上罕见的野蛮行为吓倒，正在紧张地进行着世界最庄严的斗争，大地里的庄稼长得很好；城市被炸的废墟上，也恢复了市场的活力。后一篇揭露以美国为首的“联合国军”在谈判桌上进行战争恫吓和讹诈的丑恶嘴脸，蛮不讲理地要求把军事分界线划在鸭绿江和现在战线之间，妄想侵占民主朝鲜的大量土地，这当然要遭到中朝方面的严正拒绝。

最后一批派赴朝鲜的记者是白天明和霍庆双两位同志。他们是专程去采访朝鲜停战协议签字仪式的。他们在发回的报道中写道：“朝鲜停战谈判，由于中朝方面的坚定努力，终于达成了协议，1953 年 7 月 27 日，朝鲜时间上午 10 时，双方在板门店协议上签了字。”

開城通訊

二十七日上午在板門店

本報記者 白天明

歷時兩年零十七天的朝鮮停戰談判，由於朝中方面的堅定努力，終於達成協議了。七月二十七日朝鮮時間上午十時，雙方於板門店在停戰協定上簽了字。

在板門店，一所凸字形的朝鮮民族風格的大廳，代替了陳舊的會議帳篷，成爲人們注視的中心。幾天來，由於它的出現，會場區的空氣顯得和緩了。這是專爲簽字儀式修建的。因爲過去所有的帳篷，都容納不下參加儀式的人員。當談判進入簽署協定的具體安排之後，二百多名朝中建築工人，表現了高度的爭取和平的信念，以驚人的速度——僅只四天，完成了這所佔地九百多平方公尺的大廳——的裡裡外外全部工程。他們把大廳的每一部分——從伸長蹺起來的飛簷，直到美麗而精細的窗飾，都裝飾得富有朝鮮民族的建築風格。他們用雙手告訴人們：這是在朝鮮，朝鮮人民的生活習慣必須受到尊重。就是在這所大廳裡，體現了朝中兩國人民爭取和平鬥爭的勝利。一個强大的帝國主義國家軍隊的代表，不得不放棄了憑恃武力解決問題的幻想，和朝中代表共同簽署一項符合朝中人民利益的公平合理的協定。

會議簽字的時刻逼近了。九點四十五分，雙方參加會議的人員及被特許進入大廳的記者，開始進入會場。朝中方面人員由西門進入大廳，對方人員由東門走入會場。雙方的座席，被大廳中間的一個長方形的小桌隔開，各佔大廳的一半。

十點正，以南日將軍爲首的朝中代表團來到了會場。雙方的首席代表，各在大廳自己一方的簽字桌上，在協定文本上簽字。協定使用朝、中、英三種文字。三種文字有同等效力。此刻，會場上除了簽字時鋼筆的輕微的劃音之外，唯一能聽到的，便是電影機開動的響聲。十點零十分，雙方在十八本文本上簽署完畢。簽字遂告結束。從此，停戰協定就起到法律的效力。朝中代表團完成了朝中人民委託的任務，結束了這談判最後一次的會議，走出會場。

在這短短的十分鐘，會場上發生的簡單情景，完全表明了三年來朝鮮戰場雙方力量對比的巨大變化。人們還記得麥克阿瑟在一九五〇年「感恩節」全部佔領朝鮮的狂妄叫囂。然而今天，他的第二個後繼者克拉克將軍，却不得不派出他的代表，在這裡簽署一項雙方在三八綫南北停火的協定。人們自然會從此得出正確的結論：朝中人民的抵抗侵略保衛和平的英勇戰爭，與堅持爭取和平解決朝鮮問題的停戰談判獲得了光榮勝利。

東北人民對這一點感到更爲深刻。當燃燒到鴨綠江邊的戰火炙灼東北人民的時候，麥克阿瑟則在叫囂：鴨綠江只是一條水而不是國界。如今，人們在鴨綠江邊歡送志願軍時所寄予的希望，今天已經成爲可以感覺得到的事實了。這就是戰綫已被推回到三八綫。這一事實，已被肯定地表現在雙方確定的軍事分界綫上，記錄在這歷史的文件之中。一九五一年十一月雙方第一次確定的軍事分界綫，我方在三八綫以南的地區是三千六百三十平方公里，美方在三八綫以北的地區是四千六百三十平方公里。兩年來，我軍已經把戰綫向南推進了三百四十二點九公里。這條戰綫被最後確定爲雙方的軍事分界綫。這對侵略者說來，實在是一個歷史的教訓。

協定將從簽字後十二小時起全部生效。但是信義對於美方來說，只能用行動來表明。東北人民已經從美機不斷侵入東北轟炸、掃射、撒佈細菌一連串的侵略事實中提高警惕，人們會保衛停戰協定，用它去約束美方執行協定的全部條款，爭取朝鮮問題的和平解決，讓朝鮮人民重新獲得決定自己命運的權利。

（本報開城二十七日電）

《东北日报》记者白天明采写的开城通讯

四

揭露美军造成我国人民伤亡、财产毁坏的报道

《东北日报》在这个时期，大量报道了美军用飞机对我国领土狂轰滥炸，造成了人民伤亡、财产毁坏的罪行。选择一些这方面的典型事例及时加以报道，用此说明抗美援朝就是为了保家卫国的道理，就能达到较佳的宣传效果。报社派出了一些记者，专门到美机轰炸过的现场，去采访受害者本人或其家属，著文揭露和控诉美国侵略者的暴行和把战火烧到我国领土的事实。其中如《记下这笔血债》一文，报道了 1950 年 11 月中旬，渔民韩文申、农民李惠民被美机轰炸致死的情况。《复仇的烈火在燃烧》《为死难者复仇》等报道亦均属此类。读者看了这些通讯，自然得出这样的结论：美军在邻邦施放的漫天战火，已经烧到我们的头上来了，我们绝不能袖手旁观，置之不理。

根据党中央和东北局的指示，《东北日报》结合东北的历史和当时实际，选择了一些典型材料进行报道，尽管数量还不算多，但效果是好的。因为典型环境下的典型材料，其事实本身往往最有说服力、感染力和宣传价值。这种报道方法，在稍后的反对美军的细菌战报道上，也加以运用。

美军 1952 年 1 月开始在朝鲜半岛发动细菌战，2 月底以后美机先后侵入安东（今辽宁省丹东市）、宽甸、临江（今吉林省临江市）、沈阳、抚顺、新民、凤城、四平以及黑龙江省一些城市，撒布细菌毒虫。对此，《东北日报》除了及时发表社论，刊登消息，披露各人民团体和广大群众抗议声明和来信外，还报道了一些受害人的典型材料。例如，《被细菌战破坏了的一个幸福家庭》《孩子的控诉》《被美国细菌昆虫害死的女教师》等三篇通讯，均记录了被细菌毒虫杀害的受害者姓名及其住地、日期。

他们的死亡，都在美机撒布毒虫后不久。尸体经过中国医大的专家解剖化验，证明死者是因感染急性传染性脑炎（或急性炭疽性出血性脑炎）致死的，而这种病在中国从来没有发生过。这三篇报道都是用最近发生的具体事实，最令人信服的证据，控诉了美军细菌战的罪恶，对读者很有感染力。看过通讯的人无不激起对美军更大的仇视和鄙视。当时报上已发表了国内外细菌战调查团写的长篇调查报告，这三篇通讯的发表，毫无疑问，对调查报告做了进一步的证明。

五

公祭和安葬黄继光等烈士

《东北日报》的抗美援朝报道，自 1950 年 10 月算起，到 1953 年 7 月朝鲜停战协议签订，共持续 2 年零 9 个月。

在此期间，报道篇幅随着形势和任务的变化而有所增减。总的来说是高潮时起时伏，日常宣传细水长流。《东北日报》宣传抗美援朝的最后一个高潮，要算是 1953 年在沈阳安葬黄继光等 4 位烈士的报道活动。

中國人民志願軍出國作戰三周年

《东北日报》在志愿军出国作战三周年时的图片专版

中国人民志愿军战斗英雄孙占元、黄继光、邱少云、杨连第 4 位烈士遗体，从朝鲜前线运回国内后，安葬于沈阳市北陵烈士陵园（今沈阳市抗美援朝烈士陵园）。这些烈士自从在朝鲜英勇牺牲，报纸即陆续选发新华社电稿，作了一些报道。黄继光用自己的胸膛挡住了敌人的火力点，给反击部队开辟了一条前进的道路；邱少云为了不暴露潜伏的目标，尽管敌人烧夷弹的烈火烧着了身体，直到牺牲也坚持不动；孙占元被炸断了两条腿，仍然指挥作战，夺取了敌人阵地，并拉开手榴弹，滚进敌群，炸死了敌人，自己壮烈牺牲；杨连第在解放战争中曾获“登高英雄”的称号，参加抗美援朝后，在洪水中三次搭成了浮桥，在一次抢修任务中光荣牺牲。英雄们的光辉事迹，在群众中广泛传播着。当许多读者从报上知道烈士们的灵柩要运到沈阳安葬的消息后，纷纷要求参加公祭。由于烈士遗体到沈阳的时间不同，公祭安葬仪式是分两次进行的。

上甘嶺附近爭奪戰中出現馬特洛索夫式英雄

黃繼光捨身堵塞敵槍眼炸毀地堡

【新華社朝鮮前線二十日電】本社前綫通訊員報道：在戰火紛飛的上甘嶺附近的山嶺上，出現了一位馬特洛索夫式的戰鬬英雄——中國人民志願軍某部通訊員黃繼光。他是中國人民值得驕傲的偉大的戰士。

在一次反擊戰中，我軍的衝鋒道路上突然出現了一個敵人的火力點，三挺機關槍瘋狂地掃射着，擋住了我軍前進的道路。指揮員對突擊隊員們說：「誰去幹掉它？」一個年青的通訊員黃繼光答道：「我去！」黃繼光知道祖國人民慰問團到了朝鮮前綫，他滿懷信心地向戰友們說：「告訴祖國人民慰問團，聽我勝利的消息吧！」接着他又說了一聲：「同志們準備衝！」便提着手雷向前衝去。敵人的機槍掃射得十分猛烈，他剛衝過去不多遠，身上就中了幾顆子彈；後面的戰友們只見他搖幌了一下，又向着敵人地堡撲去。當敵人的子彈再次射中了黃繼光的身體的時候，他已經撲到敵人的工事上，並用身體堵住了一個正在發射的敵人的槍眼。接着，他的戰友們便發起了衝鋒。這時敵人的火力點上另外兩挺機槍又叫起來，正在這個緊急的時候，黃繼光伸出了一隻手臂，把一顆手雷塞進敵人的火力點裡，轟然一聲，敵人的火力點被完全炸毀了。

戰鬬結束以後，戰友們在黃繼光的身上找到九個機槍子彈射透的洞口，一個指揮員帶着深厚的感情連聲地說道：「馬特洛索夫，中國的馬特洛索夫！」在電話裡，黃繼光的戰友們把他的英雄事蹟告訴了來到這一綫陣地上的祖國人民慰問團的代表們，他們說：「請你們轉告毛主席，是他的好戰士；請你們轉告祖國人民，是他們的好子弟——中國人民志願軍的普通一兵黃繼光同志，在光榮犧牲前，叫我們告訴你們，他爲祖國與和平事業盡到了責任。」

吉洪諾夫等訪問毛主席故鄉

【新華社長沙二十日電】蘇聯文化工作者代表團團長吉洪諾夫、團員格魯森科、葉菲莫夫十九日訪問毛主席故鄉——湖南省湘潭縣韶山鄉，受到全鄉人民的熱烈歡迎。

吉洪諾夫等參觀了毛主席的書房和臥室，參觀了故居周圍的美麗的風景，他們還特別到毛主席父母的墓前去致敬。七十四歲的、堅持革命鬬爭二十多年的老共產黨員毛月秋陪同着蘇聯友人們，向他們講述韶山鄉人民革命鬬爭的歷史。爲了感謝蘇聯友人們的訪問，毛月秋把一根從第一次國內革命戰爭時期起就一直留在身邊的手杖，送給吉洪諾夫作爲紀念。

在離開韶山鄉前，蘇聯朋友們訪問了韶山鄉的小學校。小學生們熱情地接待了蘇聯貴賓們。吉洪

《东北日报》关于黄继光烈士英雄事迹的报道

第一次是在 1953 年 3 月 3 日公祭孙占元、黄继光、邱少云三位烈士。这天，在沈阳市人民政府门前，临时搭了一个大台子，作为灵堂。灵堂正中并排停着烈士的灵柩，竖立着他们的大幅画像。灵堂两侧挂了许多挽联和花圈。“像流水一般的人群，踏着积雪，冒着寒气，抬着花圈，胸口戴着白花，纷纷祭奠中国人民志愿军战斗英雄孙占元、黄继光、邱少云三位烈士。”当灵堂上主祭者宣读烈士的丰功伟绩时，许多人感动得热泪纵横。

3 月 6 日，是三位烈士的安葬日，沈阳市有 22000 多人参加，先举行追悼会，然后是送殡仪式，将灵柩安葬于烈士陵园。送殡者结成长长的行列，随灵柩前往烈士陵园。灵车路过之处，附近居民肃立两侧。安葬时，送殡者悲切地低头饮泣，围墓站立。无数花圈盖满了三位烈士的坟墓。

杨连第烈士的灵柩在 3 月 15 日运到沈阳，16 日安葬。在安葬典礼上，杨连第烈士的父亲杨玉璞老人还在会上讲了话。《东北日报》也为这次安葬活动报道了消息，并配发了照片。

4 位烈士安息在沈阳，他们爱祖国、爱和平和富于自我牺牲的伟大精神，时刻激励和教育着全国人民。

《东北日报》记者拍摄的
辽宁各地群众积极投身抗美援朝运动的照片

上　1951 年，沈阳市白塔完小教员、军属黄桂龄，在给孩子们讲志愿军的故事

下　1951 年 12 月，鞍山市海城十一区花岭村，当地妇女在给志愿军拆洗衣服

上 1950 年 12 月 19 日，东北各地送到前线的慰问品堆积如山

下 1950 年 12 月 13 日，安东（今辽宁省丹东市）市民兵昼夜巡视铁路

上　1950年12月17日，安东大车队装满弹药出发上前线

下　1950年12月19日，宽甸县（今辽宁省宽甸满族自治县）担架队出发上前线

上　1950 年 12 月 18 日，宽甸城镇的青年积极参加民兵

下　1950 年，为抗美援朝、保家卫国，沈阳第三机器厂第二车工部赵国有向全东北工人提出劳动竞赛挑战

1953年2月23日，金县（今大连金普新区）村妇女委员刘素梅给丈夫写信鼓励他在前方多杀敌人

《东北日报》在大量地、充分地报道工作成绩、鼓励先进、交流经验的同时，还经常地开展公开的批评与自我批评。据粗略统计，自 1950 年 4 月党中央发布《关于在报纸刊物上开展批评与自我批评的决定》起，至 1954 年 8 月报纸终刊止，在 4 年零 5 个月期间，《东北日报》共发表批评稿件 3800 多篇，平均每天都刊载两篇以上的批评稿件。《东北日报》在自己的办报实践中，严肃认真地、经常不断地开展群众性的批评和自我批评，保持了党报的鲜明特色。

东北日报

第四章

批评和自我批评

一

坚持在报纸上开展批评，使之具有经常性和群众性

在报纸上开展批评和自我批评，密切党与群众的联系，是我们党的新闻工作的一项基本原则和光荣传统，《东北日报》坚持和发扬这一传统，使报纸在干部和群众中享有很高的威信。

《东北日报》的最早批评稿，是1946年6月30日在一版上批评黑龙江省绥化县郎家窝屯清算地主土地处理不当，影响了农民的积极性。1948年6月以前刊登批评稿件不多。6月东北局党报委员会成立，指示报纸应加强战斗性，适当开展批评与自我批评。此后批评稿件在报纸上逐渐增多。从1948年6月21日至月末，仅10天中，在一版头题位置就先后发表了4篇批评性新闻。7月发表批评稿件14篇，其中有的是很有影响的。如航务局造船所监理韩友三是1938年入党的老干部，竟目无法纪，非法扣押工人，受到报纸严肃的批评，在干部和群众中反响很大。8月一版和二版发表的批评稿件增加到36篇，其中18篇登在头题位置。

特别是1950年党中央《关于在报纸刊物上开展批评与自我批评的决定》发布以后，《东北日报》开展批评和自我批评更加积极，一直到终刊，始终坚持不懈地反映来自人民群众的对我们工作中缺点错误提出的批评意见。

1950年4月初，本溪煤矿工人常太慈因提建议遭到打击，报纸将此作为重大典型进行了批评。5月至6月间，又就沈阳电线七厂压制工人建设性意见、辽东省建国公司纵容把头造成严重损失等重大事件，进行了严肃的批评。这一时期，每天的《社会服务》栏，几乎全部刊登来自工、农、商、学等各方面的群众来信，对各部门各单位的工作提出批评和建议以及被批评单位的答复检讨。以6月为例，《社会服务》

栏发表这类稿件就有68篇。

1952年，结合反贪污反浪费，揭发了基本建设施工中无人负责的现象；通过对商业部门大量绒衣积压而市场脱销的批评，纠正国营商业的官僚主义作风；在农业互助合作运动中，批评了贪多冒进的倾向。这些政策性和思想性的批评，对实际工作起了具体有力的指导作用。

1953年1月至2月间，毛泽东同志先后两次指示要在报纸上揭发坏人坏事，表扬好人好事，要从处理人民来信入手检查一次官僚主义、命令主义和违法乱纪的情况，并向他们展开坚决的斗争。报纸批评因而更进一步加强。据统计，1953年全年发表批评稿件1331篇，比1952年497篇增加1.6倍，1954年1月至8月共发表批评稿件186篇，几乎与1952年全年的数量相等。由于报纸批评的开展，密切了报纸与群众的联系，群众相信报纸，把它看成知心朋友，要求报纸帮助他们解决问题的来信日益增多。1953年3月，报社收到群众来信1万多件。

二

坚持自下而上的批评，保护群众批评的积极性

虽然批评和自我批评是马列主义宝库中最强有力的武器，但是并非所有人都欢迎批评，特别是落到自己头上时，有些人往往拒绝报纸批评。《东北日报》在开展群众性的批评和自我批评中，就往往碰到这样或那样的抵抗。每遇到这种情况，《东北日报》毫不动摇，坚持批评必须开展，对群众批评的积极性必须保护。然后分不同情况进行不同处理：被批评者思想不通属于一时认识不足，主要通过党委从内部进行教育；对纠缠计较枝节问题或无端挑剔的，个别给予答复；但对压制批评，对批评者打击报复的违法乱纪者，则坚决进行斗争。

原鞍山市委机关报《鞍山工人生活报》，从1951年至1952年，在长达一年多时间里，在公开批评问题上遭到一些党员干部的抗拒和压制。鞍山市没有给予抗拒批评的人以应有的教育或纪律制裁，以致妨碍了报纸批评的开展。《人民日报》对此发表了批评文章，《东北日报》转发时又加了编者按语，指出对此东北各地各级党委和所有的干部、党员都应予以充分重视。鞍山市委和被批评的干部都应该进行深刻检讨并予以严肃处理。鞍山市委书记和各有关同志很快作出诚恳检讨。1953年3月14日《东北日报》一版发表了鞍山市委书记长达4000字的检讨，还配发了题为《经常在报刊上开展群众性的批评是推动我国建设事业的强大动力》的社论。这次报道对党员干部尤其是党员领导干部认识应如何对待公开批评起到很大的促进和推动作用。

支持和保护群众批评的积极性，就是发挥报纸对各项工作和各级党政干部的监督作用。

三

抓住主要环节，选择典型事例，进行有目的的批评

报纸不可能对工作中的所有缺点和错误都进行公开的批评，只能选择带关键性的、有影响的典型事例进行批评。《东北日报》的具体做法是：

第一，明确认识什么是当前带有关键性的问题，认清批评的目的。典型事例就是要注意抓党的中心工作中的主要偏向，干部作风上带普遍性和政策性很强的偏向，以及群众呼声最高、反映最强烈的严重问题。

譬如，1951 年开展增产节约运动，关键问题是挖掘企业内部的潜力。报纸对此曾连续批判了各种错误的做法。当时有的部门只从数字着眼，忽视发动群众挖掘潜力，于是报纸以它为典型事例，提出批评，组织讨论，先后共发表 17 期专栏，对企业深入开展增产节约运动有很大的作用。再譬如，1952 年初，东北全区开始有计划地由各县试办农业生产合作社，个别地方出现了不顾条件盲目建社的情况。针对这一问题，报纸从 4 月下旬开始抓住典型事例进行了一系列的批评，截至 5 月，共发表 19 篇批评性新闻，言论、综合论述和表扬好的正确经验相结合，充分体现了完整的报道思想，既提出问题，又提出解决问题的办法，在农村干部读者中影响很大。

第二，对重大事件的批评，要连续进行，要有始有终，做到有组织有计划，有声有色，打动人心。

前面讲过，从 1952 年 12 月 3 日到 1953 年 3 月 2 日，《东北日报》对沈阳地区百货批发站把九火车的绒衣积压在仓库里，市场上却绒衣脱销。报纸对此事进行了连续的批评。这一批评触及问题深，解决问题效果好。

开始是报社特约通讯员李继尧写来一篇批评稿件，反映了秋冬季节商店绒衣脱

销月余，百货批发站却积压了九火车绒衣，业务科长竟一无所知。这一问题暴露出领导上的供给制思想和对群众需要漠不关心的官僚主义作风。报纸除编发了批评性新闻、评论、读者反映外，还设立专栏，组织商业工作者联系绒衣积压事件总结教训，检查工作，采取上下结合的方法对国营商业工作中的供给制思想和轻商思想进行了深入的教育。

四

坚持实事求是的原则，做到事实准确，分寸恰当，抱着与人为善的态度

为做到批评的事实准确，报社要求编辑、记者要不断提高辩证唯物主义和历史唯物主义的思想水平，加强政策学习，并且深入实际，认真进行调查研究，并具体规定了稿件核实和送党委征求意见的制度。但是编辑思想难免有主观片面性和作风上的粗心大意，以致有些报道失实或某些情节上有出入，还是时有发生的。这都会在群众中造成不良影响，应予妥善处理。

1953 年，国家号召节约粮食。凤城县粮谷储运公司保管的百余火车大米有一部分发热发霉变质。有人写了一篇小品文批评这个公司经理坐视百余火车大米发热变质。编辑没有认真核实，就改编成批评新闻发表，造成报道失实。这篇稿件发表后，先后有 1000 多位读者给报社写信，表示愤慨，要求对责任者严肃处理。因为批评失实，在群众中反响越大，给报纸造成的被动和影响也越大。为了教育编辑人员并挽回报纸在群众中的影响，报社写出书面检讨，除在编辑部内部刊物上登出外，还分送各有关部门，同时把东北局纪委、东北人民监委和辽东省委联合检查组的检查结果，写成综合报道，加编者按语，公开向读者作了交代和检讨。这对编辑人员的教育极为深刻。

《东北日报》开展批评经常注意：批评越尖锐，在态度上越应该抱有同志式态度，与人为善。对批评的内容要采取具体分析，做到摆事实，讲道理，力求分寸恰当，不扣大帽子，并提出恰当的建议。特别是对一些容易引起读者愤慨的重大事件的批评，更注意防止和避免偏激的提法和讽刺挖苦的字句，不提出过重的处理意见，不搞惩办主义。

五

报纸自身也有批评与自我批评，报纸经常放在广大群众的监督之下

报纸敢于揭露和检讨自己的缺点错误，这样做，不会降低报纸的威望和声誉，相反地更能提高读者对报纸的信任和爱护。

1948 年 7 月 30 日，《东北日报》在《改进我们的报纸》的社论中，既检讨了在平分土地时期报纸在政策宣传方面所犯过的错误，又检讨了在开展批评和自我批评方面的缺点。同年 11 月 1 日为纪念报纸创刊三周年所发的编辑部文章和 1951 年 9 月 12 日题为《加强思想领导　认真改进编辑部工作》的社论，以及 1953 年 4 月 19 日为纪念中共中央《关于在报纸刊物上开展批评与自我批评的决定》发布三周年所发的社论（一版）和编辑部关于处理读者来信工作的检查和检讨文章（三版）中，分别就报道的思想性不强和报纸批评缺乏典型性等缺点作了检讨。

报纸开展批评，批评得对了，不管遇到了什么样的抵制，《东北日报》都能坚持，但如果批评错了，也敢于主动地做自我批评，绝不羞羞答答，错了也不检讨，或强调客观原因，或文过饰非。这样做，报纸的威信不但没有受到损害反而更高了，报纸各方面的报道工作不但没有受到影响，反而进行得更加顺利并不断得到加强。

社論

改進我們的報紙

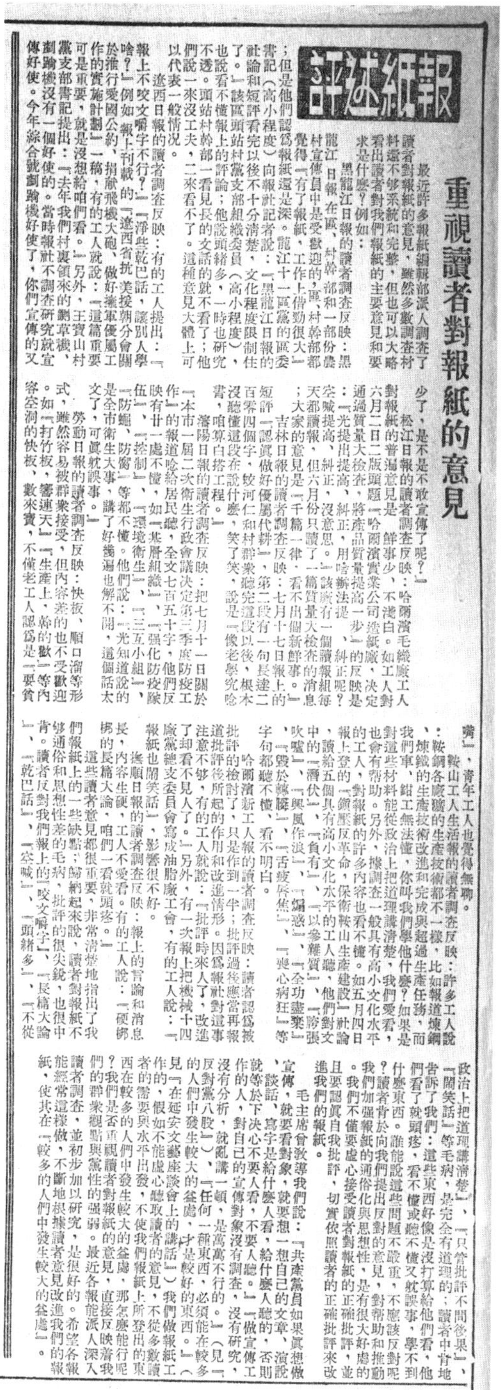

報紙述評

重視讀者對報紙的意見

《东北日报》社论《改进我们的报纸》《重视读者对报纸的意见》

六

注意报纸批评的实际效果

《东北日报》很注意报纸批评的实际效果。凡是见诸报纸上的批评，都要有反映，当事人要作出答复与检查，问题严重的，有关方面要作出严肃处理。重大问题的被批评者的自我检讨和有关方面的调查处理的结果，经常登在显著位置，同时配发各种言论，指出经验和教训，以进一步扩大批评的效果。对于被批评者拒不检讨或有关方面处理不严肃的，报纸就再敲警钟，继续进行批评。而被批评者工作有了改进，作为连续报道，则在报纸上进行表扬。

1952 年，抚顺矿务局运输事务所的工人刘文祥发明了一种安全装置——半自动停车器，经技术人员帮助，改为自动停车器，如能安装使用，这个局一年无数次的撞车和追尾事故即可防止。但是因有人从中阻挠，拖了两年还未安装。在这期间，《抚顺日报》《东北日报》都发表过读者的批评来信，仍一直未引起有关方面的重视。1953 年 11 月 30 日，《东北日报》再次发表了读者来信，提出批评，运输事务所的领导来信检讨说：“报纸的批评是正确的，自动停车器将立即安装使用。”报社没有轻信这一检讨，经过继续深入了解，证明他们的检讨只不过是应付报纸批评，实际并没想真正采纳这项革新建议。而且矿务局有的领导未经调查就毫无道理地断言“刘文祥的创造是仿造他人的”，问题得不到解决。于是，报社总编辑殷参同志亲自到抚顺做了进一步的调查了解，写了《隔靴搔痒》，对上述各级领导部门的严重官僚主义作风进行了尖锐的深刻批评。

这一批评前后经过两年时间，是很曲折的，但又是成功的。工人刘文祥的创造终于得到承认和被采用，一些领导干部也受到了教育，关键是报纸注重了批评的实

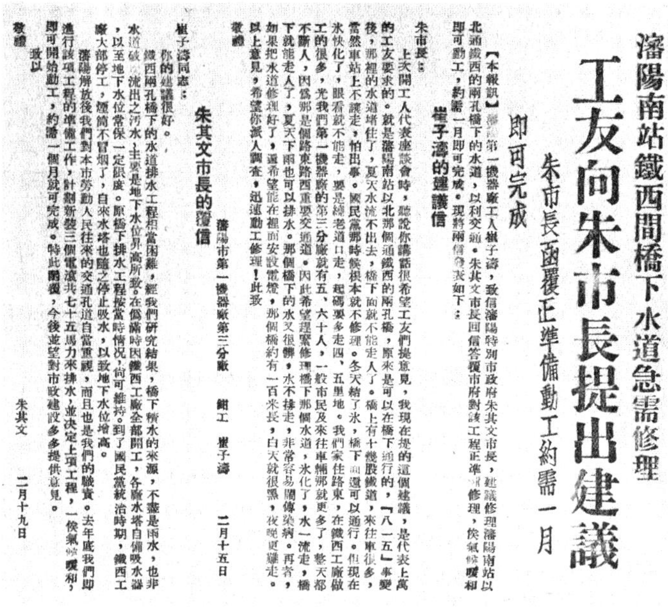

瀋陽南站鐵西間橋下水道急需修理

工友向朱市長提出建議

朱市長函覆正準備動工約需一月即可完成

【本報訊】瀋陽第一機器廠工人崔子濤，致信瀋陽特別市政府朱其文市長，建議修理瀋陽南站以北通鐵西的兩孔橋下的水道，以利交通。朱其文市長回信答覆市府對該工程正準備修理，俟氣候暖和即可動工，約需一月即可完成。現將兩信發表如下：

崔子濤的建議信

朱市長：

上次開工人代表座談會時，聽說你講話很希望工友們提意見，我現在提的這個建議，是代表上萬的工友要求的。就是瀋陽南站以北那個通鐵西的兩孔橋，原來是可以在橋下通行的，「八一五」事變後，那裡的水道堵住了，夏天水流不出去，橋下面就不能走人了。橋上有十幾股鐵道，來往車很多，當然車站上不讓走，怕出事。國民黨那時候根本就不修理。冬天結了冰，橋下面還可以通行。但現在冰快化了，眼看就不能走，要是繞老道口走，起碼要多走四、五里地。我們家住路東，在鐵西工廠做工的很多，光我們第一機器廠的第三分廠就有五、六十人，一般市民及來往車輛那就更多了，整天都不斷人，因爲那是個路東路西重要交通道。因此希望趕緊修理橋下那個水道，水化了，水一流走，橋下就能走人了，夏天下雨也可以排水。那個橋下的水又很髒，水不排走，非常容易鬧傳染病。再者，如果把水道修理好了，還希望能在裡面安設電燈，那個橋約有一百米長，白天就很黑，夜晚更難走。以上意見，希望你派人調查，迅速動工修理！此致

敬禮

瀋陽市第一機器廠第三分廠　鉗工　崔子濤　二月十五日

朱其文市長的覆信

崔子濤同志：

你的建議很好。

鐵西兩孔橋下的水道排水工程相當困難，經我們研究結果，橋下積水的來源，不盡是雨水，也非水道破口流出之污水，主要是地下水位昇高所致。在僞滿時因鐵西工廠全部開工，各廠水塔自備吸水器，以至地下水位常保一定限度。原橋下排水工程按當時情況，尚可維持。到了國民黨統治時期，鐵西工廠大部停工，煙筒不冒烟了，自來水塔也隨之停止吸水，以致地下水位增高。

瀋陽解放後我們對本市勞動人民往來的交通孔道自當重視，而且也是我們的職責。去年底我們即進行該項工程的準備工作，計劃新裝三個電滾共七十五馬力來排水，並決定上項工程，一俟氣候暖和，即可開始動工，約需一個月就可完成。特此函覆，今後並望對市政建設多多提供意見。

致以

敬禮

朱其文　二月十九日

《东北日报》上的批评报道（一）

际效果，敢于跟踪追迹，不达目的绝不罢休。

《东北日报》的批评得以经常开展并不断深入的基本原因，主要是东北局领导的重视和各级党委的大力支持。

1948 年 6 月东北局党报委员会一成立就明确指示，报纸要进行适当的正确的批评与自我批评，并亲自为报社组织了批评稿件。1949 年 9 月 1 日，东北局再次指出，要提倡批评和自我批评，要揭露工作中的缺点错误。1950 年党中央的《关于在报纸刊物上开展批评与自我批评的决定》发布后，东北局连续召开三次报纸工作会议，每次会议都强调要拿起批评和自我批评的武器。当年，在东北局召开的省、市委书记会议上，也专门讨论了开展批评的问题。

陈云同志曾指出，报纸的批评好像刮脸，刮得好，脸上漂亮，刮得不好，会划出口子。他提醒报纸，搞批评要慎重和讲究方法。李富春同志曾提出，报纸要把批评作为“工作的推进机和消毒器”；批评应有分析，全面地历史地看问题，不要单纯揭露；要采取积极说理态度；批评要有连续性，有转变即表扬，没有转变则再敲警钟。东北局宣传部部长李卓然同志指出，批评的正确态度是“与人为善”，谩骂和讥笑是要不得的，不要把批评和自我批评的口号庸俗化。

当报纸批评遇到阻力时，东北局领导同志则坚决支持报纸的批评。早在哈尔滨时期，一位领导同志对报纸批评有抵触情绪，东北局领导同志在东北局直属机关干部大会上对他点名批评。

此外，各级党委和政府以及各有关领导部门也积极支持报纸批评，是报纸能够坚持开展批评的另一个重要原因。1950 年，本溪市委某些同志对报纸批评的某些细节进行挑剔，表示不满，东北局组织部召集有关同志座谈，肯定了报纸批评是正确的，

關於改進鐵路的工作

陳林等對鐵道部的建議
及本報與鐵道部的檢討

本報的檢討
反對報喜不報憂的作風
嚴肅展開批評自我批評

陳林等八位同志
致鐵道部意見書

新華社短評
警告殺人犯

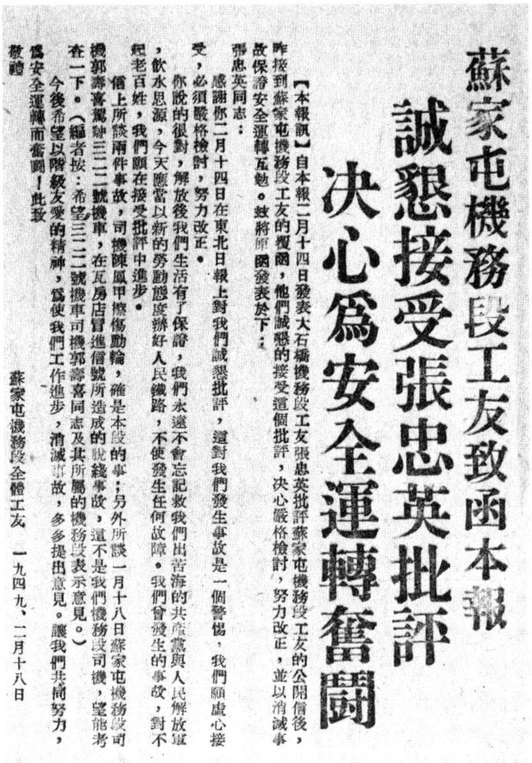

蘇家屯機務段工友致函本報
誠懇接受張忠英批評
決心爲安全運轉奮鬥

【本報訊】自本報二月十四日發表大石橋機務段工友張忠英批評蘇家屯機務段工友的公開信後，昨接到蘇家屯機務段工友的覆函，他們誠懇的接受這個批評，決心嚴格檢討，努力改正，並以消滅事故保證安全運轉互勉。玆將原函發表於下：

張忠英同志：

感謝你二月十四日在東北日報上對我們誠懇批評，這對我們發生事故是一個警惕，我們願虛心接受，必須嚴格檢討，努力改正。

你說的很對，解放後我們生活有了保證，我們永遠不會忘記救我們出苦海的共產黨與人民解放軍，飲水思源，今天應當以新的勞動態度辦好人民鐵路，不使發生任何故障。我們曾發生的事故，對不起老百姓，我們願在接受批評中進步。

信上所談兩件事故，司機陳鳳甲擦傷動輪，確是本段的事；另外所談一月十八日蘇家屯機務段司機郭壽喜駕駛三二二號機車，在瓦房店冒進信號所造成的脫綫事故，這不是我們機務段司機，望能考查一下。（編者按：希望三二二號機車司機郭壽喜同志及其所屬的機務段表示意見。）

今後希望以階級友愛的精神，爲使我們工作進步，消滅事故，多多提出意見。讓我們共同努力，爲安全運轉而奮鬥！此致

敬禮

蘇家屯機務段全體工友　一九四九、二月十八日

《东北日报》上的批评报道（二）

纠正了对报纸公开批评的不正确态度和看法。东北行政委员会的一位部长看到报纸对他们工作的批评后，在出差途中，坐在火车上写出长达3000多字的检讨，寄给报社，态度特别诚恳。东北局纪委、东北行政委员会人民监委同报社保持着密切联系，积极支持在报纸上开展批评。为了贯彻中共中央和东北局关于开展批评的指示，报社编委会经常注意提高编辑部工作人员对开展批评的认识，定期做出具体部署安排，不断检查总结执行情况。报纸在《一九五〇年全年工作总结》中，对批评报道总结出四条经验：一、必须事实准确，并有分析，才能使批评者接受；二、与党委的纪委、政府的监委密切配合，才会收到更大效果；三、保证批评的经常性，使报纸内容经常贯彻批评精神；四、批评遇到抵抗时，有的要作连续批评，有的要经过党委从内部进行教育，不在枝节问题上打笔墨官司。这一总结，得到国家新闻出版总署的肯定，在批复中指出“很有价值”。

总之，《东北日报》在开展批评和自我批评上做出不少成绩，并积累了较多的经验。

东北日报

第五章

坚持全党办报方针
把通讯工作
放在重要地位

一

把通讯员看作党报的“柱石”

《东北日报》从创刊之日起，就注意密切联系群众，坚持全党办报的方针，依靠各级党委，积极发展通讯员，广泛建立通讯网，把通讯员看作党报的“柱石”。

《东北日报》出版第18天便在报上发表《本报最近采访要项》：希望本报通讯员同志多多供给新闻、通讯及各种有关资料。接着，不到一个月时间，又在一版刊登《本报最近采访纲要》：致本报通讯员及各机关团体负责报道的同志们，要求根据“纲要”供给稿件。当时虽处于动荡时期，报纸由于得到通讯员的支持，及时登出《民主本溪动态》《本溪商业今昔简况》《大连工运蓬勃发展》《安东人民展开控诉运动》《鞍山民主政权建立后人民生活呈新气象》等富有东北新解放区地方特色的新闻和通讯。

《东北日报》迁到哈尔滨后，在中共中央东北局和各级党委的大力关怀和支持下，通讯工作有了新的发展。到1947年1月，《东北日报》已拥有通讯员102名。以后不断扩大通讯组织，在东北解放区大部分县聘请了特约记者，建立了通讯网。到1948年11月，通讯员已达831名。这对报纸走向群众无疑是很有利的条件。《东北日报》为帮助通讯员增长对于人民新闻事业的基本认识以及采访写作知识，由通讯采访部公开在报纸上创办《新闻通讯》副页（第四版）。副页是1946年12月21日创刊的，每半月左右发一期，约1万字。至1949年11月止，近三年时间，共刊出37期。《新闻通讯》除指导通讯员提高新闻业务外，还刊载《各地通讯动态》《通讯员来信》《通讯员疑难解答》，介绍通讯小组经验，宣传优秀通讯员事迹，发布每个时期的报道提示、要点，等等。

《新闻通讯》第一期，开宗明义，首先向通讯员和一切写稿同志强调一个问题：

写群众。因为我们的报纸，所以不同于一般资产阶级的报纸，就在于我们坚定不移的群众观点和为群众服务的方针。通讯员要执行自己的基本任务，深入群众，和群众的思想、生活打成一片，息息相关，去发掘东北群众中所蕴藏的无限革命力量，去描绘广大解放区群众的新面貌。前文介绍的《董存瑞同志永垂不朽》《战斗模范杨子荣等活捉匪首坐山雕》等消息报道都是出自通讯员之手。

群众工作做好了，通讯员也可以成为编辑、记者的耳目。因为通讯员除了写稿，还会提供不少工作情况和新闻线索。1950年，《东北日报》编辑部接到中国医科大学通讯组打来的电话，说他们在地下室发现一箱日本侵略者残杀我同胞的照片底版，叫报社去取。报社派人取回，只见一个木箱内，有二三十块6英寸到8英寸的玻璃底版，绝大部分是日军在刑场拍摄的，是残杀我抗日志士的罪证。于是连夜翻洗制版，并在第二天报纸上发表了四张：一张是日军正在用铡刀残杀抗日爱国人士，一张是被日军屠杀的11个抗联战士堆在一起的头颅，其他两张也都是现场拍摄的侵略者暴行。照片一经刊出，立即引起全国注意，《人民日报》和新华社来电要全部底版，决定向全国发稿。

二

广泛建立通讯网

为了贯彻执行全党办报方针，当时东北局设有党报委员会，经常研究和具体指导报纸工作，曾多次下达指示开展通讯工作。1948 年 9 月 1 日，中共中央东北局在报纸上发布《关于开展〈东北日报〉通讯工作的通知》(以下简称“《通知》”),《通知》要求：各级党委必须认真检查一次对《东北日报》的通讯工作，并在全党内进行加强党报观念的教育，贯彻全党办报的方针。明确指出党报是党的喉舌，党的每一个政策、运动和斗争，都必须依靠和通过它来反复地、多方面地进行宣传，借以达到交流经验、改进工作、教育干部和群众的目的。各级党委和各个部门，必须善于利用党报这个发行广泛、传播迅速、影响巨大的宣传武器，随时发扬正确的思想作风，批判和纠正工作中的错误。重申《东北日报》是东北局的机关报，是东北局了解情况、指导工作的重要工具，各级党委必须把为《东北日报》组织稿件的通讯工作看成每个党委的经常业务之一。

《通知》还规定各市委、县委，应指定宣传部部长或书记担任《东北日报》特约通讯员，领导其所属地区的通讯工作，负责计划、组织、督促所属地区各级干部向《东北日报》定时定量地投稿。东北局各部委、直属系统应指定有相当写作能力且政治上较强的同志一人兼为《东北日报》通讯干事。各工厂矿山、机关等，则应在《东北日报》及各系统通讯干事协助下，由各级工会负责，成立通讯小组或指定通讯员一二人，保证定时定量向《东北日报》写稿。对各地方军区，指定由政治部宣传部长担任其所属部队之通讯领导工作，根据各军区每一时期之中心工作，制定写稿计划，并组织与督促所属单位成立通讯小组或由通讯员向《东北日报》写稿。

《东北日报》所以能在东北解放区广泛建立通讯网，是与东北局的具体支持和指导分不开的。

三

发挥基干通讯员的核心作用

各级党委都重视通讯工作，有的将之列为本身的经常性工作。有些县委提出力求做到："只要有党的组织，就有党报的通讯组织；只要有党的工作，就有党的通讯工作。"《东北日报》的《新闻通讯》第一期介绍了宾县的通讯组织。该县于 1947 年 2 月健全了全县的通讯组织后，县里设通讯中心小组，包括全体县委同志，组长即由宣传部部长担任，下有 19 个小组（全县共 19 个区），每一个通讯小组包括全体区工委同志和村屯干部，各小组长由区委书记担任。每一次县委会讨论工作后，总是抽时间专门总结和布置通讯工作，发现了新问题就写稿寄往报社。由于县委加强领导，健全组织，通讯工作比较出色，写稿质量高，用稿数量较多。

报社在拥有大量通讯员的基础上，又接连聘请了一部分基干通讯员。这些基干通讯员绝大多数是群众中的优秀分子，是生活在群众中间而又为群众运动所锻炼出来的干部，他们除了自己写稿之外，还能帮助别人写稿，像在群众斗争中培养干部一样地来培养新的党报通讯员。如巴彦县兴隆区通讯小组，就是由一位基干通讯员亲自组织和培养起来的。在他的领导下，很多区村干部都成了党报很好的通讯员。他调动工作以后，由组内另一名通讯员接替，全区通讯工作没有因为老基干通讯员调动而受到影响。这是因为他们以基干通讯员为核心，已经不断地培养了大批新的通讯员，通讯工作在那里已经扎下深根。苇河县（1948 年并入尚志县，今黑龙江省尚志市）石头河子小区一位老通讯员，当他离开该区时，除把原来他工作区的小组巩固好和介绍给报社外，还立即在他新到的区里建立通讯小组，并在每一篇新通讯员的稿件上附上修改意见，供编辑在处理该稿时参考。像这样优秀的通讯员，在《东北日报》并不少见。

四

熟悉和关怀通讯员
着重政策思想教育

报社内部从上至下都重视通讯工作，对通讯员关心爱护，珍惜他们的劳动。在哈尔滨时期，一般新闻、通讯稿件寄到报社以后，首先由通采部负责同志启封分出轻重缓急，然后由专人登记，附上稿笺，交给内勤同志看“初稿”。每一位内勤同志管五六个县的来稿，通讯工作也由他们联系，以便了解情况，熟悉每个通讯员。

稿件给内勤同志看后，在稿笺上提出自己的处理意见，再交内勤负责同志看“复稿”，并提出刊用或退稿的意见，然后交给通采部负责同志审定。最后由新闻部编发，如有不同意见，由总编辑决定。不用的稿件由内勤同志写退稿信，重新约稿，通过稿件和书信往来，不断提高通讯员的业务水平。

每当编辑部来了新同志，领导总要求他们：“要学会做通讯工作，善于同通讯员交朋友。”一般写退稿信都要有认真负责的态度，有的还要经过老编辑和部主任修改，才能发出。这样，使编辑与通讯员之间结下深厚友谊。每个编辑都感到办报离不开通讯工作，认真处理每一篇来稿。20世纪50年代初期，凡寄往编辑部的稿件大都有着落或回音，单独不能发表的，编综合消息用，尽量提高来稿利用率。对驻各地的记者，都规定有组织和帮助通讯员写稿的任务。记者不同通讯员抢新闻，记者帮助通讯员写成的新闻通讯，往往只署通讯员的名字，而不署记者的名字，以此来鼓励通讯员的写稿积极性。不管记者自己写多少稿件，完不成向通讯员组稿数量，就不算全面完成任务。这些做法在编辑部形成了人人自觉遵守的制度。那时的青年编辑，现在已两鬓霜雪，有的仍从事新闻工作，每当这些同志聚集在一起，谈起《东北日报》的通讯工作，都津津乐道，传为美谈。不少老编辑和当年同龄人的通讯员交上了朋友，长期不断书信往来。

报社编委会经常讨论研究通讯工作，随时指出通讯工作中存在的问题，通讯工作不断获得新的发展。从 1948 年以后，《东北日报》通讯指导工作，除注意采访方法、写作技巧之外，更多地注意了政策思想方面，经常与通讯员研讨问题，多次在《新闻通讯》版上强调写稿要和党的政策吻合，无论反映情况、介绍经验、检查工作、指示方向，都必须以党的政策为出发点。不合乎政策的材料，不合乎政策的经验，就不能传播，有的还要适当加以批评和纠正。通讯员反映，通过学习，他们的政策观点和写作水平都得到了提高。

五

发展工人通讯员
建立工人通讯站

全东北解放以后，经济建设特别是工业建设，已成为东北解放区压倒一切的中心任务，要把东北建设成全国工业化基地，没有广大工人群众自觉的劳动是不可能的。因此在报纸上反映工人群众各方面的活动，鼓舞他们的情绪，介绍他们的主人翁精神和创造力，从而积极地推动生产，已成为报纸的重要任务。

1948 年 12 月 12 日社论《本报移沈出版》及时指出:《东北日报》工人通讯网，过去没有可能大量建立，现在大产业大工厂相当集中，工人众多，又具有一定的文化程度，吸收他们中间的积极分子作为通讯员，通过他们反映工人群众的生活、生产和各种活动就成为必要了。同年 2 月 25 日第 31 期《新闻通讯》上，正式公布聘请了第一批工人通讯员。

这期间，报纸设立《工人书信》《工人意见》《工厂通讯》等各种栏目，陆续发表工人写自己生活、学习、劳动生产、互助团结、今昔对比等稿件。如沈阳冶炼厂工人致函各铜铅矿的工人:“沈阳解放之后，我们立即把试料室恢复，专等你们的矿石送来，多炼铜，多炼铅，支援全国早日解放。”敦化县（今吉林省敦化市）额木伐木工人向沈阳皇姑屯机车厂工人致贺，祝贺他们修造了“北平号”“天津号”机车，以及新制“华东号”机车的成功，并提出保证完成伐木任务以修建铁路，支援人民解放战争。每篇工人稿件都洋溢着工人们“为自己干活”“为人民干活”的主人翁的热情。副刊上也注意发表工人作品，《离家的那一天》作者运用形象化的词句，刻画出自己一个普通工人在进工人大学前的欢欣心情和全家那种喜气洋洋的气氛。

1949 年 1 月至 10 月，《东北日报》在沈阳、抚顺、鞍山、本溪等厂矿及铁路系统内，建立了 32 个工人通讯组，聘请了 289 名通讯员。报社平均每日收到 500 余篇稿件。这些稿件大多配合当前报道中心，反映了工会生活、献交器材、生产竞赛、创造新纪录等。对某些生产中的缺点，也能提出批评。特别是每逢纪念节日都能接到三四百篇表达真情实感的信稿。

为了加强与工人通讯员联系，报纸于 1951 年 3 月 24 日，又在沈阳市工业集中的铁西区建立了“工人通讯站”。工人和工人通讯员写了稿件，可以直接送交通讯站，要写什么题目，可以与通讯站的同志面谈商洽，投来的稿件，为什么没有被采用，可以直接到通讯站询问。站里有两个同志，吃住在这里，相当辛苦，并抽出时间下工厂，开展通讯工作。通讯站还经常召开“工人通讯员积极分子周会”，通过它来了解各厂当前存在的问题及对报纸的各种反映，并交代每周编辑部的报道中心和月计划的报道要点。会上根据工人通讯员所反映的问题，向通讯员约稿。有时针对工人通讯员反映出的思想情况，对通讯员进行思想教育。

工人通讯站的建立，密切和扩大了报纸与工人群众之间的联系，丰富了报纸的内容，极受工人通讯员的欢迎。他们反映：“过去找不到线索，写不出稿子，现在我们不用瞎摸了，有稿可写了。”

在战争年代，报社在广大干部通讯员的密切配合下，出色地完成了军事和土改等一系列报道任务。新中国成立以后，报社在拥有大批通讯员的基础上，又积极发展了工人通讯员，加强了经济建设方面的报道。

希望文藝工作者常到工廠來！

工人意見

瀋陽製釘廠　李英布

過去，咱們工人過着被壓迫的日子，過着牛馬式的生活，打從共產黨來啦，咱們窮哥們翻了身，當了主人，有了吃的，還有了娛樂的份。今年過年時，大家想扭秧歌演戲，便拿了錢到街上買了戲本，可是困難來了，咱們都是外行，沒有人教。這時文工團來了兩個同志幫助咱們，給講了秧歌的道理。開始時只有十幾個人參加，後來便增加到二、三十個人，大家都很熱心的學習扭，學習唱。到演戲的時候，又發生了一個困難，就是缺乏一個女角，文工團的女同志就給担任了這個女角。

過去，咱們這些黑小子不用說演戲，就是看戲，有錢人家也不樂意和咱們坐在一塊。咱們的戲雖演得不太好，可是工友們覺得這是自已演的戲，看的時候特別起勁，連連稱好，工友陳家祥說：「演戲真叫咱們高興，每天工作都有勁，以後演時我也參加一份！」

我們希望搞文藝工作的同志常常到工廠裡來，帮助我們，使我們不僅能在過年過節時娛樂，平常也能開晚會娛樂才好。

向高景水要「藥方子」

工人書信

東北日報編輯同志轉

瀋陽鐵路修理廠高景水同志：

我看了東北日報一〇八二期登的工廠通訊「藥方子的故事」以後，知道你和劉振鑿工友克服困難製出電銲條，我們看完這篇通訊都很喜歡，電銲條在今天是很缺的，你們二位能從日本鬼子手裡弄出藥方子，對咱們東北的工業鐵路建設是有很大貢獻的。過去後方各工廠也做過，但都不大好使，因此求你把那個藥方子告訴我們，並希說明：缺少的化學原料藥品什麼東西能代替，那種方子用在那種工作相當。此致

敬禮！

齊鐵管理局　博克圖機務段技術室　張金山

高景水的回信

報社同志轉張金山同志：

接到你的來信我高興的很！做電銲條的事本來不値一提，就因爲現在是共產黨領導咱們了，工人有多大本事都不能埋沒，這才上了報紙。

我從幹上這行就有這個心事，不光會銲電銲，還要會做電銲條，這個心事一直在肚子裡竄了十三、四年，日本鬼子那時候不用說，根本不讓中國工人學會這一手，光復的時候好容易弄到了「藥方子」，卻來了個國民黨，這群小子和日本鬼子是一個娘養的，你就是想試驗試驗他們也不讓，日子又叫他們弄的越過越緊，也就更沒心思了。

共產黨來了，咱這才實現了心願，工廠不光讓我試驗，還叫技術員帮我忙，這回，咱們工人又能在報紙上串換意見，這都是在早先想不到的事啊！

那個藥方子我一共弄來十幾個，有的配法太費事，不少藥還沒處去買，我挑了兩個簡單一點的幹機車上的活兒常用的給你開在下邊，做法都是用水玻璃一和就行，原來方子上的藥名還都號上了外國字，聽說這叫化學名，我也把他給你抄去參考參考。

你們老解放區的職工覺悟比我們高，經驗也比我們多，以後我們應該多串換串換意見，取長補短。此致

敬禮！　瀋陽皇姑屯鐵路修理廠鍋工分廠　高景水　二月十三號

附藥方子兩個：

	藥名		使用數量（百分率）
（一）	氧化鐠	（TIO）	二十四
	炭酸鈣	（炭酸卡爾秀姆，GAGO）	八
	硅砂	（SI）	二十四
	炭素	（O）	八
	過氧化錳	（MN02）	二十八
	錳	（MNFE）	八
（二）			
	硅砂		二十五
	氧化鐵	（FEO）	五十
	炭酸鈣		五
	氧化鐠		十五
	青石綿		五

註明：硅砂：用白色玻璃壓碎篩成麵代用也行。青石綿：用鋪鐵道用的青石頭（越青越好）砸碎了再對上十分之一的鋼銹就行。過氧化錳：把錳礦碎在耐火磚上燒成紅色了就行。氧化鐵就是鐵銹。第一個方子勁大，銲鍋爐、水泵、大罐都行，還結實。銲雜活兒就用第二個方子吧。

工廠通訊

冶煉廠復活了

方青

一月十四日的早晨，有五百多工人和職員聚集在高達一百廿一公尺的大烟筒底下，歡呼着「我們馬上就開爐了！」「咱們冶煉廠的烟筒要冒烟了！」「多煉銅，多煉鉛，支援全國戰爭！」——這是瀋陽冶煉廠職工們的歡呼聲。

撥電組的馬甫爾工友說：「我們忙了兩個多月，眼巴巴地就等着開爐；這下可達到了！」熔礦組的工友們，早就把昇火用的木柴劈好，預備到順手的地方，堆焦煤的小斗車整整齊齊的擺了一排，工友們都摩拳擦掌地等待下手。因此動員會開的時間並不長，口號聲剛一停，張日新廠長便舉起了火把，向着熔礦爐跑去，全體職工隨之蜂擁而上，並很自然地歡呼起來；因爲這個火把即將燃起洪爐，再由洪爐裡吐出銅液……；這樣才能在打倒蔣介石，建立新中國的前提下，立上一功。這是全廠每一個職工的迫切願望。

當着廠長將火把投入熔礦爐時，工會主任、工程師、技術員都下手塡木柴，鼓風機也隨之開始送風，隨着風力的加強，洪爐裡的火舌就越竄得旺。孫工程師根據他計算溫度的經驗，隨時指揮着塡焦炭，塡冰銅，塡礦石。一時，加料車的鐵輪在鋼質的樓板上「隆隆」響起來，工友們推着車飛跑，本來是只有十幾個人塡料就夠用了，但是管理熔礦爐前床的領班楊海廷也帶了他們的人來推車，鼓吹爐的工友們也來帮忙塡料，飛快地運送着煤和礦石，一車一車地傾到熔礦爐裡。這時風力越發大起來，火遇到了焦炭就越竄着得猛，熊熊地怒吼着，火舌不斷地噴射出來，帶出了烟霧和煤屑，瀰漫在工房，但工程師和技術員們沒有一個堵鼻子戴口罩的，而是到處奔跑着忙於檢查塡料的數量，或指揮着在哪裡加煤或料；幾十個推車的工友們則每一個人的頭上都冒着一股熱氣，誰也顧不得擦一把汗；雖然正當零下五度的天氣。

在緊挨着的另一個工房裡，十六個焙燒爐也同時點着了火——這是把許多礦石的細屑凝結成固體，以防止塡入熔礦爐時被風吹走，同時在礦石的塊與塊之間隙可以吹風，才能燒得透徹，它是供給熔礦爐以原料的必要設備——令取第一個點火的是剛從訓練班回來的夏洪良，當他點着了火把時，縱身跳到焙燒爐裡去，親手把裡邊的引火物很均勻地點着之後，又很敏捷地跳出來；其他工友則都是用鐵鈎子把火撥勻。隨後便很熟練地塡焦炭和礦石屑。幾十把鐵鍬劃在鋼板上的擦鏘聲，和怒吼着的烈火，奏成一曲雄壯的音樂。

另一個工房裡是八個鼓吹爐——熔礦爐裡吐出的銅液只含百分之四十的銅質，這銅液再經鼓吹爐提煉，可煉成含百分之八十至九十的精銅，然後鑄成銅板。這和熔礦爐、焙燒爐共同構成煉銅的一系列組成部份——他們也必須把爐燒紅，隨時準備接受熔礦爐的銅液。他們除有一部份工友帮助熔礦爐塡料外，其他的人便把爐燒好，把一切工具都準備好，只留很少的人看爐，其他的人便都來熔礦爐帮忙，因爲這時熔礦爐又開始了一個緊張的場面。

從十點半鐘點着火，這個容量廿立方米的熔礦爐，吞入了許許多多的焦炭和礦石後，它的底層已積煉好銅液了，十二時半開始在熔礦爐的前面扎開一個核桃大的洞，通紅的液體便開始湧出來。但這時還不是銅液，而是一種鐵和玻璃混合質的熔礦，溢滿前床的蓄池後，再貯到鐵質的模型裡，成爲一種耐火的廢磚。從蓄池內吐出廢渣以後，這幾十輛載着模型的小鐵車，便循環地在小型鐵軌上奔跑起來，工友們用鐵鈎子推或拖着鐵車，在蓄池前灌滿廢液後，便拖到外面去，使其凝固，然後再把車拖回來。液體不停地流淌着，擺好模型的小車稍一耽慢，這種玻璃質的液體便傾入地溝，成爲廢物。當時因爲熟練工人很少，拖車不熟的工友們，時常因推應不及而使液體傾入地溝。這個緊張的場面，立刻就把鼓吹爐和在樓上塡料的工友們吸引來，職工代表領着頭，大家一齊下手，才慢慢把裝卸循環的小車，調轉得很有次序。這樣的工作一直繼續到下午四時半，蓄池內底層的銅液貯有相當數量時，上層的廢液一停，便從右面的孔道裡淌出銅液來，運到鼓吹爐去加工重煉。

由於工友們的奮勇努力，由於工程師到處忙於檢查指導，並親自動手加料，用鋼釬在風眼裡通火……使得開爐的經過，極爲順利。如開始扎開洪爐吐出熔液時，在以往不是過早，就是過晚，很難估計得正確，但這次孫振興預算時間恰如其分。職工代表韓貫斌說：「人開了腦筋，爐也開開筋了。」另一個工友則糾正說：「人一開腦筋，啥東西也得開；一切都是跟着人來的。」

只要能稍微抽開工夫的人們，便都跑到外面來，仰起臉來張望着烟囱，一個個雖然是燻黑了臉上，卻都露出了笑容說：「咱們的煙筒冒煙了！」

工廠通訊

「藥方子」的故事

——寫兩個工友怎樣克服困難製成電銲

瀋陽鐵路修理工廠的煙筒又冒煙了。工友們這回幹的與以往不同，一個個擦拳摩掌，把精神貫注到自己的機器上。這棟工房裏叮噹打鐵，那棟工房裏鏇起機件，大家都尋思着怎樣能夠幹得更好，只有電銲組的工友心裏不踏實，因爲工廠裏的電銲條用完了。後方有這項材料也不能馬上運來，廠長就號召：『咱們自己想法克服困難，有會做銲條的人沒有？』這一句話正說到心坎上，工友高景水答道：『有，有，有。我有配藥的方子，可沒實地做過，咱們試試看。』

提起做銲條的藥方子，話可就長了：原來用電銲接鐵板，在東北也不過實行了十五、六年，是個新興的活計。最初撫順工廠裏有個外號叫『老黃狗』的日本人，專門教這行手藝，高景水就是第三期到那裏去的學徒。他成天替『老黃狗』砸錳、砸黑鉛粉、砸紅石頭，問砸的是什，也得不到回答。一年半載過去了，自己又帶上心，才知道這些東西都是造電銲條用的原料。幹哪行求那行的眞理，燒電銲的就求燒電銲的眞理，老高想：光會燒不會做，只能算半個手藝人。於是也偷空把這幾樣藥拿來配一配，有一回『老黃狗』看見了，問他『你什麼幹？』答說做銲條，『老黃狗』把眼一眯道：『吹牛皮！』以後就更管理的嚴了，工作不叫他有閒空，也就不能隨便配藥。

『八一五』那年，他正在皇姑屯，組長是日本人，名叫富永，是個電銲界有名的能手。老高爲了這多年，這回心氣壯起來，找富永說：『中國人從你們一連欺侮了十幾年，不能讓你們白白的滾回國去，把做電銲條的藥方子給我留下！』於是老高得到了一套藥方子，一共十種，是做各種不同的銲條用的。

有了藥方子不等於會做；一來不懂得化學，二來沒有人給他實地試驗的機會。不懂化學還能多方面想法子去探問，比如方子上開着『酸化鐵』，藥房裏說沒有這種藥，後來得便問一回化驗室的職員，才知道它也叫『一氧化鐵』，就是普通的鐵銹；方子裏還開着『硅砂』，更使他摸不着頭腦了，後來知道是做玻璃的一種原料，用玻璃也可以代替它。實地試驗可就困難了，僞滿時候不用說，國民黨在這兒也同樣看不起工人，有工人出個什麼辦法，他們就說是窮瘋了『胡作踐』（亂出主意）。生活顧不上，誰還有閒心找氣生！還不死心，就偷他幾樣藥到自己家裏試驗去，如今老高家有兩瓶炭酸鈣就是從廠裏偷回來的。

解放後，工廠裏有了學習，老高心裏開朗了。一聽說讓大家自己想法克服困難，他樂了，這眞是想不到的事，多年的心願今天實現得這樣容易！那幾天老高連睡覺也做着實驗的夢，有時興奮得連覺都睡不着。工廠支持他，藥不够廠裏給，做出銲條來化驗室的技師替他試驗。在實驗中他又學到很多東西，用第一次銲條成品銲好的東西拿到『分析器』（試驗鐵板抗折力的機器）上去，每一平方耗加到三十七公斤就從銲口上折斷了，技師告訴他原因，是錳用多了，銲口發脆；第二次加到三十一公斤，也照樣折斷了，技師告訴他用玻璃過了量，銲出來有『沙眼』（銲口裏有空氣，銲不緊密）；第三次加到三十四公斤，鐵板裂了，銲口紋絲不動。

在老高做實驗時，劉振聲工友也拿出一種藥方子來，是他五、六年前在鐵西奉天製作所從日本技師手裏偷來的，現在也快試驗好了。幾種藥方子都有用處，因爲鐵板的性質不一樣，用銲條也要有許多種。

在電銲組，我看見他們做成的銲條整齊的擺在閣子上，我也看見他倆在深深的笑容裏用自己做出來的材料銲鍋爐。我找他兩人談這一段經過時，他倆笑笑道：『舊社會時沒有銲條正好戀戀手脚，誰還自動做什麼銲條？如今天下變了，又有了學習，都知道生產是爲了自己將來享福，咱不幹誰來幹！』最後他對我說：『你不把藥方子登到報上去嗎？藥名、分量在方子裏都有。那樣也有，你告訴各工廠一下，誰要用藥方子只管往這兒來信！』

工人通訊

得向老區的工友學習！

皇姑屯鐵路工廠
工人 高景水

頭幾天我上哈爾濱鐵路工廠去了一趟。因爲聽說那邊上鍋爐上的『螺絲對』都是用電銲銲，咱們這邊的做法是鏇出螺絲口往上擰，這個做法太慢，前後能差兩天。廠子裡特爲派我去把這個新辦法學來。

在那呆了三天，把這個新法算是學會了，那裡的工友們個頂個都挺熱乎，我一去就把我圍上了，都打聽咱們這邊的情形，問我們廠子能出多少車，活都是怎麼幹法，電銲組的王組長教我銲『絲對』的時候也挺細心，講的特別詳細。

老區的工友們值得咱們剛解放的工友學習的地方太多啦，不光有些新辦法，和組織方法值得學，人家那股幹勁兒更值得我們學。那邊的設備照這邊差老啦，一個月大修、中修也出廿多台，工友們就是眞幹，那股勁兒眞叫人贊成，幹活的鈴一響，一個一個的摸起傢什就幹，幹活的時候沒有一個閑扯蛋的，我去的那天，看見貨車廠那邊有不少人都脫光膀子幹活，一位姓韓的工長告訴我說：現在工友們都搶着幹活呀！不用催，老是超過上邊的計劃。

我看新辦法、組織法都是現成的，只要他教就能學會，這股幹勁可不大好學，沒法教，學也要費點工夫，咱們新區的工友們應該先學習人家幹活的這股子勁，我看這股勁得從腦筋上學，願意幹和別人指使着幹是兩股勁，腦筋不打開，幹勁就不大，現在咱們的生活比國民黨在這的時候是強了好多倍了，作當家人的心情也已經有了幾成了，我們應該再努一把力，作過八、九、十來成的當家人，不光幹法要趕上老區的工友，就是幹勁也要趕上老區的工友才行。

《东北日报》开设的《工人意见》《工人通讯》《工厂通讯》专栏

东北日报

第六章

办好报纸的《社会服务》

一

广泛与人民群众联系
做群众的知心朋友

《东北日报》为了加强社会服务工作，在全东北解放后，顺应这一新的形势，编辑部于 1948 年底增设了“社会服务部”（1952 年 7 月 10 日改为“读者来信组”）。报社编委会十分重视社会服务工作，在总编辑或副总编辑直接领导下，贯彻了“全编辑部处理读者来信”的方针。重大问题的来信，总编辑亲自过问并审定处理意见。

当时编辑部实行夜班工作制。为了方便读者，社会服务部设在市中心。部里同志上白日班，楼上处理来信，楼下接待来访。部里以处理来信来访为主，并组织读报组，举办时事讲座、专题座谈等，开展多方面的社会活动，让人们了解共产党，熟悉党的政策，从而吸引了大量来信来访。20 世纪 50 年代，每天都接到读者来信百余件，最多时一个月收到读者来信一万多件。接待来访一般每天十来人次，多则 20 多人次，专门接待人员由一人增加到三人。

广大读者来信来访反映的问题是多方面的。其中有关心国家和集体事业而提出的批评和建议，有结合个人的工作、学习、生活等提出的问题，还有各种社会问题和自然科学领域的问题，既丰富又纷纭。为此，社会服务部聘请了一批名人、专家为顾问，来帮助解答读者提出的各种问题。来信中有些问题，看起来是细小的、具体的，甚至是琐碎的。根据党报的群众性这一特性和密切联系群众的这个特点，只要它有着普遍的社会意义，就不能等闲视之。编辑人员都以高度的革命事业心和政治责任感对待来信来访工作，做到件件有结果，案案有着落，而且都争取有处理的效果。

沈阳解放初期，由于人民群众对党的一系列方针、政策和我党的工作作风还不甚了解，报纸辟《社会服务》栏，发“代邮”“启事”“拾物招领”等，利用各种形

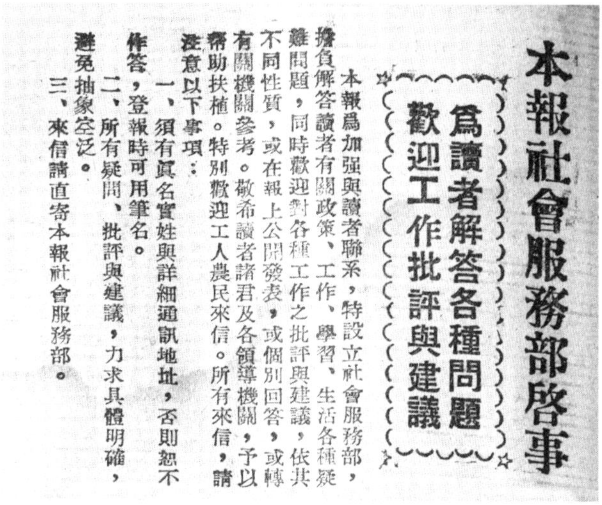

本報社會服務部啓事

為讀者解答各種問題
歡迎工作批評與建議

本報爲加强與讀者聯系，特設立社會服務部，擔負解答讀者有關政策、工作、學習、生活各種疑難問題，同時歡迎對各種工作之批評與建議，依其不同性質，或在報上公開發表，或個別回答，或轉有關機關參考。敬希讀者諸君及各領導機關，予以幫助扶植。特別歡迎工人農民來信。所有來信，請注意以下事項：

一、須有眞名實姓與詳細通訊地址，否則恕不作答，登報時可用筆名。

二、所有疑問、批評與建議，力求具體明確，避免抽象空泛。

三、來信請直寄本報社會服務部。

《东北日报》发布的成立社会服务部启事

式与读者建立联系。刊登解答读者的提问，如“买卖婚姻是否允许存在”“打‘官司’要什么手续”“申报户口应办理哪些手续”“十六七岁大龄儿童能否入小学”“私营企业工友能否享受‘劳保’”“助医、护士能否参加职工会”“法定传染病有几种”“银行办理几种储蓄，利息多少，手续如何”以及“市内有哪些公共汽车、电车路线，何时出收车，票价多少”“市内各区粮食公司营业部地址的介绍”，等等，使报纸成为广大读者了解政策、学习、生活的知心朋友，他们有心里话愿意向党报讲出，有问题能够向党报提问，受到压抑敢于向党报倾诉。对报纸的信任，就是对中国共产党的信任。

东北各地翻身农民相继给报社来信，反映他们生产上的新要求：急需新式农具和化肥、农药。《社会服务》选登来信帮助农民向社会呼吁。不久，沈阳农具厂、机床厂来信告知，他们已制造6000多台圆盘耙、1000多台播种机，并试制中国第一台拖拉机牵引机，支援农业生产。1951年春，黑龙江省绥化县（今黑龙江省绥化市）九区和平村农民来信说，去秋他们甜菜丰收，就是找不到销路，一化冻甜菜就要白白扔掉。《社会服务》当即发表这封来信，他们的甜菜很快便销售出去。

沈阳一化工厂不采纳工人合理化建议，屡次发生铜水爆炸事故。某造纸厂忽视安全教育，一徒工被碾掉手指。《社会服务》替工人说话，先后发表了反映上述情况的两封来信，引起上级机关的重视，东北人民政府工业部及时督促被批评单位进行妥善处理，同时向报纸作了答复。

报纸通过《社会服务》，进一步密切了党和政府同人民群众之间的关系，激发了人民群众的主人翁责任感，调动了广大读者群众关心国家各方面建设的积极性，纷纷来信献计献策。各级党委和政府机关也都重视报纸宣传舆论这一有效的工具，来推动自己单位的工作。

二

社会服务充实了报纸的内容扩大了报纸的影响

编辑部每天收到的大量读者来信和接待的读者来访，反映了多方面的实际情况和问题，随时都能发现新问题、新情况，提供新的报道思想和报道线索。编辑人员可以把处理读者来访与新闻工作有机地结合起来，把有重要政治意义、经济意义和人们普遍关心的问题发表在报纸上。

实践证明，报纸上发表的读者来信，是一种重要的新闻形式，深受广大读者欢迎，是报纸不可缺少的。

《东北日报》发表了大量的读者来信，报纸几乎每天有四段的专栏，还有读者来信综编、读者来信述评、当前的问题、答读者问、调查报告、消息、文章等，有的配有编者的话，还有的配发了短评和社论。

报上发表的一些读者来信，确实起到了极大的激励、鼓舞、批评、推动的作用，是反对官僚主义和各种错误倾向的有力武器。

1953年1月，沈阳市居民于红莲老太太来报社反映，沈阳市屠宰场检疫人员有严重渎职行为，把她自养的一口大肥猪毫无根据地当作瘟猪强行炼油处理，她各处上访都未解决问题。乍一看来这并不是什么大事，但对养猪的群众来说非同小可。同时，也暴露出沈阳市卫生局、市法院和市政府办公厅等单位和某些领导人，缺乏群众观点，忽视人民利益的官僚主义作风。1月8日，报纸读者来信栏发表了于红莲来访谈话记录，加编者按语：建议沈阳市政府、检察机关和监察机关查清处理。1月21日，摘要发表了读者纷纷要求沈阳市政府必须认真处理这一问题的来信。3月13日三版头题发表了《沈阳市政府所属卫生局等单位　处理于红莲的控告表现严重官僚主义》的消息和署名“本报编辑部”的调查报告《于红莲的猪没有痘》，从而引起了沈阳市党政领导的重视。沈阳市人民检察署、市人民监察委员会、沈阳市政府办公厅和市法院协同最高法院东北分院组成了联合调查组，终于查明事情的真相，并查出了屠宰场检疫工作中一向存在的违法乱纪问题，赔偿了于红莲的损失，对官僚主义者、违法乱纪分子和有关失职人员作了严肃处理。由于市卫生局自己派出调查组与市联合调查组对抗，市政府还召开了政法委员会扩大会议讨论这一问题。市委副书记、副市长参加了研究讨论，对于红莲的控告给予了热情的支持和赞扬，并提出要借此东风在全市开展一次反对官僚主义、命令主义和违法乱纪现象的斗争。报纸发表之后，在社会上震动很大，反响强烈，确实密切了政府同人民群众的联系，改善了政府工作作风。

三

处理来信要负责
要有结果

报纸重视读者来信，不仅是想从中知道群众所反映的问题，更重要的是解决群众所提出的问题。要做到这点就要：

（一）必须加强对来信的研究，要在千百件来信所提供的各种现象中发现本质的东西，加以解决。

（二）必须在研究来信基础上做好来信的组织工作。读者来信自流状态只能反映一面的情况。对来信进行组织工作，就是对问题的进一步深入调查研究，查明全面情况。这比一般处理来信难度要大，但是必须这样做，才能处理好来信。

（三）开展批评，党报不仅要对批评者负责，而且要对被批评者负责，只有帮助被批评者从思想上接受了读者的批评，采纳了读者的建议，才算是最后对读者的批评尽到了责任。这样才算取得批评的效果。这既要求事实准确、分寸恰当，而且要持说理的同志式的态度，切忌盛气凌人。

1953 年 5 月下旬，读者来信部收到一封来信，介绍锦州市国营商业系统的车辆实行了联运，冲破了过去“自运自货”车辆不足的情况，节省和提高了运输能力，做到了商品及时供应，建议在全东北推广这一办法。社会服务部认为这是件有意义的事情，随即向沈阳市国营商业局询问，了解到沈阳市车辆的使用浪费情况比锦州更为严重，但该局表示目前他们中心工作是搞保管，而且干部很少，没有力量搞“联运”。社会服务部又做了一系列组织工作，召集沈阳市国营商业系统各公司具体做储运工作、车辆管理工作的同志座谈，听取他们的意见。参加会议的 6 个国营商业公司的同志一致拥护锦州的办法。编辑人员一面请到会同志向沈阳市国营商业局建议迅速推广锦州联运经验；一面与沈阳市国营商业局继续联系，讲解在报纸上进行宣传鼓动，是加速推广这一工作方法的最好宣传教育形式，这样做并不妨碍他们的保管工作的进行。这一建议，终于被沈阳市国营商业局采纳了。接着，报纸又先后发表了读者对“联运”的建议和各地推广的情况，取得了良好的社会效果。

这种对待新事物，坚持发表的和未发表的来信一定要有结果，这就给来信的研究工作和来信的组织工作赋予了新的生命。报纸通过处理读者来信，把群众的智慧和兴趣逐步引导到政治上、建设工作上去，使广大群众都来关心和积极参加国家的建设大业。

东北日报社的工作人员，同大多数单位一样，随着革命形势的迅速发展，呈现了始而“滚雪球”，人员逐渐增加，继而“拔萝卜”和“割韭菜”，不少人被调走的状态。报社由初创时的二三十人，经抚顺、本溪、海龙、长春一路添人进口，最后到哈尔滨时，全社（包括新华社东北总分社）已有职工 200 多人了，仅编辑部就有六七十人。东北全境解放，报社迁回沈阳后，人员增加更快。但与此同时，一些老同志不断被调走。1949 年 3 月，当时的社长廖井丹率领一批干部南下筹办《长江日报》，那一次编辑部就被抽走 23 名骨干。以后是“滚雪球”和“拔萝卜”“割韭菜”穿插进行。到 1949 年 7 月，报社编辑部人员已增至 105 人（包括校对、资料部门的同志）。此后直到 1954 年 8 月终刊，《东北日报》编辑部人员在 120 人左右，全社人员则在 400 人上下。

报社人员的构成，来自两个方面，一是经过抗日战争洗礼的老干部，一是来自地方上的青年学生。《东北日报》的老干部较多，当时全国 19 个解放区，除了琼崖地区，其余 18 个解放区都有人来。这部分老同志里也有两种情形，一部分有办报经验或者较高的文化修养，但也有不少同志文化水平较低，缺少新闻业务知识。至于从地方招进来的青年学生，则都需要经过一段相当长的学习过程，才能熟悉业务，短时间尚不能胜任编采工作。

早在老干部最多的哈尔滨时期，报社就注意培养编采人员，当时在战争环境下，解放区没有新闻专业学校，也缺少成套的新闻理论书籍，培养干部的办法就是社会实践，把一些初中甚至是小学文化程度的同志，放在编采通的实际工作中去锻炼，使他们在边工作边学习中，不断成长和提高。报社迁回沈阳后，新手不断涌进，老手陆续调出，人员一度青黄不接，在培养编采干部上，就更加重视在实践中进行锻炼了。

报社在培养干部过程中，不仅是以老带新，让成手带初学，并创造条件鼓励人们在本岗位上大胆实践，而且有一个重要的指导思想，那就是：用老解放区党报的优良传统作为重要教材，来教育、武装大家。

东北日报

第七章

发扬党报优良传统
在实践中培养干部

一

首先必须是一个革命者

在培养干部上，东北日报社一贯把提高政治素质放在第一位。对新参加工作的同志，开宗明义第一章，把党报的性质、任务、传统、作风讲明，要他们懂得：党的新闻工作者首先必须是一个革命者和社会活动家，具有为人民服务的思想，认真学习马列主义毛泽东思想，密切联系群众，保持艰苦朴素作风，服从组织调动，遵守党纪国法。在当时艰苦的条件下，思想政治工作的重点，一般是放在解决正确对待生与死、苦与乐，以及摆正个人利益和革命利益的关系上。不单是口头讲讲，而且从组织安排上做了保证。比如，把一些同志派到乡下参加土地改革，对新吸收到报社来的几十名初中程度的学生，先分配到校对科、资料室或社会服务部工作。对新参加编采活动的一些大学生，大都是让他们从练习写退稿信入手等，以此来锻炼培养他们为人民服务的观点和联系群众的本领。此外，严格执行党团小组生活会制度，通过开展批评和自我批评，进行互帮和自我教育，防范个人主义和资产阶级腐朽思想的侵蚀，保证干部政治素质的不断提高。

这样，报社逐渐形成了一个思想政治健康的集体，坚强而有战斗力，在这个集体中，一种至今令人难以忘怀的革命风气蓬勃发展。那时很少有人闹地位、闹待遇，很少有人不安心工作、不服从调动。大家都以党的事业、革命的利益为重，遇到个人利益同革命利益发生矛盾时，一般都能以个人利益服从革命利益，特别是当时为数不多的共产党员，在政治品德和行动上起到了模范带头作用。党员的身份没有公开的情况下，大家往往能凭人们的行动表现就猜到谁是共产党员。

二

接受党的领导
当好党的喉舌

东北日报社用以教育新干部的另一个党报传统是：党报是党的喉舌，必须坚决接受党的领导，把宣传好党的方针政策作为报纸的主要任务。它一贯教育干部，党报必须认真遵守和宣传党的方针政策，党的方针政策是报纸的灵魂，也是人民利益的集中表现，如果违反了党的方针政策，报纸犯了错误，也就是损害了人民群众的利益。在这种思想指导下，报社对于党中央和东北局发布的方针、政策、指示，一贯做到坚决执行。其中有些重要的或与报纸有关的方针政策，都要组织编辑部全体同志学习、讨论，并以此为依据，提出报道思想，制订报道计划。当时十分明确，东北局的工作中心，就是报社宣传报道的中心，报纸的活动，都紧紧围绕东北局的工作部署。对于新参加报社工作的同志，要由老同志把接受党的领导、学习政策的体会和心得向他们进行讲授。在评报活动中，优秀稿件的标准，始终都把反映和体现党的方针政策作为首要条件；写言论，要求结合实际，把党的方针政策深入浅出地解释明白；写新闻报道，要反映出党的政策在群众中具体化的过程。因此，在东北日报社里，无论新老干部，学习党的政策蔚然成风，出现了不少结合实际体现政策的好报道。

在东北日报社工作过的老同志，至今回忆起来，不少人认为，党的新闻工作者时刻不能忘记接受党的领导，时刻不能忘记遵守党的方针政策。离开党的领导和党的方针政策，另搞一套，可能一时有人叫好，最后难免出偏差或犯错误。接受党的领导、遵守党的方针政策，报纸也可能犯错误，但比较少，也容易纠正。

三

坚持新闻报道的真实性

坚持新闻报道的真实性，既是党报培养教育干部的内容，也是宣传报道的一条原则，能否坚持真实性是衡量一家报社工作人员政治、业务素质好坏的尺度。东北日报社在哈尔滨时期，参加抗日的老干部多、老新闻工作者多，不真实的报道虽也出现过，但为数极少，报社搬回沈阳后，新干部急剧增加，加上报道面扩大，任务较前复杂，不真实的报道和情节时常出现。究其原因，主要是某些同志思想作风不够端正，工作制度不太严密。对此，报社除了组织大家学习新闻一定要真实等有关材料，还采取了下列措施：一是建立严格的审稿制度，规定无论是记者还是组织通讯员写的稿件，都必须经基层党组织审阅，签字盖章；二是把内部评报和收集读者意见相结合，把被揭露的不实稿件，选登在内部刊物《每日情况》，后来是《业务简报》上，以加强群众监督；三是遇有记者或编辑发生失实，都要追究责任和进行批评。东北日报社在处理失实报道上，极为认真严肃。无论谁出现失实的事，都要进行公开检查，涉及哪一级的责任，哪一级就要做检查，这已形成制度。一般是先在编辑组里进行检讨，检讨材料还要发到内部刊物上。有的检讨一次不深刻，还要检讨第二次。稍大一点的失实报道，除了在本组进行检查外，还要拿到编辑部大会上批评检讨。大会是由社长或总编辑主持。对待失实报道的处理，绝非例行公事，走走过场，而是寸步不让，态度坚决。例如，1950 年，一位记者报道一个部门的会议，由于把精神领会错了，写的消息失实，结果是报社不但在会上进行了批评，还把记者的检讨公开登在报纸上。1953 年，有一次一位编辑在编稿时，笔下不慎，把“拉林县公安局局长”（拉林县 1956 年撤销，并入今黑龙江省五常市）的名称前边信手加上“中共”二字，经过几道“关卡”，谁也没有发觉写法有错，于是出现在报面上。仅仅两个字的笔误，现在看来，登个更正，也就行了，在当时却不放过，除了登出更正，从编稿的编辑，发稿的业务组长，经手检查的检查组长，看小样的总编室秘书，一直到看大样的总编辑，层层作了检讨，并把他们的检讨书分三期登在《业务简报》上。东北日报社这种严肃认真地对待失实报道的做法，尽管领导人时有更换，但“快哉此风”依旧，一直延续到终刊之日，未曾改变。

当然，在消灭失实报道的斗争中，光是运用批评和自我批评的方法，是不够的。还要把它当作学习的课堂，通过学习、讨论，总结经验教训，找出一些规律性的东西，帮助大家明确认识克服的重点和努力的方向，报社在不同的时期，针对不同的问题，提出了纠正失实报道的重点。在1952年到1953年，曾把重点放在克服合理想象和采访不深入上。

新闻报道无论是主体和细节，都是不允许合理想象的。有一位记者写了一篇以“三反”“五反”为内容的通讯，受到了读者来信的批评。这位记者在自我检查时，承认通讯是学了《官场现形记》的手法，在某些情节上有“合理想象”成分。还有一位记者在报道某电厂时，描写“透平机有如千架飞机轰鸣”。见此报道，当地车间同志来信说：“只有机器发生问题，才能有这么大的声响。”合理想象成了“客里空”。经过了学习讨论，大家认识到：用合理想象来代替新闻的真实，从概念上说，是混淆了新闻报道与文艺的区别，实质上违背了新闻必须真实的原则。本来，这种倾向在哈尔滨时期就批判过，1952年又出现，不能不引起人们的注意和深思。

在学习讨论中，记者们发现新闻真实性受到损害，更多的是来自采访的浮光掠影，不够深入。比如，有的记者对某项工业技术，自己没有到现场看到操作，也没有搞明白，就动手写报道，难免发生毫厘千里之差，说了许多外行话、错话，出现了失实。对此，报社曾三令五申，号召深入采访，表扬深入采访的同志，并于1952年8月，专门组织参加国庆节报道的编辑、记者，讨论了一次深入采访的问题。经过老编辑、记者谈体会、讲经验，进行传授，使许多新同志初步明确了“深入”的概念和要求。即在熟悉政策的基础上，工业记者不能仅满足于采访到车间主任为止，还要到现场和工人中间；农村记者不能仅满足于采访到村的党支部书记，还要到农民、田间；采访先进人物，不能仅满足于同本人谈，还要采访上下左右的同志。经过这次时间虽然不长，但很有针对性的学习讨论，许多新同志的业务思想提高了一大步。

四

每个细小地方都要表现党报的严肃性

《东北日报》经过取得东北解放战争胜利，完成土地改革任务，以及进入经济恢复初期，发挥了较好的舆论工具的作用，它在群众中声誉日隆，威信倍增。不仅一些实际工作者把它当作指导工作的依据和参考，而且也受到某些学校的重视。有这样一个事例：1951 年“沈阳有的学校为了教授标点符号，拿出《东北日报》来读，如果跟报上的符号一样，即为答对，再读下去”。显然，这所学校的老师，认为《东北日报》上的标点符号，是规范化的、使用得准确的。其实呢？并非如此。当时报上的标点符号和其他一些语法，并不怎么讲究，有的用得较乱。因为报社绝大多数同志没有受过最基本的文字训练，语法和其他技术差错，不断发生在报面上。上述这件事传到报社后，领导十分不安，一般的同志心里也不舒服。读者对报纸行文用字如此信任，对照之下，大家感到报纸的只言片语，影响至大，消灭语法错误刻不容缓。于是在 1951 年，全编辑部开展了一次学习语法和消灭技术差错的活动。

首先，大家明确认识，报纸在技术、语法方面不断发生错误，会削弱党报的严肃性，而严肃性不够就是党性不强，我们应从每个小的地方来表现党报的严肃性。在哈尔滨时期，《东北日报》曾遵循毛主席《对晋绥日报编辑人员的谈话》的精神，发动过大家消灭报上的差错，收到一定成效，但没有坚持经常做。这次学习活动，是接续哈尔滨时候的学习，并加以深入。其次，请懂语法的同志写文章、作报告，讲解一些有关语法方面的知识。不久，又组织学习了吕叔湘、朱德熙合著的《语法修辞讲话》。最后，利用内部刊物《新闻业务》，在《文字缺点的纠正　可使我们头脑趋于精密　工作效能有所提高》《消灭报上的错误　从每个细小的地方　表现党报

報紙述評

糾正新聞寫作文字上的缺點

報紙要作爲建設國家、建設黨、改造工作、改造生活的銳利武器，這是一個極其複雜的任務。這就要求報紙不僅要有豐富的政治內容，和把人民群衆底沸騰的生活反映出來，而且在報紙上所發表的文字也必須以最大多數的讀者能夠完全明瞭爲原則。我們通過報紙跟廣大的人民群衆說話，如果我們所編寫或撰述的稿件，文意含糊，或交代不清，使讀者疑惑，誤解，這就會大大地削弱報紙的眞實性和指導作用，甚至招致嚴重的政治損失。因此，我們編寫或撰述每一條消息、每一篇文章、每一個標題，都應爲廣大的讀者着想，要想得正確、說得正確、寫得正確，並且要力求做到更多的人能夠讀得通聽得懂。這是一個關係千萬人的文風問題。

但語言文字的混亂現象，在各地報章上卻並非少見，這對新聞工作者來說，確實是一件不能容忍的事情，現在我們就翻閱報紙所發現的一些文字上的缺點，舉些例子來說一說。

一、濫用省略。四月十五日瀋陽日報五版上發表的「不要把抗美援朝宣傳與具體工作對立起來」一文中「目前瀋陽各國公私營工廠」一句，應是「目前瀋陽各國營、公營、私營工廠」。因爲在句子裡省略了兩個隔點（、），和少寫了兩個「營」字，這樣就使人看不明白，很可以誤解爲「各國的公私營工廠」。四月十八日，吉林日報一版標題「九台縣三區積極刨樓子」，應是「九台縣三區積極刨樓子、摟樓子」，因爲「刨樓子」和「摟樓子」是兩回事情，不能夠合併起來說。爲了要和標題的下一句「預備開犁播種」作形式上的對稱而濫用省略，犧牲了內容的明確性，這是不應該的。

二、用字不當。四月十七日吉林日報一版「面向百分之二十五」，文中「趕走了惑衆的謠言」這句話有很大的毛病。「趕走」二字用得不恰當，因爲「謠言」所表示的實體是抽象的東西，怎樣能被「趕走」呢？同時，「謠言」二字的含義就有「惑衆」的意思在內，「惑衆的」這三個字是多說了的。因此，整個句子應改爲「揭破了謠言」，這就把話說清楚了。五月八日遼西日報一版「錦市大張旗鼓鎮壓反革命後，人民覺悟提高出現新氣象」的報道，文中「花紗布公司高野等同志都表示要消滅麻痺」這句話，「高野等同志」應改作「高野同志等」，這樣才不致把「高野等」三字誤解爲一個人名。「消滅」這個動詞，跟「麻痺」這個名詞，配搭不上，而且「麻痺」這個詞兒用在這個句子裡，意思表達得不完整。咱們平常說話，誰也不說「消滅麻痺」。「麻痺」二字下邊應加「思想」二字。「消滅」改爲「克服」或「肅清」，也就說得更通順一些。

三、少說跟多說。四月十日本溪工人報一版「中共本溪市委宣傳部召開第一屆宣傳員大會」消息中，「很多單位都要上台表示態度」一句，造句不全。「單位」不能上台，應在「單位」下邊加「的代表」或「的同志」，意思就完整了。同日本溪工人報一版「時事講話」的標題「記住這一筆又一筆的血債」，究竟是說「記住這一筆血債」呢，或者是說「記住又一筆血債」呢？使讀的人難於弄清楚，句子顯得累贅。「的」字也是多說了的。根據這篇講話的內容來說，標題應改爲「記住這又一筆血債」，意思就表達得更明白、更切實了。

四、文法不通。四月十四日本溪工人報一版「中共本溪市委宣傳部召開第一屆宣傳員大會」消息中，「啟示各階層、各行業、各部門、地區群衆普遍自覺的、嚴肅的訂立愛國公約。」這一句，有幾處文法不通。「地區」二字前面應加一個「各」字，這樣才能在用字上和內容上跟「各階層、各行業、各部門、各地區」的說法統一起來。既在前面說清楚了「各階層、各行業、各部門、各地區」，這就顯示了「普遍」的含義，因此，「普遍」二字是多說了的。句中「自覺的」「的」字應改爲「地」字，因爲它是副詞。作爲形容詞語尾的「的」字，作爲副詞語尾的「地」字，我們容易把它們混同起來。這些分別，對文字底明確性很有關係，應該把它們分清。既然是「自覺地」，就絕對不是敷衍了事的意思；「嚴肅的」三字也是多餘的。五月八日遼西日報一版「錦市大張旗鼓鎮壓反革命後，人民覺悟提高出現新氣象」文中，「鄙視仇恨，並積極檢舉密告反革命分子」，這句話有很大毛病，容易使人了解鄙視、仇恨和積極檢查的對象是密告反革命分子，這就把意思完全弄反了。「檢舉」「密告」都是動詞，在使用雙重動詞時，中間應加連詞。如寫成「鄙視、仇恨、並積極檢舉和密告反革命分子。」這樣就好一些。要把話說得更明白、準確，應改作「鄙視、仇視反革命分子，並積極地密告和檢舉反革命分子。」

從上述的舉例來看，說明了我們底粗枝大葉的作風還很嚴重，對工作嚴肅負責的態度還不夠，同時也說明了我們還必須認眞下一番功夫，把思想水平、文字水平提高一步。人民日報早已號召：「請大家注意文法」，並明確指出：「應當努力用正確無誤的語言文字來表達正確無誤的思想；應當把文法上的一切錯誤，從我們所有發表的文字中逐步地，最後是澈底地消滅掉。」樹立正確的文風，切實糾正新聞寫作文字上的缺點，可以使我們頭腦趨於精密，工作效能有所提高。也是一種對人民負責的工作作風，這就要求我們在這一方面還要做嚴重的努力。

《东北日报》评论《纠正新闻写作文字上的缺点》

的严肃性》大刊题下，发动大家讨论，献计献策。

在消灭技术差错方面，《东北日报》首先是从检查报纸入手，以开展批评和自我批评为动力。谁出的错，错在哪里，一律点名公布。其次是边学习边考试。从1951年4月开始，编辑部举行过四次考试。考试采取改稿形式，分别测验标点符号、修改病句、精编原稿等内容。每次测验都公布参加的人员名单和成绩，无故不参加的点名批评。这种考试办法让大家都有所收获。不少同志回忆起来，认为有些语法知识，还是在那一段时间打下的基础。

经过半年多的语法学习和实践，报纸文字技术差错有所下降，但远远没有消灭。有些差错不仅出于语法，还来自某些同志的粗率以及制度不健全。《东北日报》这时已发行240000多份，广大读者很关心报纸，只要哪天报纸上出现一个明显的差错，有时哪怕是错一个字，报社就会接到读者电话和来信的责问。为了消灭差错，报社一度设立了"第一读者"，由正式编辑和业务组长轮流值班，检查印出的第一张报纸，但奏效不大，旋即取消。

经过研究，报社于1951年11月建立了一个新机构——检查组，它在消灭报纸差错上立下了不小功劳。检查组负责检查原稿和小样，它的检查范围有八项：一、稿件内容是否符合政策；二、数字、人名、地点、时间、历史、地理等是否与事实相符；三、是否暴露国家机密；四、稿件引语是否正确；五、发稿是否重复；六、文法用词、标点符号、格式等是否妥当；七、是否滥用简称；八、题文是否相符。

检查组成立23天，战果明显，共检查和堵住各种差错581处，就是说平均每天在报面上少出现25处差错。被检查出的差错，一如既往，全部写出责任者，公布在内部刊物上。不久，编辑部又实行了编委、组长轮流看大样，公布《个人经常错误表》，以及设立意见箱发动大家评报等措施。总之，《东北日报》在消灭报纸差错上，可以说千方百计，不遗余力。观其结果，尽管差错没有完全杜绝，但比以前是大大减少了。特别重要的是，经过这段消灭报纸差错的学习和实践，党报的严肃、认真和对群众负责的优良传统，深深印在每个编采人员的心中。

五

密切联系群众的作风

如何贯彻全党办报，开展通讯工作，已有专题讲述。东北日报社在培养编采人员上，一直把全党办报和开展通讯工作作为一门基础课。要求每个编辑、记者要联系一定数量的通讯员，交若干朋友，帮助通讯员改稿，而且还规定要认真处理通讯员的稿件。稿件不用的，要写退稿信。有一次总编辑王揖抽查了农村组的退稿信，发现六封信里有两封欠妥，于是令其重写。在年终评奖时，同群众的密切联系也是一项重要的评比条件。许多新同志在开展群众工作、联系通讯员过程中，增强了群众观点，锻炼了从事社会活动的本领。

六

遵纪守法
健全生活制度

遵纪守法，一直是东北日报社教育干部的一项内容。在《东北日报》存在的近9年间，可以毫不夸张地说，没有发现任何机关、团体向报社反映过，哪位编辑、记者在外边有以权谋私的行为，而来自群众的表扬记者、编辑的声音倒时有所闻。有下乡同群众打成一片，群众挽留不让走的；有表扬某些报道推动了工作的；还有送来锦旗，以感谢报社同志为读者排难解忧的。当时在物质条件极端困难的情形下，人们在个人生活要求上，都有较强的自我控制和自我约束力，一般都是以俭为荣，俭以养廉；以奢为耻，不慕虚荣。在群众中采访时，也都能保持谦虚谨慎、遵守法纪的作风。

东北日报社的党团生活制度比较健全，开展批评和自我批评做得较好。说它好，一是坚持经常做，贯穿到整个工作和生活中，并且上下一致，一视同仁；二是批评强调实事求是，对事不对人，没有无限上纲和“帽子”满天飞的情况；三是批评多是在团结的气氛中进行，出错的同志，经过检查和批评，都感到吃一堑长一智，失中有得，心情舒畅。

读书是学习，工作和实践也是学习，而且是更重要的学习。东北日报社的经验证明，在大学生少、新闻专业出身者少的情况下，报社选择一些初中或高中文化程度的学生，在边学习边实践中进行教育锻炼，是当时培养新闻工作者的唯一途径。东北日报社正是用这种办法，培养出一大批新闻人才，其中不少人成了中央级和一些省级新闻单位的业务骨干力量。

第八章

团结战斗的作风

一

“拼命三郎”比比是 艰难苦累若等闲

《东北日报》在哈尔滨时期，还处于创业阶段，工作和生活条件都比较艰苦，但同志们没有叫苦的，夺取东北、解放全中国的崇高理想，鼓舞同志们整日埋头在紧张的工作之中，不计个人得失。有的军事记者，从远地刚来报社报到，没有休息，立即奔赴前线，投入紧张的采访。许多军事记者在战火纷飞的前线，同部队一起行进，一起转移。在我军“三下江南”的战斗中，他们随军大踏步向前，大踏步后退，一走就是几十里、上百里。不管头上敌机盘旋扫射，不计敌我力量悬殊，他们跟战士同呼吸，共命运。到了宿营地，部队官兵休息了，记者却忙碌起来。不只是采访，还要抓紧写稿。有些新闻报道，就是在行军途中，把马鞍当桌子写出来的。记者随军行进，白天问题不大，困难的是夜间。疲劳和寒冷交织在一起，需要很大的毅力才能坚持住。军事记者们都自诩走路可以睡觉。其实，哪里是真睡，无非是走路累得迷糊了，突然惊醒时，仿佛觉得睡了一觉。

那时是记者采访十分活跃的时代，但交通条件极差。下乡采访，夏天碰巧赶上大车或以马代步，冬天能够坐上爬犁，算是幸运的了。不少时候，要背着行李，安步当车，一天走几十里路，是家常便饭。记者到了区、乡、村，哪一级也没有“招待所”，他们多是住在贫雇农家的炕头上，挨户吃派饭。白天采访一天，连夜要把稿“突击”出来。因为兴许第二天报社就来人取稿。当时交通不便，乡下通邮困难，为此报社派了两名同志，专门到各地农村去取记者的稿件。

由于办公用品短缺，较长时间，没有几个人有钢笔，多数记者都用铅笔写稿。在哈尔滨的后期，才为部分同志发了钢笔。那时记者的任务很重，每月每人要采写和组织 20 篇稿件。负责在哈尔滨采访的记者，每天必须交稿子，有时一天要采写或组织两三篇消息。如果有哪位记者，两三天没有交稿，不用别人说，自己就于心不安。编辑的任务也很重，他们在工作量和时间量上，又往往超过记者。可以说《东北日报》编辑部绝大多数同志，个个都是“拼命三郎”，个个艰苦奋斗争取把本职工作做好。记者有记者的甘苦，编辑有编辑的甘苦。这种优良作风，一直延续不断。东北解放战争胜利，报社迁回沈阳，东北进入了经济恢复和建设时期，物质生活条件逐步得到改善，即便如此，报社同志们的艰苦奋斗作风，依然不减当年。同志们的座右铭是：一个党报的编辑、记者，首先是一个能与人民同甘共苦的共产党员。

二

如切如磋
勇于探索

报社物质条件虽然相当艰苦，精神生活却算得丰富。许多同志如饥似渴地学习理论，学习业务，讨论国内外形势，切磋采访写作技巧，编辑部充满了生气勃勃的景象。

当时编辑、记者之间，经常互谈采访感受，交流工作意见，彼此之间亲密团结，采访线索并不保密。一个问题如何报道，一篇稿件怎么写，什么地方该注意，都磋商琢磨，相互探讨。例如，被我们部队解放过来的国民党兵，当时称作“解放战士”。对“解放战士”的报道，大家开始不太明确。经过编辑、记者一起议论，便柳暗变花明了。觉得“解放战士”绝大多数是劳动人民，本质是好的。“解放战士”是我们的一项兵源，何况他们中有不少是技术兵，如炮兵、坦克兵等。这些人才很缺，我们解放过来就能用。经过讨论研究，在一些编辑、记者建议下，一个不定期的《解放军人》专页在四版上诞生了，共出了 12 期。这个专页专门让“解放战士”执笔为文，现身说法，有力地揭露了国民党军队的黑暗腐败，不仅是“解放战士”自我教育的好教材，对解放区人民也起了较好的宣传效果。

据一些老编辑、记者回忆，那时同志们经常注意研究探索的，主要有下面一些课题：坚持新闻报道的真实性，提高报道的思想性，宣传革命英雄主义和人民战争思想，报道党的政策在群众中具体化的过程，深入采访等。虽然这些讨论没有一一加以总结，但人们对过去议论过的见解，今天回忆起来仍使人有亲切感。比如，大家在 1947 年就认为，在新闻中写战士的革命英雄主义时，凡是涉及人物思想、故事情节的，一点也不能虚构，否则会失信于读者。一个战士不是在冲锋时，才想到毛主席，他从报名参军那一天，就把生命交给了组织，早就做好了牺牲的准备。他冲锋时不能想得太多，思想一溜号，极容易出危险，兴许被敌人打中。写人物如果热衷于合理想象，必然会放松认真的采访和深入挖掘材料。这是一种真知灼见，唯有较长时间深入部队，熟悉战士生活的记者，才能有如此深刻的感受。

关于深入采访的问题，也是经常议论的中心之一。不论在战争年代还是进入经济恢复和建设时期，大家都把调查研究当作记者的一项基本功。一些老记者似乎都有这样的体会：采访一个先进人物，很少有毕其功于一役的，而是要经过多次调查采访，才敢落笔。即便在战争环境下，去连队采访也是如此。因为，一是许多英雄人物，常常不愿炫耀自己，不愿意细谈。二是为了全面了解事实，防止片面性，所以采访一个英雄人物，除了要同本人谈，还要从他的周围人去了解，从几个侧面去观察。这样采写的稿件，在事实上不会有出入，并且在材料选择上，也可以运用自如。做工业、农村记者的，应当在基层有常来常往的“点”，平时就要了解工农，熟悉工农，要同他们交朋友。这样，在采访时，就会同他们的脉搏一起跳动，谈起来就比较无话不说。

当然，在采编业务上，有时也会发生意见分歧甚至争论，但大家都是畅所欲言，没有隔阂。只在认识上一较短长，而无人事上的纠纷。有的通过讨论解决了疑惑，有的也可保留自己看法，业务思想十分活跃。

三

凝结集体智慧
发扬互助协作

在编采活动上，从上到下的互助合作，是东北日报社工作作风的一大特点。在哈尔滨时期，记者每次回来，多数情况下，社长、总编辑就找来谈心，让记者谈体会，谈感受。记者去农村、前线几周或几个月，有不少切身感受，有时自己也说不清，印象深的东西，吹一吹，扯一扯，在领导的帮助下，主题思想提炼出来了，报道面扩大了，下一步的报道重点也明确了。当时记者给报纸写东西，不管发表与否，记者都感到舒畅。

报社迁回沈阳后，由于记者增多，做法稍有改变。但记者下厂下乡回来，向领导汇报采访心得的做法，始终未变，所不同的是，多是向分管各部的编委或组长汇报，研究写作问题。1949 年以后，庆祝节日和政治运动多了，经济恢复和建设的报道也突出了，在这种情况下，报社一般对重要采访或一个“战役”报道，都要组织编辑、记者事前集中进行学习、讨论，以加深对政策的理解，明确报道思想。“战役”报道结束，集体总结经验教训。经过互助互评，编辑、记者增长了业务能力，稿件质量提高很快。可以说，见报的不少好稿件，都凝结着集体的智慧，浸透着互助协作的精神。

当然，《东北日报》也仍有一些虽然经过讨论探索而始终未有解决的问题。如会议消息过多，活泼多样化不够，时效性差，以及存在老一套的报道方法等。

四

革命的团结友爱精神

在工作和生活上，东北日报社的同志们，是互相信任、亲密无间、发扬革命友爱的。

当时同志间的业务竞赛搞得很热烈，取长补短，彼此借鉴。谁写出来好稿子，大家都为之高兴，谁写不出来稿子，大家就帮。报社迁回沈阳后，新同志增多，便采取了以老带新的办法，帮助一些新来的同志。那时候，编发稿件的、组版的和拣、排、校、印各部门，工作起来，就像一个优秀的球队一样，团结协作，配合默契。快上版的稿件，缺少言论，组版的同志就主动配写。组版的临时要求某类消息，各部同志一得到通知，就半夜起来，选稿编发，无丝毫不愿意的情绪。

东北日报社在较长时间里，大多数同志是供给制待遇，生活一般比较清苦。在伙食上虽有小、中、大灶之分，差别并不大。那时生病的同志较多，编辑部里不少人得过肺病、肠胃病和肝病。由于医药匮乏，加上工作繁重，不少人的急性病转成了慢性病，有的接近危险期，报社在生活上就给予特殊照顾。1949 年就有李树法、刘仲平两位同志患了较重的肺病，虽然不够级别，领导都让他们去吃中灶。到 1950 年，沈阳有了结核病疗养院，报社分批送了十数人去那里疗养。

那时，下乡采访的同志，没有不沾上一身虱子的，尤其是女记者，下乡归来满头虱子。这时，女同志之间便互相帮助洗衣服、洗头、刮虱子。至于个人生活用品，本来都不多，但使用起来，都不分彼此，有时甚至不必征求本人意见，就可代为处理生活上的事情。报社的文体活动，也很活跃，上班紧张工作，下班后社长、总编辑、编委同一般编采人员和工人一起打球、下棋、玩扑克，热闹非凡。

《东北日报》已在1954年8月底终刊，从创刊至今，算来已有70多年了，原来在报社的一些老同志，多数已故去，健在的同志，都分散到天南海北。他们对《东北日报》的一些新闻报道，多已淡忘，但党报优良传统在《东北日报》的体现，东北日报社严肃认真团结战斗的作风，人们每每谈起，很多人都感到印象深刻，记忆犹新。

东北日报

附录

1

东北日报社人员名录

东北日报社历任领导

第一任（1945年11月）

社长：李常青　副社长：廖井丹　总编辑：李　荒

第二任（1947年4月）

社长：廖井丹　总编辑：李　荒

副总编辑：王　揖　严文井　张　沛（以上三位1948年5月任命）

第三任（1949年1月）

社长：廖井丹　副社长兼总编辑：李　荒　副社长：陈　楚

副总编辑：王　揖　严文井　白汝瑗　张　沛

第四任（1949年4月）

社长兼总编辑：李　荒　副总编辑：王　揖　严文井　张　沛

第五任（1951年10月）

社长：李　荒　总编辑：张　沛　副总编辑：林聿时　邹晓青

第六任（1952年6月）

社长：李　荒　第一总编辑：张　沛

第二总编辑：殷　参　副总编辑：林聿时

第七任（1953年3月）

社长：张　沛　副社长兼总编辑：殷　参　副总编辑：潘　非

编辑部和行政单位人员名录

（以下人员按姓名拼音字母顺序排列）

艾　虔　爱　群　白　朗　白　浪　白天明　白秀贞

白　焰　包湘君　毕　群　卞亚萍　常　工　曹文秀

陈勃伟　陈大民　陈　岱　陈丽生　陈贵萱　陈迺谦

陈新民　陈学昭　陈振翟　程维君　程　颖　程海洲

崔诚五　崔　奇　戴　敏　戴同霖　戴宇平　邓逸民

丁健生	杜坤业	杜　英	董　晨	董　真	鄂奎斌
范敬宜	范自修	方鹤春	方介虹	方　艾	方　青
傅守凡	傅俊心	冯尧生	刚　毅	高　地	高　铁
高　杰	甘　正	戈　更	耿兆贵	公锦禄	宫敏章
顾　雷	顾秀林	郭　杰	郭　韬	郭宛平	郭　茜
韩冰野	韩永泰	郝　洁	郝敬超	贺　安	赫荣剑
何桂藉	洪宝双	洪　兰	胡枚正	胡佩兰	胡永本
华君武	华　山	黄炳辉	黄金声	黄利民	黄　仁
煌　颖	黄铸夫	黄祖训	霍庆双	康英奎	康　英
亢润岐	孔　炜	孔庆举	姜博夫	姜　礼	姜　伟
姜性善	吉伟青	纪云龙	姜丕之	焦殿珍	矫学伦
靳端平	金丽华	金　中	李爱玲	李则蓝	李超仁
李春生	李冬柏	李德义	李德绰	李　枫	李干法
李广德	李和明	李洪彬	李宏仁	李厚泽	李嘉熙
李　坤	李明乾	李　纳	李　平	李　奇	李永发
李绍超	李世文	李树法	李树人	李淑华	李松亭
李天经	李　彦	李延禄	栗　野	李　英	李　颖
李玉兰	李玉民	李　志	李　俊	李俊岐	李忠信
栾久生	梁达曜	梁　枫	凌　焕	林　超	林德光
林　蓝	林树东	雷英伟	刘起阳	刘爱芝	刘登奎
刘白羽	刘宝成	刘福海	刘和民	刘　杰	刘景昆
刘巨新	刘　柯	刘　克	刘力子	刘　明	刘茂琛
刘胜克	刘文英	刘西庚	刘晓光	刘　宣	刘毅生
刘英杰	刘有田	刘哲生	刘志固	刘仲平	陆　地
陆　灏	路　明	卢鸣谷	吕西良	罗立韵	马成群
马德芬	马　介	马明华	马明远	马　勤	马　拓
米　庚	穆　青	南　英	聂眉初	潘宗信	裴　杰
彭定安	朴世灿	蒲国华	覃　珍	任福增	任旺清

邵　宇	沈　纯	沈乃新	沈裕民	石永伟	石　果
石　夫	石殿忠	石　磊	石　铭	史　勘	史　宁
史　平	沙　英	商　周	沈　尹	沈　力	苏　兰
苏　明	苏淑俊	宋　琦	宋士达	宋善聚	宋协基
宋祖荣	隋凤玲	孙呈仁	孙　铎	孙凤云	孙　觉
孙庆祥	孙　萌	孙永芳	孙盛堂	孙同和	孙蔚祥
汤沉缄	田　富	田阜盛	田　禾	田　青	田大钧
田之群	陶乃夫	屠承崧	万　峰	汪精志	汪　琦
汪　溪	王秉忠	王成奇	王大任	王德馨	王晓梦
王殿学	王　泽	王　方	王　刚	王　光	王国荣
王惠平	王红玉	王嘉馨	王　璟	王　琦	王　敏
王　平	王　坪	王　普	王其先	王永熙	王书林
王书枫	王雯然	王文山	王遵佗	王秀杰	王新宇
王延桐	王玉桂	王泽兴	王志勇	魏　强	文　戎
韦　韬	温淑君	吴从非	吴　非	吴景采	吴光田
吴少琦	吴秀琴	吴于冰	吴俊丽	武通甫	岩　碣
严　蒙	杨　潮	杨德华	杨海亮	杨会义	杨　赓
杨魁芳	杨立川	杨　林	杨永平	杨淑珍	姚继彬
姚少诗	姚　文	叶兆麒	叶知秋	郗颖达	夏静山
夏　炎	夏治安	向叔宝	肖新凯	肖　彦	解克文
谢杰夫	谢　明	谢桂英	谢　祥	邢树安	修　英
徐德荣	徐　君	徐宝林	徐　敏	徐美成	徐佩琴
许春义	续　磊	雪　洁	薛文科	尹大绶	游科元
于长江	余崇文	喻殿芬	于　飞	于海章	于　敏
于　靖	于民一	于　奇	于永凯	喻渊平	于忠新
原书本	曾景云	曾正慧	张爱群	张殿英	张发林
张　帆	张富昌	张国栋	张健虹	张　柯	张桂莲
张宗奇	张　烈	张　凛	张林敏	张　靖	张其文

张　权	张世英	张淑芳	张淑桂	张淑菊	张淑蓉
张　松	张　伟	张未然	张奚渊	张效英	张训义
张友琪	张玉清	张玉贤	张　润	张振华	张振霖
张濯新	赵春仁	赵含坤	赵景琪	赵光炎	赵成栋
赵味一	赵希圣	赵煦天	邓淑蕙	郑　直	钟　林
周长治	周福林	周　立	周叔康	周廷安	周作新
	朱　丹	朱　明	朱文超	左毓芳	

注：因为东北日报社有关人事档案不甚完整，难免有些同志的名字被遗漏，尚请谅解！

2

东北日报社大事记

1945年

8月　　苏联对日宣战，苏军进入东北以后，8月底到11月，中共中央和八路军陆续派大批干部和部队进入东北，领导人民消灭日寇和伪满残余，肃清汉奸，剿除土匪，建立民主政权。

9月　　中共中央东北局决定在沈阳办《东北日报》，并任命李常青同志为报社社长，廖井丹同志为副社长，李荒同志为总编辑，共同筹划报社成立事宜。

11月1日　　《东北日报》在沈阳创刊，报纸是四开两个版。报头是吕正操将军写的。创刊号的《发刊辞》中说："本报是东北人民的喉舌，它以东北人民的利益为利益，以东北人民的意志为意志，反映人民的要求，表达人民的呼声，为巩固中苏友好团结以保障远东和平，为东北人民自己作主的民主自由繁荣的新东北而奋斗。一切都为东北人民而服务，这就是我们的宗旨，我们的天职。"并郑重声明："最近中国共产党中央委员会所提出的和平民主团结的建国方针，也就是本报今后努力的方向。"为了报纸的安全出版，印在刊头上的社址，假称在"山海关"。

11月2日　　编辑部人员初步安排一些，主要编辑是：叶兆麒、宋士达（振庭）、杨永平、刘柯、陆地等同志。后勤负责人主要有：董晨、王大任、史宁等同志。

11月1—5日　　报纸头5期，全部刊登新华社电稿，这些电稿大部分剪自关里各解放区的报纸，电头多是10天以前的。

11月6日　　第6期开始报道东北当地消息。第一条地方新闻是：《辽宁省政府成立后　各地人民一致拥护》。

11月7日　　报纸开始改为四开4个版，每版仍分11栏，立题、立文、小五号字。报道消息《辽西各县先后召开代表大会　一致选举张学思为省主席、朱其文为副主席》。

11月9日　　报社的电台全部安装好，并收录新华社电稿，电台负责人为周叔康同志。

11月10日　从这一期起，开始登广告。

11月11日　报头上“社址：山海关”的字样消失了。报纸第一次发表社论。这一期刊登的社论是《两个划时期的会议》，论述辽宁省和沈阳市的各界人民代表会议的重要意义。

11月12日　报头刊出“延安语言广播”和“张家口新华社广播时间与节目”。第一版发表《实行民主自治　大连市政府成立》消息。

11月14日　第四版刊登第一篇文艺评论《新鲜、活泼、真实、生动——关于〈把眼光放远一点〉和〈东北人民大翻身〉的演出》。

11月15日　报纸刊头下边开始出现“社址：沈阳市”的字样。

11月16日　报道消息《解决市民急需　沈阳市府拨发煤粮救济和贱价分给贫苦市民》。第四版开始登些短小的文艺作品和通讯。

11月18日　“社址：沈阳市”的字样消失。发表消息《本市北市区群众大会控诉特务汉奸罪行》以及《本报最近采访要项》。

11月19日　发表消息《国民党军队在美机掩护下　结合伪军全面猛攻山海关　我军忍痛转移新阵地》。

11月20日　刊登《辽宁省政府体恤民艰废除苛杂重整税制》消息。报道《沈阳文艺工作者举行茶会联欢》，由辽宁省文艺工作团华君武同志做司仪。

11月22日　突然接到东北局通知，要求报社立即向本溪转移。

11月23日　报纸在沈阳出了最后一期——第21期，全社人员携带机器、纸张，分两路向本溪转移。

12月5日　《东北日报》在本溪复刊，因印刷条件限制，暂时只出四开两版。报社设在本溪市宫原地方，有一部分同志随同东北局赴抚顺。严文井、华君武同志夫妇和邵宇同志夫妇到东北日报社。

12月10日　报道东北银行在本溪成立辽宁分行消息。

12月14日　发表《本报最近采访纲要》，提出这一时期的报道要点为：接收管理敌伪工厂以后公私工厂复工情形，关于工农群众中反汉奸压迫专制情形，关于反对增租增息、实行减租减息，关于组织农村生产提高人民生活，等等。

12 月 23 日　发表邵宇写的文章《本溪工人的过去与现在》。

12 月 31 日　发社论《组织起来、团结起来》。社论提出：“不少地区开始建立了民主政府，我们有了民主的权利，就应该充分发挥它的作用，首先我们东北人民应该团结组织起来，工人组织工会，农民组织农会，商人组织商会，学生组织学生会……有了组织就可以打倒汉奸特务……申冤复仇和保护自己的生命财产，可以改变自己处境，才能保卫现在得到的和平生活和民主自由。”

1946 年

1 月 1 日　发表到本溪后的第二篇社论《我们要和平民主》。

1 月 2—8 日　因新年放假及修理印刷机器，无报。

1 月 9 日　发社论《为避免作第二次奴隶　东北人民实行地方自治》，发消息《人民翻身讨还血债　本溪市公审战犯汉奸》。

1 月 13—19 日　出号外，报道在重庆召开的政治协商会议。

1 月 15 日　发消息《在反汉奸特务斗争中　抚顺工人组织起来》。

1 月 18 日　报道《安东省各县农村清算斗争蓬勃开展》。

1 月 21 日　发表华君武等人写的通讯《十四年来本溪煤矿工人的人间地狱生活》。

1 月 24 日　发表消息《民主建设新阶段　本溪市成立临参会》。

2 月 1 日　报道《清原县新民屯群众开展反恶霸斗争》。

2 月 2 日　由于国民党军队迫近本溪，报纸在本溪出刊最后一期（第 64 期），报社开始向海龙搬迁。

2 月 7 日　报纸在海龙复刊，报上登出启事：“因纸张印刷条件困难，暂定间日出版一张，印数也有限制……如各方愿以大批或小批白报纸，或油光纸交换，甚为欢迎。”

2月13日　报道《林枫同志发表谈话　阐明共产党对于东北时局的具体主张》。

2月20日　发表《中共中央发言人向新华社记者发表谈话　东北现势与中共对东北问题的主张》，指出："中共对东北的主张与对于全中国的主张一样，可以用和平民主团结建设八个字来概括。"坚决反对国民党实行武力解决东北的方针。

2月22日　发表《阐述抗日联军斗争简史及对东北建设意见——周保中将军答本报记者问》，文中回答了14年来中共如何领导及坚持东北抗日游击运动、东北抗日联军对解放东北及祖国抗战的贡献如何、东北抗日联军对目前建设东北的意见如何、东北人民自卫军目前的任务是什么等问题。指出："如果国民党企图以各种方法，以一党一派独占东北或攫取优势，而不给人民以自治权，新东北的建设是不可能的。"对国民党"派遣总督府似的东北行营，划分九省，委派省长"，认为是完全漠视东北人民斗争的力量和地位，表示坚决反对。

2月26日　发表魏东明写的连载通讯"东北抗日联军斗争史实"之一——《受降》。

2月28日　发消息《解放后第一个元宵节　海龙街头盛况空前》。连载通讯"东北抗日联军史实"之二——《杨靖宇和他的队伍》。

2月　王揖、穆青、杨赓等同志从延安先后来到东北日报社。

3月1日　报纸自即日起恢复每日出版一张。

3月4日　报道《东丰人民伸冤报仇　公审附敌叛国大汉奸》。《杨靖宇和他的队伍》一文连载完。

3月5日　开始连载反映伪满时期"出荷""劳工""配给"的调查《东北人民的枷锁》。

3月11日　《东北人民的枷锁》经过六天连载，今天续完。

3月12日　发表《前东北抗日联军将领张翰卿、王子震发表谈话　要求国民党停止进攻　东北实行民主改革》。

3月13日　报道消息《企图建立中日联合的法西斯统治　国民党反动派在通化大暴动　人民武装迅速出动　叛乱分子全部就擒》。

3月17日　发表关寄晨（穆青）写的长文《中国共产党与东北抗日联军十四年

斗争史略》。文章以三个版的篇幅，系统介绍：一、抗日救国运动的萌芽与旧抗日军的瓦解；二、中共统战政策的贯彻，人民抗日力量的发展；三、东北抗日联军的组成，人民抗日力量的统一与巩固；四、东北抗日运动的高潮，抗日联军的辉煌战绩。文章用事实说明：在中国共产党领导之下，东北人民始终没有放弃过武装反对日本侵略者的斗争。

3月18日　发表社论《中国共产党与东北人民的血肉关系》，用东北抗联在东北坚持14年抗日战争的事实，驳斥了国民党反动派宣传的“日本投降前东北没有共产党军队”“绝不能在政治解决与军事调处之内”的谰言，揭露国民党不愿意东北问题和平解决，而想继续在东北进行内战的阴谋。

3月19日　报道《前抗日联军三路总指挥李兆麟被国民党特务暗杀》。

3月21日　发表社论《悼李兆麟（张寿篯）同志》、消息《为李兆麟同志被害事件原抗日联军将领通电全国　要求国民政府缉惩凶犯追究主谋者》。

3月22日　发表《李兆麟（张寿篯）同志传略》。

3月24日　开始在第四版出副刊，发表公木的诗《忘掉它，这屈辱的形象》。

3月31日　报纸出刊100期，自即日起，改出对开两大版。

3月　报社招收了一些青年校对和行政人员，共10多人。

4月6日　发表冯仲云写的《抗日联军英雄于天放》。

4月7日　报道《民主联军纪念东北抗战先烈杨靖宇、李红光　支队举行成立典礼》《哈市各界人民隆重举行李兆麟同志安葬典礼　抗议国特恐怖罪行　要求严惩凶犯》。

4月8日　发表消息《东北党政军民各界万余人　举行李兆麟将军追悼大会》。

4月12日　发表萩沅写的《老杨——人民口中的杨靖宇将军》。

4月13日　发表冯仲云写的抗联老交通员《老李头》。

4月14日　发表米庚写的《活在人民心头的杨靖宇》。

4月17日　发表《从日“满”特务机关的机密文件中看到的中国共产党与东北抗日联军》一文。

4月21日　发消息《应八十万人民请求　民主联军接管长春》。

4月22日　报社在海龙印完第122期报纸后，开始向长春转移。

4月25日　东北日报社人员，随东北局于本日迁入长春。这是报社自创刊以来第三次转移。

4月28日　《东北日报》在长春复刊，发表社论《为建设和平民主的新长春而奋斗》。

5月3日　民主联军进驻哈尔滨市。

5月6日　发表王揖写的专论《国民党的危机》，指出："国民党内反动派若继续坚持独裁与内战方针，不仅将使它本身遭到崩溃的命运，而且也将使全国和平局面遭到严重的破坏，从而引起全国政治经济可怕的糜烂。要制止这一个空前严重的危机，端赖全国人民向国民党内反动派的严重斗争。"

5月19日　改出对开四大版，副刊在第四版上。

5月23日　改对开两大版，报道《重创顽军完成光荣任务　我军自动撤出四平》。今日报社向哈尔滨转移。

5月24日　报社自5月23日从长春撤离后，本日抵哈尔滨。

5月28日　《东北日报》在哈尔滨正式复刊。报纸在公开启事里说："本报于本日起与哈尔滨日报、北光日报在哈联合出刊对开四大版。"

5月30日　刊登华君武同志到哈尔滨后的第一幅漫画《军民团结起来消灭掠夺人民的强盗》。到6月30日，一个月中，他共发表漫画19幅，其中从第10幅（《漂亮的借口和恶毒的阴谋》）起，开始出现了蒋介石的漫画形象。

5月底　报社有一部分同志，由社长李常青、秘书长叶兆麒率领，去佳木斯建设二线基地，成立了印刷厂，并挂出东北日报社的牌子。该处报社分行政处、资料组、校对科和印刷厂几部分。行政处处长是史宁，资料组先后由张权、马勤负责，印刷厂由王大任、林德光任正、副厂长，校对科长由钟林担任。这里除了承印各种书籍外，也出《东北日报》，版型由哈尔滨运来。

在哈尔滨的东北日报社，由副社长廖井丹、总编辑李荒同志负责，主要任务是办报。编辑部设立了新闻、通采、副刊三个部。新闻部由王揖同志负责，通采部先后由邵宇、杨赓、穆青等同志负责，副刊部先后有白朗、高铁、严文井等同志当主任（后又设城市工人部和评论部，分别由张沛、姜丕之同志负责。另外，编辑部里曾一度成立要闻、国际、地方新闻、副刊几个组，分别由煌颖、邹晓青、钟林、陆地等同志任组长，林聿时、刘毅生等同志为副组长）。

根据当时战争的特殊环境，中共中央东北局将东北新华总分社、东北广播电台、东北画报社、东北书店和石岘造纸厂等单位，委托东北日报社管理。这些单位的党员同报社的党员是一个党总支。总支书记由报社秘书长叶兆麒同志担任。

6月　报社在东安（密山）建立三线基地，并着手兴建印刷厂房，由傅守凡同志负责。

由刘力子、董晨、张淑桂等人，到图们恢复和建设石岘造纸厂，下半年即生产出新闻纸。

7月3日　发表社论《发扬马斌式的群众工作》，较系统地介绍了马斌同志在土改工作中的特点和经验。

7月7日　中共中央东北局发布实行土地改革的决定，动员12000名干部下乡，发动群众搞土改。报社也派出一部分人，参加下乡工作队，并确定今后报纸中心工作，放在报道战争与土地改革两大任务上。

7月8日　发表《八年抗战中的八路军与新四军》。

7月11日　发表社论《到农村中去　到群众中去》，宣传东北局的七七决议。

7月　通采部派方青、刘哲生、石铭、张健虹、续磊、张凛、罗立韵等同志，参加土地改革报道。

8月15日　发表《抗日战争胜利一年来　蒋介石卖国内战独裁纪实》。

9月1日　发表社论《认真建设报纸通讯网》。

9月10日　报道了罪大恶极的汉奸、胡匪头目姜鹏飞、李明信被我捕获。

10月6日　美国名记者斯特朗来哈，访问哈市部分敌产房屋之贫民及老巴夺烟草公司的工人。报社派记者陪同。张沛同志10月初到报社。

11月12日　发表社论《本报三百期周年纪念》，指出：报社成立一周年，期间报道人民斗争生活，较有系统，与实际生活开始结合，报道范围与深度，也有一些进步。但是目前，仍远落后于实际需要，要积极努力。

11月25日　报道民族叛徒、中央胡匪另一头目谢文东就擒。

11月　刘白羽、华山二同志到报社。报社先后派刘白羽、华山、常工三同志，分别到东北民主联军第一纵队、第六纵队和第二纵队随军采访。

12月4日　在第二版开始设立《本市行情》栏目，刊出哈尔滨粮、豆、米、布、油、煤、肉、菜、盐等物价的变动。后改为《周末行情》专栏，公布主要城市一周物价情况。

12月6日　开始在第三版设立《社会服务》栏目，解答读者提出的有关政策等问题。

12月18日　报纸更换报头。新报头是毛主席在延安亲笔写的，由军调部执行小组的我方代表带到哈尔滨。

12月24日　发表刘白羽同志第一篇军事通讯《人民与战争》。

12月　在第四版设立《新闻通讯》专刊。

1947年

1月15日　在《新闻通讯》第二期里，公布报社上月来稿为380篇，其中采用了130篇。现有通讯员102人。同时，明确规定：发展通讯员是记者本身业务之一。

1月　我东北民主联军“三下江南，四保临江”的战役开始，报纸以较大的篇幅、显著的位置进行报道。

2月9日　报道《东北解放区军民合力追剿　半年消灭胡匪万余　合江、松江匪患即将全部肃清　蒋介石积极扶植西满边缘胡匪》。

2月13日　发表华山同志的战地通讯《其塔木战斗的英雄们》。

2月19日　发表消息《以少胜多创造范例　战斗模范杨子荣等活捉匪首坐山雕

摧毁匪窠　贼匪全部落网》。

3月1日　刊载《东北行政委员会关于开展农村生产运动的指示》，配发社论《开展农村生产运动》。

3月　我东北民主联军“三下江南，四保临江”取得辉煌胜利，报纸在两个月内，共发了110多篇消息、22篇通讯、4篇言论，把这段人民战争的雄伟场面较好地反映出来。

春　社长李常青离开报社，调任中共合江省委常委、宣传部部长兼城工部部长。不久，由廖井丹接任社长。在这一年，佳木斯《东北日报》印刷厂改为东北书店印刷厂。

4月2日　转载《自卫报》社论《东北战局在变动中》，说明1947年1月以来，东北战局朝着有利于我方变化，我军已开始转入主动，敌军则正走向被动。

4月7日到月底　刊登各地备耕、种麦和种大田活动的消息。

5月9日　报道内蒙古自治政府成立，云泽、哈丰阿被选为正、副主席。

5月23日　发表社论《论东北战局》，指出：夏季作战不过10天，东北前线各个战场上捷报频传。这一胜利标志着东北战局发生了巨大变化，进入了一个新阶段。即由拉锯战的形势，走向全面反攻的过渡阶段。

5月25日　发表社论《全力支援前线　一切为着前线胜利》。

5月　从5月下半月开始，到6月3日，报纸几乎天天以头题地位，刊登夏季攻势的捷报。我东北民主联军在此期间共攻克和收复怀德、双山、围场、公主岭、康平、老爷岭、长春机场、通化、梨树、双阳、辽源、通辽、东丰、八面城、老四平、桦甸、法库、梅河口、磐石、海龙、朝阳、昌图、西丰等地。

6月1日　发表本报第一批受奖的积极通讯员名单。

6月7日　报道《民主联军一年来歼蒋正规军22个师　蒋杜兵员不足　士气低落　战斗力急骤下降》。

6月25日　报道《民主联军发言人指出东北战局根本变化　蒋杜军兵折将损败局已定》。

7月2日　在《松江省县书联席会议总结半年群运工作》消息中，首先出现“左”口号——“大胆放手就是政策”的插题，自此报道土改中开始出现“左”的倾向。

7月11日　报社自富锦联中招收一批学生，分配到编辑部。

7月19日　发表东北局宣传部关于奖励《反“翻把”斗争》剧本的通知。通知中指出：“它捉住了东北当前的主要现实——土地改革运动；捉住了其中的主要内容——农民和地主恶霸的斗争；捉住了其中的主要问题——夹生饭问题。”“这一剧本对东北农民群众和新的干部积极分子有深刻的教育意义。”

7月20日　副刊开始连载李之华著的独幕剧《反“翻把”斗争》，到23日登完。

8月15日　发表社论《一切为了前线的胜利》、文章《一年来东北土地改革略述》。

8月27日　发表《林枫在东北行政会议上　关于东北解放区民主政权建设总结》。

8月31日　发新华社社论《学习晋绥日报的自我批评》。

8月底　自佳木斯联中招收一批学生充实报社校对工作。

9月1日　东北局给报社来信指示改进报纸。信中说：“一年来《东北日报》为土地改革及自卫战争服务，获有显著成绩……当此‘九一’记者节时，党的新闻工作者，应检讨工作，改进报纸，提高质量，发挥报纸的作用。”

发表社论《办好报纸的关键》，提出“报纸为人民服务的具体内容，就是为土地改革服务、为农民服务”“坚持以土地改革和自卫战争为报纸的中心作用”。

9月4日　报社领导动员编辑部同志检查和揭发《东北日报》有关报道失实问题。

9月中下旬　连续突出揭露恶霸地主罪行，以加强彻底消灭地主阶级和实行土地改革的观念。9月22日发表社论《认识地主阶级》。

9月29日　发表《东北行政委员会决定动员全力严防鼠疫》，决定中要求各省、市、县普遍成立防疫委员会。

10月13日　刊登本报启事：“凡所见不真实以及丧失立场的新闻，均希望予以彻底揭发，帮助我们检查得以深入全面。此外，对报纸的编辑发行方面，各种缺点和错误，亦希望尽量给以批评。”

10月19日　发表社论《大量歼灭蒋陈匪军》，内称“常败将军陈诚到东北就职不到半月，我军即以辽西大捷展开秋季攻势，给了这个志大才疏的人一个下马威，打得他头破血流”。这次攻势，仅一个月，就歼灭了蒋陈匪军4万余人，收复十城，毙伤蒋匪团长以上军官21名。

10月27日　发表《东北解放区一九四八年经济建设计划大纲》。

12月1日　东北行政委员会决议实行中央10月颁布的《土地法大纲》，报纸全文予以刊登。

12月6日　刊登《中国共产党东北中央局告农民书》，号召农民彻底消灭封建，彻底平分土地。报纸配发社论《消灭封建走向胜利》。

12月8日　发表《辽东日报》社论《张三不领导　李四必当权》。对此稿有不同看法，有人认为这篇言论有排斥中农之嫌。

12月　随着形势的好转，报社在东安三线和佳木斯二线部分工作人员，在下半年，开始回到哈尔滨东北日报社。东安三线人员合并到佳木斯东北日报社里。

1948年

1月1日　刊登《民主联军总部发言人谈　一九四七年扭转战局经过》。

1月4日　在报道《呼兰长岭区深入斗争经验介绍》中，错误地把“扫堂子”作为经验加以宣传。

1月　报纸不适当地反映了某些地区刮起的“扫堂子”风，报道了一些打破村屯界限分浮财、反复“扫荡”、“联合扫堂子”等错误做法。

2月15日　发表社论《高潮与领导》，提出加强土改运动的领导，纠正“左”的错误，要正确估计形势，“划清正确领导与包办代替的区别”，要敢于向群众解释党的政策。

2月18日　刊登《辽东掀起参军高潮　一万二千农民入伍》，在此前后，陆续报道了其他一些地方的参军活动。

2月20日　发表华山的战地通讯《踏破辽河千里雪》。

2月28日　发表刘白羽写的短篇小说《无敌三勇士》。

3月10日　发表社论《组织起来——换工插犋　合作互助》。

3月12日　报道《大进攻鼓舞新区人民　海城五万群众参战　收复鞍山之役　四千余担架二千辆大车随军服务前线》。

3月15日　发表《辽东半年土改总结》，总结中肯定成绩，并指出，由于对贫雇农路线缺乏正确和完整的认识而发生“左”的偏差，片面强调向阶级放手、向群众放手，而忽略了党的领导作用。

3月　为适应由农村转到城乡并重的新情况，报纸设立了城市工人通讯部，由张沛同志负责，并着手在工人中组织通讯网，以哈尔滨铁路工厂为中心，很快发展通讯员百名左右。

4月16—21日　发表郑言的短文《请写短点》《再请写短点》《三请写短点》《四请写短点》《五请写短点》等。

5月4日　发表《安东私营企业渐恢复　政府坚决退还被没收错的工商业　银行贷款近三亿元扶助发展营业》。

5月6日　介绍战场的划分：“东北战场，包括东北九省及热河全省，察哈尔北部（平绥路以北），河北省之冀东（北宁铁路塘沽至北平段以北，以及平承路北平至古北口段以东之地），平北（平古段以西，平绥路东北之地）等地。”

5月9日　报道《东北局宣传部召开党的文艺工作会议　检讨两年来文艺作品中的思想问题　大批文艺工作者上前方去参加工作》。

5月12日　发表毛泽东同志《在晋绥干部会议上的讲话》。

5月15日　发表《告困守东北各城市将军官兵书》，说明蒋军败局已定，何去何从，应有抉择。

5月17日　发表《东北局关于平分土地运动的基本总结》，总结里肯定了土改工作的巨大成绩，分析和纠正了在土改后期一些“左”的做法。

5月21日　报道了在民主政府保护下，牡丹江市工商业发展迅速，基本上消灭了失业。

5月24日　马可同志谱曲、填词的歌曲《咱们工人有力量》，在《东北日报》副刊上首次公开发表。

5月29日　报道《正确执行新收复城市政策　阜新煤矿恢复生产……》。

5月31日　发表关于1933年两个文件的决定《怎样分析阶级》《关于土地斗争中一些问题的决定》。

5月　在报社协助下，东北书店出版了《毛泽东选集》，其中收集50篇文章，合5卷为一册，内部发行2万册。

6月1日　发表中共中央《关于一九四八年土地改革工作的整党工作指示》。报纸从6月末起，报道抓春耕、铲趟等生产工作。

6月5日　发表《政委会发布命令　统一颁发土地执照　保护土改后土地所有权不受侵犯》。

6月15日　发表中共中央宣传部写的《重印〈“左派”幼稚病〉第二章前言》，文中提出，根据全国革命形势要求，全党要坚持党的纪律、巩固党与群众的联系，克服无纪律状态、无政府状态、地方主义、经济主义，以实现全党的统一意志，统一行动，统一纪律，以便集中力量进行全国规模的解放战争和着重政治、经济、文化的新建设。同日报纸还刊登了《布尔塞维克成功底基本条件之一》（列宁著《“左派”幼稚病》第三章），报社组织全体人员学习了这两个文件。

6月　报纸对哈市自来水厂、电车厂以及各地煤矿、铁路、纺织等方面，增加了报道篇幅。

东北局成立了党报委员会，由凯丰同志牵头，蒋南翔同志任秘书，党报委员会第一次会议，提出了报纸加强批评与自我批评的问题。

7月2日　把报社聘请的一批特约记者及基干通讯员名单登在报上。

7月22日　刊登战斗英雄董存瑞的模范事迹消息、评论。

7月30日　发表《改进我们的报纸》。这是在总结土改报道工作的基础上写出来的，要求大家接受过“左”宣传的教训，报社工作人员必须对党的政策及本身业务加强学习，改进报纸工作。

7月　发表批评和自我批评稿件50多条。

8月1日　发表社论《集中统一遵守纪律争取全国范围的胜利》。

8月2日　发表社论《庆祝全国第六次劳动大会开幕》。

8月5日　发表《批评与自我批评是共产党员必备的品质》社论。这个月第一版发的批评稿，头题2条；第二版发的头题有14条。

8月13日　发表《东北三年》的文章，指出三年来东北战局变化很快，其总的形势是蒋军从大举进攻变为防御，以致现在的困守少数孤城，并面临着全部被歼的命运；而东北人民解放军则从对敌采取攻势防御，发展到全面进攻。敌我力量对比发生根本变化。

8月14—15日　继续发表《东北三年》，介绍了三年来东北的教育、土地改革和城市工商业的发展。

8月20日　发表《尚志利民纺织厂经理官僚主义影响生产》。作者鞠子荣，自我揭发批评，报纸配发短评《自我批评中一个好例子》。

8月23日　发表《东北青年工作会议揭幕，统一青运领导，筹建东北毛泽东青年团》。

8月　全国在哈市召开第六次劳动大会及城市工作会议，对城市工商业的方针开始明确。对公营企业的经营企业化，对私营企业的公私两利政策，在报纸做了些反映，介绍了一些经验，逐渐克服对工商业报道零碎片段和表面的问题。8月份报纸发表劳动大会稿件56篇。

9月1日　东北局发出“九一”通知，强调各地要重视建立报道通讯网。

介绍模范通讯工作者，奖给每人《毛泽东选集》一部。同时发表《今年通讯工作检讨》，介绍通讯网建立情况。

10月1日　《解放军人》专刊出到第12期结束。

10月5日　报纸突出报道了辽沈战役揭开序幕，北宁线上我军展开攻势，连克绥中、兴城、义县等地，歼敌3万，包围锦州。

10月17日　报道我军解放重镇锦州，守敌10万全部就歼。

10月20日　报道60军长春起义消息。

10月21日　报道郑洞国率部投降，我军胜利收复长春消息。

10月30日　报道辽西围歼战彻底胜利，全歼敌精锐5个军的消息。

10月　通采部主任穆青被派到长春外围，参加军事报道。

11月1日　刊登读者对本报意见，在肯定报纸成绩的同时，指出：土地改革时，报纸在一个时期，助长和影响了许多地区发生“左”的偏差，应当记住这个教训；另外松江省报道得多，其他省登的稿少，应当注意地区平衡。

11月3日　报道我军攻克抚顺、本溪、鞍山、辽阳、海城等城市。

11月4日　报道攻克沈阳全歼守敌，东北全境欢庆解放的消息。

11月15日　报道最后肃清热河及东北残匪，收复承德、锦西（葫芦岛）。在辽西战役中俘敌指挥官廖耀湘。

11月24日　发表刘白羽的通讯《光明照耀着沈阳》。

11月底　《东北日报》发行量已增至近8万份。1948年以前，报纸由自己发行，当时向叔保和史勘等同志负责这项工作，每天组织人把报纸打包，分发到各地去。到1948年，才把报纸交给邮局发行，史勘、刘福海等同志也被调到邮局工作。报社通讯员已达832名，比初到哈尔滨时增加2倍有余。

12月11日　刊登重要启事，内称“本报由明日（12日）起在沈阳出版”。

12月12日　《东北日报》在沈阳继续出刊，为第1051期。当日发表社论《本报移沈出版》。

随东北全境解放，《东北日报》从本日起迁到沈阳出版。在《本报移沈出版》的社论里，向读者说明了报纸今后的任务，提出适应形势变化，在今后新闻报道中，经济建设应成为最主要的中心，报纸将以巨大重要篇幅，反映和宣传经济建设。同时提出：报社内部业务和新闻写作，也需要改进，以便能更好地体现和宣传党的政策与思想。

12月14日　报纸以大量篇幅反映工业生产恢复情况。第二版发消息，报道南满各铁路畅通情况。

12月17日　发《中共中央东北局关于今年农业生产的总结与明年农业生产任务的决议》。报道鞍山钢铁公司工人积极献纳器材，以及鞍山、本溪、抚顺工矿区开办职工训练班情况。

12月18日　在《沈阳工厂纷纷恢复中》的横题下，报道沈阳军需工厂全部开工。

12月20日　发表本报记者汪溪写的通讯《沈阳化学厂第一厂的复工》。

12月22日　发表本报记者肖彦写的通讯《鞍山钢铁厂的汽笛在召唤》，反映工人纷纷返回工厂参加生产的情况。第四版发表本报特派记者华山写的通讯《英雄的十月》。

12月31日　刊登东北行政委员会颁布的东北公营企业战时暂行劳动保险条例，配发社论《东北工人阶级获得的伟大果实》。

1948年内　报社领导人员为：社长廖井丹，副社长兼总编辑李荒，副总编辑王揖、严文井、张沛。

1949年

1月12日　为广泛反映读者意见，开展有益的讨论，在第二版开辟《读者论坛》专栏，发表的第一篇文章是邵式平写的《究竟是谁的功绩？》，就东北工业之所以发达，究竟是谁的功绩问题，提出意见。

1月13日　第二版新辟《工厂通讯》专栏，将经常发表反映工人活动的通讯报道。

1月22日　发本报启事：报社成立社会服务部，负责解答读者有关政策、工作、学习、生活各种疑难问题；同时欢迎读者对各方面工作提出批评与建议，依其不同性质，或在报上公开发表，或个别回答，或转有关机关参考处理。第二版头题消息《经两月抢修　沈阳冶炼厂今日正式开炉》。

1月24日　第一版报道《沈阳各大国营企业工人代表座谈　陈云、李立三主持会议　倾听工人代表对生产建设等问题的意见　陈云并在会上讲话》。

1月31日　安东新闻干部学校迁沈，改为东北日报社附设新闻干部学校，李荒同志任校长。

1月　报社召开职工大会，宣布《东北日报》迁沈后的机构和人事变化：报社社长仍由廖井丹担任，副社长李荒（兼总编辑）、陈楚，副总编辑是王揖、严文井、白汝瑗、张沛。

2月5日　为加强对工业建设的报道，报社召开座谈会，讨论建立工人通讯组织，提出要以对工人运动的报道为中心。

2月7日　发社论《为什么我们必须实行批评与自我批评？》，阐明了在全东北解放的新形势下，坚持开展批评与自我批评的重大意义。

2月14日　在第二版头题地位，发表大石桥机务段工人张忠英写给苏家屯机务段工人的公开信，严正批评一个连续发生事故的司机，提出要以国家主人翁的态度把人民铁路办好。

2月16日　第二版设《工人通讯》小专栏，作为工人互相交流情况的园地。该栏发表的第一篇文章是皇姑屯铁路工厂工人高景水写的《得向老区的工人学习》。

2月17日　在《工人意见》栏里，发表沈阳制钉厂工人李英布写的文章《希望文艺工作者常到工厂来》。

2月19日　第一版头题综合报道：沈阳、鞍山、抚顺、本溪等地职工，开展献纳器材运动。

2月23日　发表东北局宣传部副部长刘芝明写的文章《关于萧军及其文化报所犯错误的批评》。

2月24日　陈林、姜君辰、连柏生、叶林、闵一凡、陈康白、王玉清、王思华等写信给铁道部，从旅程体验和自身见闻，对铁路经常误点等缺点提出意见。报纸发表了来信全文，并就本报对铁路报道的报喜不报忧的缺点作了自我批评。

2月25日　就沈阳第一机器厂工人崔子涛向沈阳市市长朱其文建议改进水道的问题，发表新闻和朱其文接受建议的复信。

2月26日　苏家屯机务段工人致函报社，表示接受张忠英的批评，决心改进工作，并以消灭事故互勉。这个报道，是《东北日报》第一次通过读者来信形式，在工人中开展批评与自我批评。报社副刊部召开座谈会，对陈其通写的歌剧《两兄弟》进行讨论。参加座谈会的有刘芝明、丁玲、吕骥、张庚、陈其通等。这个会对东北文艺界开展文艺批评起了推动作用。

2月27日　发表社论《全党办好工人文教工作》。第四版发表7幅华君武作的《事实俱在，何得谓虚》连环漫画。

2月28日　发表社论《企业管理民主化是改进生产重要保证》。

3月6日　综合报道本报开展工人通讯工作情况，据2月份统计，有63位工人通讯员写稿，共128篇，已建立5个工人通讯组。

3月9日　发社论《把农业生产技术提高一步》。指出，农村建立新的生产关系之后，农村的中心任务就是发展生产，而提高农业生产技术便成为发展农村生产力的一个重要问题。

3月10日　第一版发《本报社会服务部增设问事处启事》，欢迎读者亲来面谈，代为解答问题，接受对各种工作的批评与建议，代为记录口头意见，转有关单位答复处理。

3月12日　发表本报特派记者穆青写的通讯《从南满工矿区归来》。发表刘芝明写的《两兄弟》座谈会总结。

3月15日　发批评新闻:《安东省内由于乱肆采伐　林木损失惊人》。配发短评。

3月19日　针对沈阳铁路局工务处长丁明拒绝党报批评一事，在发表新闻同时，发了沈阳铁路管理局局长刘居英支持报社批评的来信，并发表《不要为胜利冲昏头脑》的社论，进一步阐述了在胜利形势下开展批评与自我批评的重要意义。

3月30日　就东北燃料公司保留工头制度的批评新闻，以《我们在城市中依靠谁》为题发表短评，明确提出在城市中必须依靠工人并团结广大革命知识分子，指出这是由于工人阶级是中国革命的领导力量。

4月2日　召开工人通讯员代表座谈会，听取工人对报纸的意见。

4月10日　在第二版辟《经济新闻》专栏，刊登物价、行情及经济工作方面的信息。新闻干部学校结业，大部分学生被分配到东北日报社工作。

4月18日　恢复《社会服务》专栏，发在第四版，不定期。

4月20日　发表新闻批评佳木斯东北烟草公司和启荣纺织厂对工人搜身一事，配发短评，强调树立依靠和相信工人的思想。

4月　东北局决定在报社抽调一批干部南下，由廖井丹、陈楚、白汝瑗等率领，去武汉参加创办《长江日报》。《东北日报》由李荒任社长兼总编辑，副总编辑为王揖、严文井、张沛。

5月8日　报道旅大各工厂开展劳动竞赛情况，新闻标题提出向苏联学习。发短评《表扬英雄模范》，指出在经济建设中表扬先进人物的重要性。说现在报纸的大量篇幅被一些空泛的计划、会议、指示、决定等占用，今后必须有所转变。

5月21日　发表社论《如何贯彻东北全党的转变？》。

5月26日　发表社论《发挥报纸在经济建设中的宣传者与组织者作用》。

6月8日　本报记者方青报道抚顺煤矿先进工人张子富的先进事迹。

6月12日　本报记者戈更逝世。报社集会追悼，东北局宣传部部长李卓然、党报委员会秘书长李初黎同志参加追悼会。

6月24日　发表社论《克服工业生产中的严重浪费》，提出这是工业恢复与建设中，一个必须引起严重注意并迅速解决的问题。要严格节约制度，使国家有限的资金，真正用在最迫切最紧急的方面。

7月2日　在东北局召开的庆祝中国共产党诞生28周年大会上，李富春同志作《贯彻二中全会的路线　贯彻由乡村到城市的转变》的报告，报纸发了报告的全文。

7月4日　刊登鞍山钢铁公司的新式炼焦炉正式出焦的消息，这是东北解放后第一座新式炼焦炉复工生产。

7月5日　发表社论《新的城乡关系》，阐述了如何充分认识城市的重要性，正确了解城市领导乡村的意义。

7月6日　刊登鞍山钢铁公司第一座炼铁炉开工的消息。

7月7日　为纪念抗战12周年（编者注：过去有“八年抗战”的说法，即以“七七事变”也就是以1937年7月7日发生的卢沟桥事变作为中国人民抗日战争的起始点），发表专论《努力进行经济建设　粉碎敌人阴谋破坏》。本报社会服务部召开纪念“七七”座谈会。

7月12日　刊登哈尔滨铁路局试行新养路法成功的消息。

7月25日　发表张沛撰写的“大连访问记要”之《生产的城市》。

7月30日　发表东北人民政府工业部关于加强经济核算开展反浪费斗争的决定。

7月31日　报道东北商业代表团赴苏联，签订一年贸易协定。

8月6日　发表东北局组织部在工厂矿山建党的通知。

8月7日　介绍恢复与建设中的东北机械工业。

8月9日　报社与新华社东北总分社从行政上分开。

8月20日　发表评论《把高等教育提高一步》。

8月22日　东北人民代表会议在沈阳开幕，在第一版发表新闻。

8月24日　综合报道：东北各界人民揭斥美国白皮书。

8月27日　东北人民代表会议闭幕，第一版发新闻：东北人民政府正式成立。

8月28日　庆祝东北人民代表会议成功，发表社论。并发消息：高岗任东北人民政府主席。

9月1日　第一版发表东北局《关于开展东北日报通讯工作的通知》。

9月2日　为交流东北、华北两解放区政治、经济、文化各项工作经验，便利华北读者阅读本报，《东北日报》从今日起向华北发行。第二版发消息，沈阳第三机器厂车工党会安创车丝杠新纪录，这是第一篇关于创新纪录的报道。

9月5日　发张沛写的“大连访问记要”之《再向前一步》，到此，这个访问记已连续发了10篇，主要介绍大连学习苏联建设和管理经验的情况。

9月6日　报道东北最大铅矿青城子铅矿复工。

9月7日　报道第一机械厂旋盘工赵富有创车丝杠新纪录。

9月11日　发表社论《正确贯彻工商业税收政策》。

9月17日　发表东北局、东北人民政府关于东北一级机关整编节约的决定。

9月18日　报道机器三厂车工赵国有车床头塔轮创新纪录。发表社论《迅速召开城市人民代表会议》。

9月22日　中华人民共和国开国盛典——中国人民政治协商会议在北平（今北京）开幕，本报发表社论《庆祝人民政协开幕》。为报道中华人民共和国开国盛典，派记者张沛、汪溪赴北平采访。

9月23日　发表本报记者张沛从北平发来的专电《记中国人民政治协商会议开

幕盛典》。发表华山写的参观大连工业展览会的通讯《工业中国的雏型》。

9月24日　发表张沛写的中华人民共和国成立的通讯《历史的声音》。发综合报道:《机械行业普遍开展创新纪录运动》。

9月25日　发表本报记者汪溪从北平发来的特写《拥护人民大宪章》。

9月26日　发表记者汪溪写的特写《毛主席在人民政协》。

10月6日　刊登中共中央东北局、东北人民政府工业部关于"贯彻经济核算制"和"开展群众性的创造新纪录"的决定,发表社论《展开创纪录运动》。

10月15日　中共中央东北局召开首届各省市宣传部长联席会议,提出彻底克服宣传工作的一般化和形式主义。报纸发表了宣传部部长李卓然的总结报告。

10月22日　在《把创新纪录运动推向多方面》的横栏标题下,报道纺织、炼钢、煤矿等行业开展创造新纪录运动的情况。

10月25日　就美侨前国民党时期驻沈总领事瓦尔德无理殴打工人致重伤事件发表新闻,并配发短评《惩办凶犯瓦尔德》。第二版以《生产上革命》为题,系统介绍机器三厂开展创生产新纪录运动的经验。

10月27日　在东北人民政府工业部召开的大会上,李富春同志就创新纪录运动作报告,他高度评价创纪录运动是经济建设高潮的起点。

10月31日　发社论《创造新纪录运动是经济建设中全面广泛的群众运动》。

11月1日　以《大转变的一年》为题,发表文章,检讨本报一年的工作。

11月8日　发表华山报道《新中国的火车女司机田桂英》。

11月10日　发表高岗在东北干部会议上的讲话《荣誉是属于谁的?》。

11月29日　第一版头题报道沈阳机器五厂产品数量、质量同创新纪录的消息,同时发表短评,提出要创造多种多样新纪录。

11月30日　发表社论《注意新的定额工作》,指出新纪录运动普遍展开、生产效率提高以后,要适时进行定额工作。

12月10日　报道东北文代会开幕,并发表社论祝贺。

12月21日　发表社论,祝贺斯大林七十寿辰。

12月29日　报道煤矿先进人物李庆萱发明药壶式掏槽法，使掘进效率提高50%。

12月30日　到1949年底，《东北日报》发行量达14.29万份。

1950年

1月1日　发表新年献词《把经济建设提高一步》。

发表消息，报道东北局、东北人民政府召开农村工作座谈会。

1月6日　发社论《推广新式农具和改良农具提高农业生产力》。

1月7日　就安东改变市区街组织经验的报道发表社论，提出《坚决改变城市政权旧的组织形式与工作方法》。

1月13日　发表东北人民政府发布的关于实行独立会计制度、建立新的结算关系的命令，并就此发表社论《论东北公营企业管理制度上和信贷制度上的重大改革》。

1月23日　刊登报道《鹤岗煤矿大胆突破旧一套　完成生产管理大改革》，并发短评《改进生产管理》。

1月24日　发表社论《缩短货车装卸时间是各企业共同任务》。

1月26日　报道旅大地区开始土地改革。

1月29日　报道东北农林部决定推广改良农具。

2月1日　报道东北人民政府发行建设公债。

2月5日　发表短评，提出"提高质量，减少废品就是最大节约"。

2月6日　发表时评《惩办细菌战主犯》。

2月10日　东北人民政府发布农业生产指示，就此发社论《为完成一千八百万吨粮食的生产任务而斗争》。

2月21日　发表通讯《日寇制造细菌的工厂平房地区访问记》，配发社论《纪念"反对殖民制度斗争日"》。

3月4日　发表东北人民政府工业部关于普遍建立生产责任制的决定。配发社论《贯彻生产责任制是目前改进管理的关键》。

3月13日　发表读者来信，揭发军工部二十四厂拆毁房产建筑，损失数千亿元。

3月17日　刊登东北人民政府关于发展技术学校的指示。

3月26日　综合报道：东北全区财政工作转向全力保证经济建设。

4月4日　报道东北人民政府委员会通过1950年经济建设计划，并配发社论《再接再厉胜利前进》。另发本报记者写的会议旁听记，题目是《建设东北为中国工业基地》。

4月8日　东北人民监察委员会对军工二十四厂拆房案进行了严肃处理，本报除发新闻外，并发社论《二十四厂拆毁房屋事件的教训》。

4月14日　以《经常保证优良质量　一贯超过生产任务》为题，突出宣传了马恒昌小组的先进事迹。在《推广马恒昌小组经验》的社论中，强调提出保证产品质量的问题。

4月17日　报道东北煤矿管理局讨论推行新式采煤法，对此发表短评，提出“领导要善于抓主要环节”，倡议工矿企业领导干部学习煤矿局的领导方法。

4月19日　刊登东北局关于进一步团结公营企业中技术人员与职员的指示。

4月20日　刊登新闻，批评抚顺露天矿领导上不负责任，发生严重崩岩事故，配发社论《接受抚顺露天矿崩岩事件中血的教训——反对企业管理中的官僚主义》。

4月22日　在第一版发表新华社播发的中共中央《关于在报纸刊物上开展批评与自我批评的决定》。

5月1日　发表庆祝“5·1”国际劳动节社论，提出“展开一个广泛深入的爱国增产节约运动”。东北人民政府第二十五次行政会议，通过1950年度国民经济计划，本报发表新闻。

5月5日　第一版刊发新闻：学习苏联先进经验，西安竖井建设可提前五年。

5月9日　发表社论《充分发动群众　为超额完成增产节约八百万吨粮食财富而斗争》。

5月13日　发综合新闻：东北工人阶级发挥智慧，三年来学习与创造数十种先进经验。

5月14日　报道阜新矿务局马文志快速钻进先进经验。

5月19日　报道机械工厂推行按指示图表组织有节奏生产的先进经验，肯定这是机械工业生产管理上的重大改革。

5月23日　纪念毛泽东同志《在延安文艺座谈会上的讲话》发表10周年，发表社论《深入进行思想改造　坚决贯彻毛泽东文艺路线》。

6月6日　发表高岗在中国共产党东北区第一次代表会议报告《站在东北经济建设的最前面》。

6月7日　刊登读者来信，揭发辽东建国公司领导上的严重错误，配发社论《以不倦不休的精神向官僚主义进行斗争》。

6月15日　报道东北人民政府决定工人实行八级工资制。

6月16日　发表社论《私营工商业发展的基本条件和方向》。

6月18日　报社召开工人通讯员座谈会，与会者来自16个工厂，共41人，对如何在报纸上开展批评与自我批评问题进行讨论。

6月26日　报道东北局组织部召开技术人员座谈会，发社论《贯彻团结技术人员与职员的政策》。

7月10日　发表本溪技术人员王约石写给东北工业部部长的信。此信就基层单位不重视贯彻团结技术人员的政策提出批评与建议。

7月17日　发表时评《展开反对美国侵略台湾、朝鲜的运动》。

7月28日　发表社论《正确的工作作风是做好工作的关键》，就最近开始的全党整风运动，结合实际谈转变领导作风问题。

8月1日　发表社论《庆祝“8·1”建军节　反对美国侵略台湾和朝鲜》。

8月6日　刊登东北人民政府关于推广新农具的决定。

8月7日　东北人民政府颁发“解放东北纪念章”，本报在第一版发消息。

8月24日　刊登对克山县农村购买力情况的调查。配发社论《发展中的农村购买力给我们提出了什么新问题》。

8月28日　综合报道：东北国营厂矿半年来出现新纪录1800余件，先进生产者13000余人。

8月29日　美国侵略朝鲜的军用飞机，侵入我国领空，扫射我建筑物，对此本报发表时评《抗议美机侵入我国领空残杀我人民的罪行》。

8月31日　刊登《辽宁省各人民团体致电安全理事会马立克、赖伊　要求立即制止美帝侵略罪行》。

9月1日　刊登高岗“7·1”讲话《密切党与人民群众的联系》一文，东北局办公厅以东北局名义，强令已发出的报纸收回，另行重印，这次收报造成极坏的影响。

9月2日　东北六人民团体致电安理会，要求制裁美国空军的侵略暴行。报纸发表了电报全文。

9月13日　刊发消息：出席全国劳动模范代表会议，东北区选出孟泰、赵国有等50名工业劳动模范代表，金时龙、韩恩等40名农业劳动模范代表。配发社论《普遍推广劳动模范的经验》。

9月26日　在《反对美帝国主义轰炸中国领土——安东》栏题下，用整版篇幅报道东北各地人民群众抗议美国暴行的情况。发表时评《抗议美机轰炸安东》。

9月28日　报道《辽东省人民团体要求联合国制裁侵略者》。

10月14日　东北局宣传部召开各省市报纸工作会议，集中讨论了加强报纸与群众联系、开展批评与自我批评、加强编辑部工作等三个问题，刊登消息并配发社论《大力开展工农通讯运动是加强报纸群众性的基础》。

10月17日　发表《富国村生产发展调查》，这是一个农村发展生产的典型。

10月18日　就美军四度侵我领空发时评《警告战争贩子我们有力量保卫和平》。

10月20日　发表潘非写的文章《怎样认识朝鲜战争？》。

10月25日　为回击美帝国主义的侵略，新纪录创造者赵国有所在的车工部，向全东北工人提出竞赛倡议，《东北日报》就此发表短评，提出《向赵国有车工部看齐　开展革命的生产竞赛运动》。

10月26日　《社会服务》栏的《答读者问》连续解答当前时事问题，如《亚洲目前时局显著特点是什么？》《美帝侵朝战争是否与中国人民无关？》等。

10月　根据时局变化，报社把一部分干部疏散到后方，编辑部临时改为时事、经济两大组。

11月1日　纪念《东北日报》创刊5周年，发社论《新形势下的新任务》，在总结了5年的工作以后强调提出，反对美帝国主义暴行，保卫祖国的安全，继续发展人民革命斗争和建设事业，是全国人民也是东北人民当前的光荣任务。在实现这一光荣任务中，《东北日报》必须充分发挥它的集体宣传者与组织者的作用，进一步联系实际、联系群众，开展批评与自我批评，使报纸真正担负起新形势下的新任务。

11月4日　报上出现《抗美援朝　卫国保家》大字横栏标题，栏内报道东北人民纷纷要求志愿赴朝参加反侵略战争的情况。

11月5日　以《抗美援朝　保家卫国》为题发表社论。发综合新闻：抗美援朝东北人民志愿赴朝参战者日众。

11月13日　连续发表说明形势的文章，如潘非写的《怎样认识朝鲜战争》和《"资源优势"挽救不了美帝的军事危机》、沙英写的《占压倒优势的和平阵营》、房维中写的《美帝国主义为什么要发动侵略战争？》、丕之写的《美帝疯狂扩大侵略和扩大军备》等。

11月27日　发表社论《进一步开展爱国主义劳动竞赛》。

12月3日　发表社论《麦克阿瑟总攻势的崩溃》。

12月6日　发表社论《向挺进平壤的英雄们致敬》。

12月7日　东北日报社此前派出本报随志愿军记者，第一批出发的是顾雷、吴少琦。本日发出本报随志愿军记者顾雷、吴少琦写回的第一篇朝鲜通讯《在云山战场上》，这是全国最早发出的反映朝鲜战争的通讯之一。

12月8日　发表社论《庆祝平壤解放》。

12月30日　到1950年底，报纸发行量达18.7万份，从下半年开始，报社开始有盈余。

1951年

1月1日　发表新年献词《巩固国防　发展生产》。

1月6日　发表社论《庆贺光复汉城的伟大胜利》。

1月10日　发表本报记者关于被服行业先进人物姜万寿创造改进劳动组织先进经验的报道。

1月15日　新闻出版总署对《东北日报》1950年工作简要总结作出批复，认为总结很好。对报道中自觉性的检讨和开展批评与自我批评的几点经验，认为很有价值。

1月17日　刊登批评第一机器厂厂长鲁明抗拒批评的新闻。

1月18日　报社建立“工人通讯员积极分子周会制度”，密切报纸与工人通讯员的联系。

1月27日　以编辑部的名义发《给读者的信》，提出“大家都来学习与推广先进经验”，向读者推荐报纸宣传的苏联科瓦列夫工作方法和姜万寿改进劳动组织的经验，希望工矿企业干部、工人、技术人员都能重视研究、运用和创造先进经验，并把结果告诉编辑部。这是《东北日报》运用报纸组织推广先进经验所采用的一种形式。

1月31日　刊发述评《应更多的反映人民生活》。在《社会服务》栏内，发读者意见《必须慎重处理人民群众来信》。

2月3日　第四版在《反对美帝重新武装日本》的栏题下，发表一组日本侵略者屠杀东北抗日联军和东北人民的照片，并加了编者按语。中国医科大学在地下室发现日本侵略者留下的一箱子照片底版，全是屠杀中国人民的，这组照片就是其中的一部分。

2月7日　发纪念“2·7”大罢工社论《纪念“2·7”坚决打败美国侵略者》。

2月12日　为向群众进行抗美援朝时事教育，从今天开始陆续发表潘非写的时事论文，今天发表的文章题目是《怎样认识帝国主义之间的矛盾》。

2月16日　发表社论《扩大内销市场　活跃城乡交流》。

2月19日　发表社论《目前东北农村经济发展的特点与提高一步的关键》。从今天起，第二版开辟《农村工作笔谈会》专栏，在《编者的话》中指出，设此专栏为的是交流、讨论当前农村工作中的经验和问题。工业报道也设有一个类似专栏叫《车间工作》。《人民日报》在“书报评论”中赞扬这些专栏是报纸为生产服务的具体表现。

2月21日　发表中共沈阳市委工业部对沈阳机器一厂厂长鲁明所犯错误的处理决定，报纸配发社论《一个重大教训——关于鲁明所犯错误的批判》，这是一组持续性的重大批评报道。

2月23日　编辑部内部刊物《新闻业务》第1期今天出版。在创刊词中说明："要使《东北日报》在现有水平上提高一步，主要是加强报纸的思想性和群众性。《新闻业务》的出版，目的就在于以此作为提高我们的工作水平，提高业务思想的一个工具。"

2月24日　发表社论《提高人民健康水平　为巩固国防发展经济而奋斗》。设立《农业技术学校》专栏，介绍改进农业技术增产粮食的先进经验，以及有关生产知识。

3月1日　社长李荒在编辑部内部刊物《新闻业务》上写文章，题目是《从每个细小地方表现党报的严肃性》。他提出报纸在技术方面不断发生差错的情况不能再继续下去，强调在每个细小问题上都要注意党报的严肃性。

3月3日　发表本报随志愿军记者吴少琦离开朝鲜前线写的最后一篇通讯《当我回到祖国的时候》。从去年12月报纸特辟《朝鲜通讯》专栏以来，已连续发表了20多篇本报记者顾雷、吴少琦、常工、方青、刘爱芝、王坪等写的朝鲜通讯。

3月5日　编辑部建立第一读者的制度。任务是检查报纸的事实、标题、照片说明、刊头、语法和违反政策与泄密之处。

3月11日　编辑部组织以"改正新闻写作文字上的缺点"为内容的业务学习，结合稿件学习文法修辞，提高编辑、记者的文字水平。

3月13日　报社邀请沈阳冶炼厂厂长赵岚、化工厂厂长杨浚、毛织厂厂长赵志萱、铁路工厂厂长费立人和几位工会主席，分别举行座谈，就几个有关企业管理的问题，如展开企业间的批评与自我批评以及系统地总结和推广先进经验等，进行了交谈。这两个座谈会的记录整理成文后，以《企业管理若干问题》为题，发在今天的报纸上。

3月24日　发表作家井岩盾写的"朝鲜通讯"《渡过河水　穿过火网》。

3月26日　发表赵也平的文章《〈企业管理若干问题〉读后》，文章对报社召开的厂长、工会主席座谈会记录提出意见，编者在按语中表示欢迎这样的批评，希望展开讨论。

3月31日　配合东北人民政府工业部的工程技术人员职责暂行条例，刊登社论《工程技术人员职责条例——一个极为重要的政策问题》。

4月7日　发表社论《把爱国主义竞赛的领导提高一步》。

4月9日　报社召开先进生产者座谈会，研究学习与推广先进经验的问题。在今天的报纸上，以《爱国主义竞赛发展的新趋势》为题加以报道。

4月11日　从今年1月以来，编辑部已召开了7次工人通讯员周会，国家新闻出版总署肯定这一做法是编辑部获得新材料和新的作者的重要方法。

4月14日　发表吕振羽的文章《论社会思想意识》。

5月4日　配合镇压反革命运动，发表本报征文启事：希望读者围绕镇反运动，写自己的认识体会、揭发、控诉。

5月6日　发表社论《镇压反革命必须使广大群众参加》。

5月13日　发表社论《坚决处决反革命首恶分子》。

5月16日　产品质量已成为全东北国营工业生产中的主要问题，东北工业部决定开展质量大检查，今天报纸刊发了王鹤寿部长的讲话，提出要为改善产品质量而奋斗。

派记者随中国人民赴朝慰问团去朝鲜，采写的第一篇通讯是《进入朝鲜第一课》。

5月20日　刊发述评《纠正新闻写作文字上的缺点》。

5月27日　发表作家舒群写的“朝鲜通讯”《前线女护士王颖》。

6月5日　东北局宣传部通知：党报委员会每月召开一次会议。

6月10日　发表社论《批判武训是一课生动具体的马列主义思想教育》。

6月11日　从今天开始连续发表吕叔湘、朱德熙写的《语法修辞讲话》。

6月20日　以3个版篇幅发表胡乔木写的《中国共产党三十年》。

6月21日　在编辑部深入开展业务学习，提出加强报道思想性问题。

6月25日　东北局召开城市工作会议，提出发挥工业潜力，争取增产节约价值等于500万吨粮食的财富。报纸发了会议消息，并配发社论《贯彻城工会议精神　为增产节约五百万吨粮食而奋斗》。纪念朝鲜反侵略战争1周年，发时评，题为《为抗美援朝的最后胜利而奋斗》。

7月5日　东北人民政府工业部办公室写信给报社，提出在报纸上公开被批评的单位，应及时公开答复，并表示工业部将注意督促所属每一个被批评的单位这样做。报社在报上发表了这封来信。

7月6日　发表社论《加强地方党委和政府在国营工矿企业中的工作》。

7月16日　发表述评《彻底发挥批评与自我批评的作用》。

7月25日　发表社论《反对贪污行为　发扬廉洁奉公的作风》。

7月29日　发表社论《认真加强企业中的政治工作》。

7月31日　刊登东北人民政府关于加强基本建设领导的决定。

8月2日　朝鲜停战谈判在开城举行，东北日报社副总编辑张沛率中外记者团到开城采访，今天发表了第一篇专电报道《为和平而斗争》。

8月8日　发表社论《必须大力发展畜牧事业》。

8月11日　发表社论《提高工业产品质量是一件重大的政治任务》。总编辑王揖在内部刊物《新闻业务》上，就如何提高报道思想性发表文章，题目是《明确报道目的　加强思想性》。

8月12日　发表述评《重视读者对报纸的意见》。

8月22日　刊发东北局关于贯彻城工会议决议，为国家增产节约财富的通知。配发社论《加强领导　为争取超过增产节约计划而努力》。

8月23日　发表社论《东北工人阶级当前的严重政治任务》，具体阐述了增产节约的重大政治意义与经济意义。

8月26日　发表邓拓写的文章《加强思想工作　展开思想斗争》。

8月28日　发表社论《为改革农具、改革耕作法而斗争》。

9月5日　中共中央东北局关于党对国营企业领导的决议，经中央批准后，全文在报上发表。

9月7日　发表社论《反贪污斗争必须形成群众运动》。

9月12日　东北局宣传部召开省、市级报纸工作会议，研究加强报纸的思想性和通俗化问题。发表新闻并配发社论《加强思想领导　认真改善编辑部的工作》。

9月13日　发表社论《壮大国营贸易力量　适应经济发展要求》。

9月14日　发表社论《纠正反贪污腐化斗争中的几种错误思想》。

9月17日　发表述评《省市报纸应力求减少“大块文章”》。

9月20日　在第二版设新闻图片专栏，题为《人民东北》，反映东北经济建设成就，每天一期。

9月21日　发表批评新闻《机器七厂财务科坐在屋里订计划　增产节约变成纸上谈兵》，配短评《单纯任务观点的危害》。

9月27日　在第一版头题地位发表机器九厂工人来信，批评该厂设备闲置，不重视发挥机器效能，配短评《绝不能忽视发挥设备效能》。

9月29日　东北局办公厅召开工业增产节约座谈会，强调依靠工人阶级，发掘企业潜力，完成增产节约任务。报纸为此发表社论《发掘企业潜力是增产节约关键》。

10月1日　国庆两周年，发表社论《中国人民的辉煌胜利》。

10月4日　就机械局增产节约单纯从数字着眼，忽视发动群众挖潜力的典型报道，以《关于依靠群众发挥工业潜力问题的讨论》为栏题，在报上开展讨论。这是《东北日报》在工业报道上第一次运用开展讨论的形式来宣传政策思想、指导实际工作。

10月7日　在《传播先进经验　推动增产节约运动》的栏题下，批评黑龙江森林工业局埋没工人的发明创造，在新闻副题上，指出这是忽视推广先进经验的一个典型，并配发短评《传播先进生产经验是依靠职工发挥潜力的重要内容》。

10月17日　东北局宣传部把1951年9月18日胡乔木的报告《为没有错误的报纸而奋斗》的记录稿发给报社。

10月25日　纪念志愿军出国作战一周年，发表社论《再接再厉　争取抗美援朝的最后胜利》。在昨天的四版上，并刊出整版纪念画刊。

10月　任命张沛为总编辑，林聿时、邹晓青为副总编辑。

11月1日　在《传播先进经验　推动增产节约运动》的栏题下，发表瓦房店、金州纺织厂推广郝建秀工作法的消息报道，并附有《郝建秀工作法介绍》的资料。

11月2日　发表黄炎培专访东北地区后写的文章《我所看到的人民的东北》。

11月6日　从今天开始连续发表中国长春铁路经验介绍。

11月8日　发表社论《为全面开展增产节约运动而奋斗》。在第二版集中发表4封读者来信，批评中国医大附属医院的医疗错误和医疗作风，配短评《认真克服医疗部门的官僚主义作风》。

11月9日　发表社论《加强学校中的思想政治教育》。

11月12日　发表社论《克服浪费　厉行节约》。

11月25日　发表通讯《在农业合作化道路上前进的韩恩互助组》。

11月27日　发表述评《及时推广增产节约先进经验》。

11月29日　编委会提出建立地方记者工作方案，在哈尔滨、鞍山、抚顺、本溪、安东等主要城市，都设立长期驻在的记者。

11月30日　东北地区建起的读报组已有2148个，组员17605人。

12月9日　由总编室编印的内部业务刊物《每日情况》第1期，今日正式出版。这个小型刊物的任务是：反映情况和读者意见；刊载编辑部各组的活动，以及开展业务研究。另辟有两个固定栏目：一是“每日报纸检查”，公布从内容到技术的差错；二是“每日各报要闻摘要”，交流各报主要报道情况。

12月10日　东北一级党员干部会议提出深入开展反贪污、反浪费、反官僚主义斗争之后，报上专辟一个《反对贪污浪费　反对官僚主义　树立新的道德与新的工作作风》的专栏，连续发表有关“三反”运动的报道。

12月12日　发表社论《解放较晚地区的群众积极行动起来　坚决镇压反革命彻底改造村政权》。

12月15日　发表社论《加强对国营贸易企业的领导　保证完成增产节约二百四十万吨粮食的任务》。

12月18日　发表社论《必须充分发动解放较晚地区的群众》。

12月30日　发表社论《必须有组织地推广各种先进生产经验》。

1952年

1月1日　发表社论《争取抗美援朝斗争更大胜利　迎接经济建设新的高涨》。以《东北工业一年来获得显著发展》为题发表综合消息：1951年东北工业在完成原定生产计划外，增产节约了价值等于1300万吨粮食的财富，东北因此有条件在1952年开始有重点的大规模经济建设。

1月4日　报社召开编委会，研究改进编辑工作，提出要系统地了解与收集情况，并集中到总编室加以研究。

1月5日　第三版在《用批评与自我批评方法开展思想改造运动》的栏题下，连续发表文艺界人士写的关于谈思想改造的文章。

1月12日　召开编委扩大会，由总编辑王揖同志传达党报委员会关于"三反"运动的一些意见，并传达省、市委书记反映的各地情况。会上决定在最近一个时期，要突出报道"三反"运动，并决定成立临时报道组，由王揖、张沛负责领导。

1月15日　发表社论《动员社会各阶层群众　深入反贪污反浪费反官僚主义斗争》。

1月16日　报道东北工会二届代表大会开幕。根据这个大会的精神，在第二版立即开设一个《传播先进经验　推动增产节约运动》的栏题。

1月18日　在第一版发表《本报重要启事》，内容是在反贪污反浪费反官僚主义斗争中，希望本报通讯员、读报组和各界读者，积极报道和反映情况，或来报社面谈。

1月19日　发表东北人民政府办公厅主任王光伟等写的下乡调查《金时龙农业生产合作社》。发述评《加强反贪污反浪费反官僚主义运动报道的火力》。

2月6日　报社邀集高级技术人员座谈思想改造问题。

2月8日　发表一套题为《苏英权坚决与奸商作斗争》的连环画。

2月9日　发表社论《克服右倾思想穷追贪污犯》。

2月12日　发表聂眉初、吴少琦写的文章《一边是庄严的建设　一边是恶毒的破坏》。

2月17日　根据东北局关于"三反"与"五反"运动宣传的指示，编辑部重新调配力量，抽出大部分人员报道"三反""五反"运动，并从编辑部抽出一部分干部专门搞报社内部的“三反”工作。

2月19日　发表华君武、邵宇创作的漫画《严惩丧心病狂的不法资本家》。

2月29日　发表社论《把穷追贪污犯的斗争进行到底》。

3月1日　发表署名齐龙的文章《资产阶级猖狂进攻的铁证》。

3月9日　发表社论《制裁美帝国主义向东北撒布细菌的罪行》。

3月10日　发表社论《加强领导组织队伍深入“五反”运动》。

3月11日　发表社论《清除贪污蜕化分子　纯洁党的队伍》。

3月20日　发表社论《必须把国营工业的领导重心转到基本建设方面》，明确提出，为了给即将到来的全国大规模的建设高涨准备条件，东北今年将开始有重点的大规模建设。在1952年中，必须适应新情况，完成历史性的重大的转变。即在基础工业部门中，要把基本建设提到首要的位置上来。

3月21日　发表社论《学习苏联土建设计经验　充分发挥投资效能》。

3月24日　第一版刊出一个刊题《加强领导　为改进基本建设工作而奋斗！》，在这个栏题下，连续发表有关基本建设的报道。这些报道都发在第一版或第二版的显著地位。

4月16日　报纸强调提出在基本建设中推广先进经验问题，发表专论《应在建筑工程中普遍推行苏长有先进经验》。

4月18日　记者方青报道先进采煤工人施玉海和他的采煤组的先进事迹。

4月23日　发表社论《加强基本建设中的政治工作》。

4月29日　发表述评《为消灭报纸上的差错而斗争！》。

5月1日　庆祝1952年“5・1”国际劳动节，发表社论《展开一个广泛深入的爱国增产节约运动》。

5月9日　为巩固“三反”成果，中共中央东北局提出，全区国营厂矿从5月份起展开全体规模的增产节约竞赛运动，以超额完成今年生产和建设计划，号召东北工人阶级在完成国家原定计划外，再为国家增产节约价值800万吨粮食的财富，并注意提高产品与工程质量。为此，报纸发表社论《发动群众　为超额完成增产节约八百万吨粮食财富而斗争》。

6月1日　为加快基本建设速度，东北人民政府工业部召开先进经验推广大会，报纸在第一版发表新闻，并在第二版发表通讯。

6月2日　发表社论《积极地有步骤地推行供销合作社与农业生产合作社、互助组之间的结合合同》。

6月17日　以《管理方法的革命》为题，发表新闻和通讯，报道推广“按指示图表组织有节奏生产”先进经验的情况。

6月24日　东北人民政府工业部向所属单位提出保证工程质量问题，报纸在第一版头题位置发表新闻。

6月25日　以《纪念朝鲜人民抗美战争两周年》为题发表社论。

6月　殷参同志调到报社。当时李荒同志任社长，张沛同志为第一总编辑，殷参同志为第二总编辑，林聿时为副总编辑。

7月1日　发表社论《重要的问题在善于学习》。在纪念中国共产党成立31周年时，再次强调要把学习经济工作、学习马克思列宁主义理论，迎接即将开始的大规模经济建设高潮，当成首要的政治任务。

7月7日　在七七事变15周年之际，发社论《美帝国主义奴役亚洲人民的计划必然失败》。

7月8日　发表新华社电讯报道《东北工业建设进入新阶段　基本建设提到首要地位》。

7月9日　发表社论《加强地方党委对基本建设政治工作的领导》。发表东北人民政府副主席林枫的文章《加强党在农村中的教育工作》。

7月11日　东北人民政府人事部开会，决定调整在使用技术人员上的不合理现象。报纸发表消息并配发短评，提出要合理使用技术人员，要把专门技术人才放到经济建设最需要的岗位上去。

7月17日　为加强人物报道，在第二版辟《新人新事》专栏，主要报道各条战线先进人物和新事物。

7月　东北局党报委员会指示《东北日报》应改进报道方法，要求报纸全面地、生动地反映党的政策在群众中具体化的过程。

8月8日　今天第三版新辟《苏联生活》专栏。自7月以来，《东北日报》陆续设立了几个栏目，如《新人新事》《时事解说》等，都受到读者的欢迎。

8月9日　报道基本建设部门先进人物王孙慈改进施工方法、缩短施工进度的先进事迹。

8月10日　一种新的言论形式“经济工作述评”今天开始在报上使用。它的特点是夹叙夹议、能广泛利用来稿。第一篇评论的题目是《不能用简单化的方法推广先进经验——从苏长有砌砖法的推广情况谈起》。第四版以《一座新建的林业城市——伊春》为题，发一整版画刊。

8月11日　发表新闻《我国燃料工业大步前进　阜新建设巨大露天煤矿》。

8月15日　开辟《怎样推广先进经验》专栏，专门讨论推广先进经验问题。

8月24日　发表社论《全面地系统地开展司法改革运动》。

9月9日　发表消息，报道东北铁路系统学习与推广中长路的先进经验，并配发社论。

9月10日　发表社论《对群众批评采取报复的人必须受到惩处》。

9月13日　中华全国新闻工作者协会筹备会沈阳分会成立，选出李荒、高戈为正、副主任，王揖、朱丹、陈浚、陈舜瑶、刘迅为委员。

9月20日　刊发综合消息《三年来东北工业建设获得伟大成就》，对东北工业恢复发展情况作了概貌性反映，提出经过三年努力，东北工业的恢复与改造将基本完成。

9月21日　发表东北人民政府农业部写的文章《东北农业三年来的恢复与发展》。

9月　根据东北局改进报纸指示，编辑部召开记者座谈会，研究贯彻深入实际、深入生活，反映党的政策在群众中具体化过程的问题。

10月1日　庆祝中华人民共和国成立三周年，发表社论《加紧准备　迎接即将到来的大规模建设》。第四版在《为祖国工业化而奋斗——东北今年有重点的大规模建设一瞥》栏题下，刊登一整版新闻图片。

10月7日　发表经济工作述评《认真总结丰产经验是领导农业生产的重要任务》。

10月16日　刊登消息批评中共明水县九区区委贪多冒进，强迫农民组织大型互助组。配发短评，强调互助合作运动要根据当地具体条件，严守自愿互利的原则。

10月18日　报道农业增产典型：肇源县推行“等距宽播、间苗保苗、分期追肥”新种植方法，近万垧地产量成倍增加。并就此配发社论《总结和推广农业丰产经验　开展群众性的技术改革运动》。第二版发表中共黑龙江省委书记赵德尊写的文章《我们应当重视肇源县今年农业爱国增产运动的新经验》、中共肇源县委书记任国栋写的文章《肇源县农业增产运动的经验》。

10月22日　报道鞍钢小型轧钢厂工人张明山创制光轧机“反围盘”成功。在《新人新事》栏内，发表《一个普通工人的重大发明》，记述张明山创制“反围盘”的经过。

10月25日　纪念中国人民志愿军出国作战两周年，发表社论《向保卫祖国、保卫和平的英雄们致敬！》。第四版发画刊，刊题是《东方与世界和平的保卫者——日益壮大的中国人民志愿军》。

10月29日　发表述评《报纸要善于报道先进人物和新事物》。

11月10日　辟《学习肇源增产运动新经验　不断地提高单位面积产量》专栏，连续报道学习与推广肇源增产经验情况与问题。

11月27日　第一版头题消息：我国著名钢都鞍山完成恢复工作，开始大规模基本建设。报道指出，这是我国大规模经济建设即将开始的先声。

11月28日　东北局宣传部召开省、市报纸工作会议，讨论报纸如何更好地为经济建设服务，迎接经济建设的新时期。《东北日报》在第一版发表消息报道了这个会议。

11月30日　报纸开始集中地、大量地报道重点工程的建设情况，以鞍钢为典型，连续发表反映鞍钢建设的通讯。

12月3日　本报通讯员来信揭发：沈阳地区百货批发站，在人们急需绒衣的畅销期，把九火车绒衣积压在仓库里。报纸发表了批评报道，并配发短评《让工业品和急需它的消费者早日见面》。

12月7日　中共中央东北局召开东北农村工作会议，研究继续推进农业生产合作化运动，确定今后党在农村的基本任务和方针。报纸报道了这个会议，并发社论《贯彻推行农业生产合作化　进一步提高农业生产》。

12月11日　批评积压绒衣的消息发表以后，读者纷纷写信对此事件发表意见，报纸以《对积压绒衣事件的批判》为题辟专栏组织讨论。读者一致认为这个讨论触及了商业工作中的主要矛盾。

12月12日　编辑部召开大会，对国庆节报道作了总结。总编辑张沛讲话，提出这次国庆节报道一共发了100多篇新闻报道和文章，在报面上表现得集中，气氛也烘得较好，是业务改革后，深入群众、深入生活，反映党的政策在群众中具体化过程，报道先进经验、先进人物的一次实践。

1953年

1月1日　发表社论《迎接第一个国家五年建设计划第一年》。

1月5日　介绍鞍山钢铁公司三大工程，连续发表常工、刘爱芝写的三篇通讯《正在建筑中的我国最大轧钢厂》《我国第一座无缝钢管厂》《我国第一座自动化炼铁炉》。

1月7日　继续讨论绒衣积压事件。今天第二版发表本报记者王坪谈绒衣事件基本教训的文章《漏洞在哪里？》，并发表评论《接受绒衣积压事件教训　深入检查工作　把商业工作提高一步》。

1月9日　发表社论《迎接大规模经济建设　进一步巩固和提高宣传网工作》。

1月10日　发表中共中央东北局组织部部长张秀山写的文章《增强基本建设力量　迎接大规模经济建设》。

1月14日　编辑部开始整顿与加强通讯工作，适应工作重点转移，提出在基本建设部门发展一批通讯员。

1月16日　为了更好地组织编辑部的业务学习，编委会决定把出了330期的《每日情况》停刊，从今天开始，改出另一内部刊物《业务简报》。

1月19日　在《接受绒衣事件教训　深入检查积压损失　把商业工作提高一步》栏题下，联系商业部门实际，把讨论又深入扩展开来，商业工作者纷纷写文章参加讨论。

1月22日　编委会作出进一步开展通讯工作的决定，并提出具体要求与做法。

1月23日　基本建设宣传提到首要地位。报纸遵循基本建设程序，开始集中地、连续地报道设计工作和施工准备情况。

1月28日　发表社论《为创造东北农业生产更高产量作好准备》。

1月30日　东北局农村工作部和原东北人民政府农业部召开座谈会，专门研究如何推行肇源丰产经验问题，东北局副书记林枫同志作了总结发言。报纸就此配发社论《认真学习和推广肇源丰产经验》，说明推广肇源经验要从本地实际情况出发，明确提出："肇源经验最本质或最核心的问题，是肇源县委深入生产过程，钻研农业技术，向群众学习，把群众的丰产经验集中起来又坚持下去的工作作风和群众路线的工作方法。是我们学习肇源经验的中心问题。"

2月2日　为动员全党迎接国家第一个五年计划的第一年，中共中央东北局召开基本建设会议，总结1952年进行基本建设的经验和规律，提出1953年的中心任务。会上东北局副书记林枫作了总结。除会议报道外，报纸还发了社论《进一步加强党对基本建设的领导　为完成今年国家基本建设计划而奋斗》。社论中提出党要教育干部和广大群众，要从各方面积极支援基本建设，党应当遵照基本建设本身的程序，进行全面而有重点的检查与监督，加强对勘察、设计及施工准备工作的思想政治领导。

2月5日　以联系和培养通讯员为目的的通讯员刊物《东北日报通讯》今日出版。这个刊物由副社长兼总编辑殷参负责，并组成七人委员会负责编辑。

2月6日　报社召开设计人员座谈会，就当前设计上的问题交换了意见。会后，以《必须树立先进的设计思想　反对浪费的设计》为题在报上辟专栏开展讨论。

2月8日　原东北人民政府农业部发布东北农业生产合作社试行章程，报纸为此发表社论《试办农业生产合作社必须贯彻稳步前进的方针》。

3月1日　编委会制定反官僚主义报道的计划与步骤。

3月3日　发表本报通讯员李继尧揭发原东北人民政府贸易部部长王兴让压制批评的报道。

3月14日　东北局为检查读者来信工作，进一步开展批评，于2月底召开了省市报纸工作座谈会。会后，东北局又召开了省、市委书记会议，也讨论了开展报纸批评问题，并根据会议上对报纸批评的反映，东北局指示《东北日报》编辑部写了《经常在报刊上开展群众性的批评是推进我国建设事业的强大动力》的社论。

3月15日　在省、市报纸工作会上，东北局宣传部部长李卓然就报纸上的讽刺问题讲了话。

3月19日　在第二版辟《互助合作》专栏，专门介绍和交流农业合作化的情况和经验。

3月31日　发表社论《采取切实有效措施　肃清对待人民来信的官僚主义态度》。

春　王揖同志调到北京，李荒同志调中共辽西省委，东北局决定任命张沛同志为社长，殷参同志为副社长兼总编辑，潘非同志为副总编辑。

4月1日　学习苏联经验，开辟《小品文》专栏，作为报纸开展批评的一种形式。

4月13日　编委会作出报社反官僚主义的检查与总结，提出提高报纸的思想性，改进领导作风与领导方法的首要一环是克服官僚主义，要加强编辑委员会的思想领导。

4月14日　编委会检查贯彻中共中央《关于在报纸刊物上开展批评与自我批评的决定》的执行情况，并提出进一步在报上开展批评的意见。

4月15日　发表短评《纠正急躁冒进倾向　互助合作必须从实际出发》。

4月16日　编辑部组织以“加强新闻报道，扩大报道面，丰富报道内容”为主要内容的业务学习与业务改革。

4月18日　辟《在东北工业战线上》和《在东北农业生产战线上》两个专栏，专发动态新闻，反映建设成就与建设面貌。

4月19日　为纪念中共中央《关于在报纸刊物上开展批评与自我批评的决定》发布3周年，发表社论《开展自下而上的批评和自我批评　保证祖国经济建设计划的胜利完成》。并发表编辑部署名文章《关于处理读者来信的检查与总结》。

4月28日　发表社论《提高企业管理水平是国营厂矿的中心任务》。

5月14日　中共中央东北局宣传部部长李卓然在党报委员会上提出：报社要经常召开读者座谈会，听取群众对报纸的意见。报社执行这一指示，定出编委轮流下乡和定期召开各种类型读者座谈会的制度。

5月21日　编委会决定加强情况工作，出版不定期刊物《情况介绍》。

6月6日　发表社论《要积极地培养与提拔妇女干部》。

6月9日　发表短评《必须重视发动技术人员工作》。短评针对忽视技术人员作用的情况，阐明在国家开始经济建设的新时期，面临许多复杂的科学技术问题，没有技术人员参加，没有技术人员和工人的结合，解决这些问题是不可能的。

6月10日　召开记者座谈会，研究如何深入群众，深入生活，加强新闻报道问题。

6月11日　编辑部内部刊物《业务简报》在《编采工作注意》一栏，提出正确地进行对技术人员的批评与表扬，不要在报道工人的创造性和积极性时，把技术人员的落后思想作为陪衬。并指出，在经济建设中技术占有很重要的地位，要正确认识技术与技术人员的作用。

6月14日　发表记者商周写的关于马庆福农业生产合作社小麦丰产失实报道的调查文章，同时发表中共黑龙江省委的检讨，以及有关领导干部的检讨。报纸就此发表社论《培养劳动模范是严肃的政治任务》。社论对造成失实的某些领导的好大喜功、听喜不听忧的错误思想和缺乏实事求是的深入实际的作风，进行分析批判之后，对《东北日报》“曾两次报道马庆福社小麦丰产，另在其他新闻和评论中提到此事”作了自我批评。认为“对这样一个全区著名的小麦大面积丰产新闻的报道，记者没有深入调查分析，对通讯员来稿没有详细研究，说明在思想作风上还有急于表现成绩、忽视调查研究的毛病”。并提出希望广大读者帮助报纸检查同类不真实的报道。

6月21日　编委会定出加强新闻报道第三季度实施方案。对如何扩大报道面、改进新闻写作、加强典型报道，以及版面的配备等均提出具体要求。

6月27日　发表社论《继续加强计划管理　全面均衡地完成国家计划》。

6月28日　发表社论《以高度负责的精神处理读者来信》。

7月1日　我国新建第一个机械化的露天煤矿——阜新海州露天矿正式投产，报纸在第一版刊发消息和通讯，在第四版以《我们伟大祖国建设的新成就》为题刊发整版画刊。这种加“东北画刊”刊头的画刊，是《东北日报》报道重大事件经常采用的一种宣传方法。自1948年报纸迁沈出版所出的第1期画刊算起，今天出的这期是第107期。

7月6日　为加强新闻报道，编委会决定把原来工业、农业“两个战线上”专栏合并，栏题改为《祖国的东北在经济建设中前进》，放在第二版头题位置，隔日一期。

7月15日　发表社论《本位主义是国家建设事业的敌人》。

7月18日　编委会在第三季度报道计划中体现业务改革精神，提出有中心、多方面、运用典型、充分反映群众活动几项要求。

7月22日　编辑部在业务刊物上组织关于怎样报道群众活动的笔谈。

7月23日　召开编辑座谈会，研究如何明确编辑思想，实现改进新闻业务的要求。

8月9日　东北行政委员会召开普选工作会议，报纸发表消息，并发表社论《抓住主要环节　作好基层普选》。

8月14日　发表社论《进一步加强职工家属工作　教育家属支援工业建设》。

8月16日　刊发新闻，报道适应工业建设需要，东北进行大规模地质勘探工作。

8月21日　综合报道东北地区上半年工业运输计划执行情况。发表社论《开展群众性的增产节约竞赛　为全面超额完成国家计划而奋斗》。

8月24日　刊发鞍钢第一炼钢厂改建工程开工的新闻。

9月4日　在《开展增产节约竞赛　保证全面超额完成国家计划》刊题下，连续报道经济建设战线开展增产节约竞赛情况。

9月17日　中共中央东北局召开党员干部会议，动员开展增产节约运动。会议认为，东北地区1951年和1952年的增产节约运动，对于经济恢复和建设工作起了很大作用。今年是我国第一个五年计划的第一年，开展增产节约运动，超额完成国家计划，对于当前的建设和今后长远的建设事业，都有很重大的意义。本着这个精神，报纸报道了这个会议。

9月30日　发表社论《提高质量　加速进度　保证完成今年的基本建设任务》。第三版出现一个醒目的栏题《为实现第一个五年计划的基本任务而奋斗！》，在这个栏题下，连续报道了典型的先进人物和先进集体。

10月1日　刊发综合消息：东北全区重点工程加速进行。在《为实现第一个五年计划的基本任务而奋斗！》的栏题下，发记者访问东北水力发电工程公司的通讯《努力执行第一个五年计划的人们》。

10月5日　报道技术人员的先进典型：鞍钢技术员胡兆森提出重大建议，为七号炼铁炉按时出铁解决了一大难题。

10月25日　发表社论《纪念志愿军出国作战三周年》。

10月28日　在第一版发表新闻：我国第一座近代化的无缝钢管厂在十月二十七日轧出新中国第一批无缝钢管。

11月1日　报纸对无缝钢管厂的竣工做了集中报道，在第一版头题发表消息《我国重工业建设又一巨大胜利　无缝钢管厂提前竣工举行交接签字》。

11月5日起　开始刊登顾雷同志的长篇通讯《鞍山基本建设工作介绍》，共12篇，1954年4月15日结束。

11月11日　就彰武四区区委领导经验的典型报道，发表社论《进一步提高农村工作的领导水平》。

11月12日　报道鞍钢工人王崇伦一年能完成三年生产任务的先进事迹。发表社论《重视与培养生产革新者的首创精神　进一步发挥工人阶级的积极性与创造性》。第二版在《新人新事》栏内，发表题为《生产革新者王崇伦》的人物通讯。

11月14日　在《发扬生产革新者的首创精神》栏题下，连续报道王崇伦革新精神在沈阳、哈尔滨等地职工中引起的巨大反响。

11月20日　发表消息《东北全区广泛宣传国家总路线》。

11月27日　东北行政委员会召开第三次委员扩大会议，号召学习和大张旗鼓宣传国家在过渡时期的总路线与总任务。报纸报道了这次会议，并配发社论《学习总路线要联系工作和结合理论》。

11月28日　从今天起陆续转载《人民日报》发表的《向农民宣传总路线》的一批文章，作为农村工作干部学习和宣传总路线的材料。

12月1日　编委会制定关于过渡时期总路线宣传的初步计划，强调报纸应把总路线的宣传与日常报道结合起来，并使总路线宣传成为目前报纸的中心内容。

12月3日　发表新闻《鞍钢大型轧钢厂胜利地轧出我国第一根大型钢材》。除发消息外，并从今天起连续发表本报记者写的介绍大型厂建设经验的通讯。

12月4日　王崇伦实现他提出的一年完成三年工作量的计划，报纸对此作了连续报道。

12月7日　综合报道今年东北全区推广肇源丰产经验所取得的显著成绩，配发社论《深入宣传总路线　推动农村一切工作前进！》。

12月16日　第一版头题消息：鞍钢轧钢厂交工验收，正式移交给生产部门。

12月19日　发表社论《正确地、全面地向农民宣传总路线》

12月20日　第一版头题发表消息《我国重工业建设又一巨大胜利　鞍钢七号炼铁炉开始出铁》。

12月23日　发表毛主席给鞍钢职工的复电，祝贺鞍钢三大工程建设的胜利完工。第三版发殷参写的长篇通讯《铁孩子——高凤志》。

12月27日　今天集中4个版报道鞍钢大型轧钢厂、无缝钢管厂、七号炼铁炉三大建设工程举行开工典礼的情况。第一版除发消息外，并发鞍钢全体职工给毛主席的致敬电，配发社论《社会主义工业化进程中的光辉胜利——庆祝鞍山基本建设的巨大成就》。

12月28日　第一版发表周恩来总理于1953年12月21日为祝贺鞍钢三大工程开工生产的题词全文，转发《人民日报》为庆祝鞍钢三大工程开工生产撰写的社论《我国工业建设的重大胜利》。

12月30日　到1953年底，《东北日报》发行量达31万份，在各大区报纸发行量中是最高的。东北日报社在经营管理工作方面也有一定的成绩，在新闻出版总署召开的会议上曾受到表扬。报社的收入除开支外还有结余，资金周转比较快。

1954 年

1 月 1 日　发表社论《迎接伟大的五年建设计划的第二年》。

1 月 5 日　编辑部召开报纸检查会，认为鞍钢三大工程完工的报道比较集中、突出，能从政策思想上和群众的切身体会来宣传社会主义工业化的方针，反映了党的政策在人民生活中所起的作用和对人民的鼓舞。

1 月 6 日　根据中央改进报纸工作决议，编委会定出检查报纸提纲，内容包括关于在报纸上开展批评的检查，关于经济宣传和“党的生活”报道的检查。

1 月 13 日　转发中央人民政府重工业部关于学习王崇伦首创精神的通报。

1 月 15 日　发表社论《深入宣传工农联盟思想》，工业、农业报道分别作出总结，初步提出经济宣传上的一些经验与教训。

1 月 18 日　发表社论《教育工人和农民懂得工农联盟的基本道理》。发表述评《广泛宣传生产革新精神》。

1 月 20 日　刊发综合消息：东北轻工业、地方工业不断供应农民生活资料。

1 月 22 日　开辟《向工人宣传总路线》专栏，从今天起将陆续发表一批文章，供职工学习。

1 月 24 日　东北局农村工作部开会讨论发展生产合作社工作，报纸在发消息的同时，发社论《积极学会办农业生产合作社》。

2 月 1 日　发表本报记者写的通讯《鞍钢生产和农民的关系》。

2 月 12 日　根据报纸最近一个时期出错较多的情况，编委会提出“为没有错误的报纸而斗争”的号召，并在《业务简报》上以此为题设专栏，经常发表检查报纸的情况。

2 月 16 日　刊发综合消息：东北全区去年增产节约 67000 亿元（东北币）。发表社论《认真总结与推广去年增产节约运动的经验　把增产节约运动引向经常化》。编委会《关于经济宣传几个问题的初步检查与体会》的总结材料，已经东北局党报委员会批准，在当天出版的内部刊物《业务简报》上发表，总编室加按语，要求各业务组把这一总结作为业务学习材料，结合实际提出改进报道意见。

3月15日　在第二版辟《办好农业生产合作社》专栏，从今天起连续发表一批通俗解释《中共中央关于发展农业生产合作社的决议》的文章，作为向农民进行政策和社会主义思想教育的参考材料。

3月16日　编委会确定今后一个月的业务学习，主要是研究如何根据东北地区的情况，在各项报道中具体宣传总路线和第一个五年计划的方针任务，并要求制定具体报道计划。

3月22日　根据中央发挥现有企业作用的精神，在第二版刊出《发扬艰苦奋斗、服从国家计划精神　充分发挥现有企业作用》的栏题，在这个栏题下，连续发表厂矿干部和工人的文章。中国新闻工作者访问《真理报》代表团，3月3日从苏联返抵北京。东北日报社社长张沛参加了这个代表团，回报社后作了访问苏联《真理报》的报告，东北全区省、市报社的领导同志，参加这个报告会。

4月2日　刊发消息：鞍山钢铁公司发挥基地作用，抽调大批技术工人支援兄弟工厂，并为大冶培养出第一批建设人才。

4月3日　本报记者王坪报道炼钢工人李绍奎的先进事迹。

4月5日　在今天出版的内部刊物《业务简报》的《为没有错误的报纸而斗争》的专栏内，发表经济组对去年12月26日见报的凤城百余火车大米变质的报道失实一事的检讨。编委会决定在报上公开向读者交代，并在《东北日报通讯》上向通讯员进行新闻必须完全真实的教育。

4月16日　报道北京举办鞍钢技术革新展览会。转发《人民日报》庆祝展览会开幕的社论《为了国家工业化开展技术革新运动》。

4月22日　本报记者程维君报道西安竖井紧张建设。

5月7日　贯彻业务改革精神，加强面貌与动态宣传，从今天开始在第一版头题位置设《在祖国的东北》专栏，决定把一些重要新闻放进去。报社编委会对报纸上的批评与自我批评作出总结与检查，对“报纸的批评怎样才能经常化”提出初步意见。

6月20日　开辟“当前的问题”专栏，反映从读者来信中提出的有普遍意义的重要问题。这个专栏发表的第一篇文章是《小学教师没有足够的备课和休息时间——反对教学行政上的形式主义》。

6月21日　发表社论《各级党组织必须积极领导宪法草案的宣传与讨论》。

6月26日　刊发消息：我国新建第一座机械化自动化的薄板厂——鞍钢第二薄板厂，轧出第一批质量良好的薄钢板。

7月2日　发表社论《正确认识当前农村互助合作运动的新情况》。

7月9日　发表社论《积极为合作化运动新高涨做准备》。

7月27日　发表评论，批判不重视建设工程质量的错误思想。

7月29日　第二版出现《广泛开展技术革新运动》的栏眉，报纸再次强调技术革新。

7月30日　发表经济工作述评《某些轻工业产品质量为什么不能令人满意》。

8月4日　发表社论《必须正确培养教育劳动模范和先进生产者》。

8月13日　辽宁省召开人民代表大会，讨论全省当前任务，报纸发表新闻。第二版发表评论《充分发动技术人员参加技术革新运动》，提出必须充分认识科技人员在实现社会主义工业化中的重大作用。

8月31日　发本报终刊启事：根据中央人民政府撤销大区一级行政机构的决定，本报于8月31日终刊。

3

《东北日报》重要新闻作品

在9年时间里,《东北日报》诞生了众多产生全国影响的新闻佳作。我们在《东北日报》所经历的各个时期，分别选择了数篇带有浓浓时代印迹的代表性作品，以窥全豹。

需要说明的是，为保留和尊重历史原貌，收录时对不符合今天汉字使用规范的语词未予修改，仅仅对个别错字、缺字进行了修正和增补。部分作品有删减。

发刊辞

发表于1945年11月1日一版

东北人民经过长期艰苦奋斗之后，在苏联红军援助下开始解放，过去，我们有话不得说，有苦无处诉，今天我们可以自由说话，表示我们的真正意志了，本报就是东北人民的喉舌，它以东北人民的利益为利益，以东北人民的意志为意志，反映人民的要求，表达人民的呼声，为巩固中苏友好团结以保障远东和平，为东北人民自己作主的民主自由繁荣的新东北而奋斗。一切都为东北人民而服务，这就是我们的宗旨，我们的天职。

最近中国共产党中央委员会所提出的，和平民主团结的建国方针，也就是本报今后努力的方向。

敌伪在东北已经摧残蹂躏了我们十四年，现在在政治上经济上文化上甚至军事上还有不少的残余势力，都给我们留下了许多毒素而没有肃清。为了建设民主自由繁荣的新东北，必须彻底肃清敌伪一切残余势力与其毒素，建立起我们东北人民新的思想武装和新的组织力量。本报为了东北人民之切身利益，决以全力和一切敌伪及法西斯余孽作无情的斗争，无论它挂着什么样的漂亮招牌，穿着如何美丽的外衣，我们都将以万能的照妖镜暴露其原形而给以无情打击。这就是我们当前的现实的斗争任务。

本报就站在这样的立场上肩负着这样的任务而诞生了。它是东北人民的报纸。

东北同胞们！全国同胞们。东北人民已从异族的统制下解放出来，但这只是解放的开始，还需要我们进一步扫除一切反人民的反动势力，才能达到真正的解放，我们东北人民需要民主，需要自治，需要武装自卫，肃清一切敌伪残余势力，以安

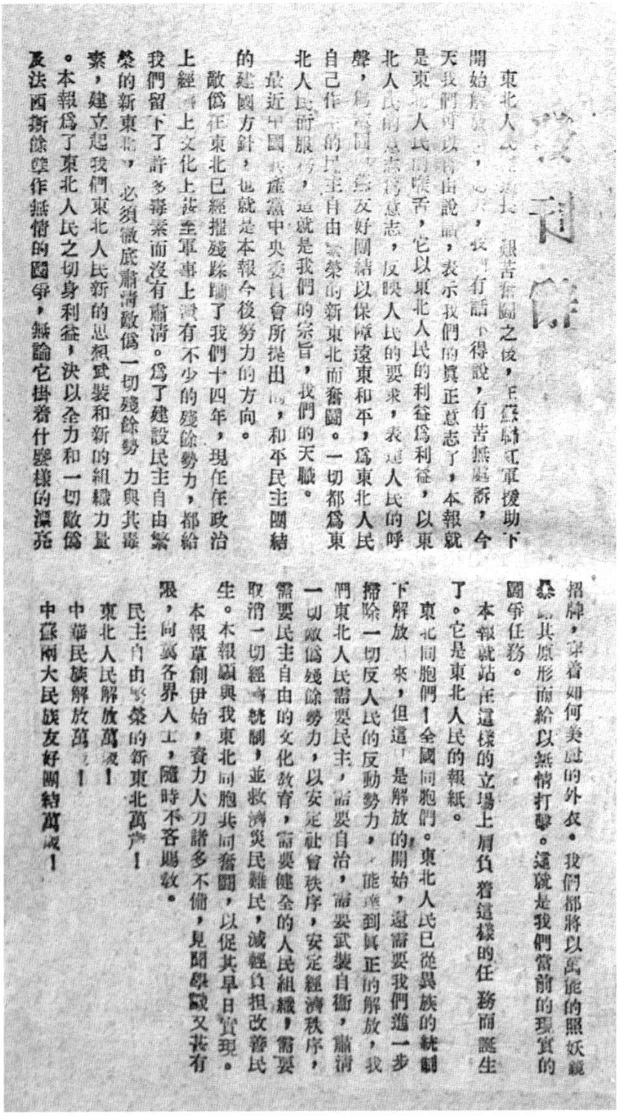

發刊詞

東北人民在十四年艱苦奮鬥之後，在蘇聯紅軍援助下開始解放了，[illegible]，我們有話不得說，有苦無處訴，今天我們可以自由說話，表示我們的眞正意志了，本報就是東北人民的喉舌，它以東北人民的利益爲利益，以東北人民的意志爲意志，反映人民的要求，表達人民的呼聲，爲中蘇友好團結以保障遠東和平，爲東北人民自己作主的民主自由繁榮的新東北而奮鬥。一切都爲東北人民而服務，這就是我們的宗旨，我們的天職。

最近中國共產黨中央委員會所提出的和平民主團結的建國方針，也就是本報今後努力的方向。

敵僞在東北已經摧殘蹂躪了我們十四年，現在在政治上經濟上文化上甚至軍事上還有不少的殘餘勢力，都給我們留下了許多毒素而沒有肅淸。爲了建設民主自由繁榮的新東北，必須徹底肅淸敵僞一切殘餘勢力與其毒素，建立起我們東北人民新的思想武裝和新的組織力量。本報爲了東北人民之切身利益，決以全力和一切敵僞及法西斯餘孽作無情的鬬爭，無論它掛着什麼樣的漂亮招牌，穿着如何美麗的外衣。我們都將以萬能的照妖鏡暴露其原形而給以無情打擊。這就是我們當前的現實的鬬爭任務。

本報就站在這樣的立場上肩負着這樣的任務而誕生了。它是東北人民的報紙。

東北同胞們！全國同胞們。東北人民已從異族的統制下解放出來，但這只是解放的開始，還需要我們進一步掃除一切反人民的反動勢力，[illegible]能達到眞正的解放，我們東北人民需要民主，需要自治，需要武裝自衞，肅淸一切敵僞殘餘勢力，以安定社會秩序，安定經濟秩序，需要民主自由的文化教育，需要健全的人民組織，需要取消一切經濟統制，並救濟災民難民，減輕負担改善民生。本報願與我東北同胞共同奮鬬，以促其早日實現。

本報草創伊始，資力人力諸多不備，見聞學識又甚有限，向冀各界人士，隨時不吝賜教。

民主自由繁榮的新東北萬歲！

東北人民解放萬歲！

中華民族解放萬歲！

中蘇兩大民族友好團結萬歲！

定社会秩序，安定经济秩序，需要民主自由的文化教育，需要健全的人民组织，需要取消一切经济统制，并救济灾民难民，减轻负担改善民生。本报愿与我东北同胞共同奋斗，以促其早日实现。

本报草创伊始，资力人力诸多不备，见闻学识又甚有限，尚冀各界人士，随时不吝赐教。

民主自由繁荣的新东北万岁！

东北人民解放万岁！

中华民族解放万岁！

中苏两大民族友好团结万岁！

中国共产党与东北抗日联军十四年斗争史略

关寄晨

发表于 1946 年 3 月 17 日一版转二版转三版转四版

中国共产党及其领导下的东北抗日联军，十四年来在东北的抗日斗争，就其残酷与艰苦的程度，英勇与成功的结果，可以说是中国历史上所空前未有的。这是一部用血泪写成的历史，也是中华民族在暴敌侵凌下，所显现出的光荣和骄傲。但由于过去战争环境的限制，及日寇的严密封锁，使国人对联军的英勇斗争多不知晓，即令偶知一二，其中亦难免有捕风捉影及讹传之处，为此，记者特远道往访东北抗日联军领袖周保中将军，及其部下老游击队员数十人，经半月以上的访问、详谈，就所得材料虽不能全面而深刻的反映其全部斗争史，但简要的将其十四年来的斗争事略及其艰苦支持抗日战争的情形加以介绍，也是非常必要的，故不避挂一漏万之讥，特撰此文，以飨读者。

一、抗日救国运动的萌芽与旧抗日军的瓦解

中国共产党东北组织，远在九一八事变以前，就进行了长期的地下党的工作。当九一八事变爆发时，鉴于当时国民党不抵抗主义使日寇毫不费力的掠夺了满洲，一个空前的民族灾难首先降临于东北的时候，即开始在辽宁发动了大规模的反日运动，在沈阳、抚顺、本溪、鞍山等城市工矿区，曾组织了数万工人的抗日救国运动，但很快的均被日寇多门师团以武力镇压下去了，其领导人物如杨耀奎（中共党员）等许多重要干部，亦多遭逮捕惨杀。以后东北党组织的领导机关移至北满，在日寇未到或统治薄弱之处，不论城市和乡村，广泛组织了各种工农学生爱国分子之抗日

DUNGBEI RHBAO

東北日報

第八十六期

中國共產黨與東北抗日聯軍十四年鬥爭史略

關寄晨

注：为了批驳国民党“日本投降前东北没有共产党军队”的无耻谰言，自 1946 年 2 月下旬起，《东北日报》在一个多月时间里，集中突出地发表了一批有关东北抗日联军历史的文章，进行了针锋相对的斗争。以下三篇就是其中的代表性作品。报道用大量生动具体的事实，有理有据地阐明了东北抗日联军在中国共产党的领导下奋勇抗战的业绩。特别是《中国共产党和东北抗日联军十四年斗争史略》一文，同时在《东北日报》和《新华日报》发表，在群众中产生了广泛的影响。

救国会，公开或秘密的进行活动。其中尤以哈尔滨之学生运动作用最大。哈尔滨之工业大学，第四中学，法政学校，以及永吉之吉林师范等校，青年学生大多数均卷入于爱国运动，且于运动中培养了自己优秀的干部如王光宇、陈名亚、唐尧仆、颜江童等。在这一时期中，国民党不抵抗主义日趋证明，剿共内战毫无停止象征，但中共东北组织，以国家民族为重，指示全党同志，由于日寇侵凌，东北革命形势已发生变化，东北党的任务，应该是适应东北人民的愿望，组织群众爱国运动，武装反抗日本。但当时在一部分人民特别是上层分子的心目中，还相当普遍的存在着希望南京政府出兵，及国联调查团会武装干涉日本的幻想，因此阻碍了运动更积极的向前开展。为此，中共东北组织，特根据中央指示，广泛向群众宣传：由于南京国民党政府不抵抗政策出卖了东北，现在不仅不会出兵抗日，反而会更加紧内战。国联调查团对日本也不会有任何有力的制裁，甚至会反为日寇所利用。因此东北人民唯一的出路，是自动的组织起来，普遍的发动游击战争，不怕开始是无组织的、散漫的，但在斗争中即会逐渐团结统一，增强其战斗力量。这些主张曾得到广大群众的拥护，产生了良好的效果。特别在东满北满地带及延边之高丽人民中，无不踊跃响应，参加抗日救国运动者络绎不绝。这是东北抗日运动中一个很大的特点。

此外，当时在东北还有一部分抗日的旧军队，如黑龙江的马占山，辽宁的唐聚伍，吉林的冯占海部队，丁超的二十八旅，李杜的二十一旅，被赵芷香遗弃的十九旅，以及苏炳文、宫长海、李海青、王德林、孔宪荣、姚振山等。这些旧军队将领，虽然怀抱着不同的动机，且内部斗争激烈，部队脱离群众，但当时在客观上都起着抗日的作用，迟阻了日寇由南向北的进攻。因此中共对他们的态度，是采取团结帮助的政策，一方面动员爱国的青年学生成立义勇军，大批的充实其力量，一方面又派自己有力的干部去帮助他们。如在中东铁路东线和南线的帮助自卫军，在沈阳、抚顺、本溪、鞍山等地发动工人响应唐聚伍的辽宁民众自卫军等。辽西热河一带中共更派遣张寿篯等同志，动员和组织民众帮助抗日军进行活动。在这一时期中，中共党员到处为抗日军奔走呼号，帮助抗日军做参军，做幕僚甚至当兵在前线流血牺牲者，可谓比比皆是。如周保中同志先在自卫军担任宣传指导者，后任救国军总参谋长。刘铁钢同志（留比学生）任自卫军杨耀军部参谋长，杨靖宇同志在吉海、沈海线一带活动，冯仲云同志奔走沈海线组织民众自卫军，韩人潘 ××、李光林在东满组织了有名的李光林东满别动队，同时在松花江下游，乌苏里江左岸，在宝清饶河附近，中共优秀干部很多都参加高玉山、陈东山的自卫军。中共曾多次向抗日军将领建议，希望他们一方面要团结联合，一方面要各自为战，建立长久的根据地，但在军政策划上“力求互助策应”，要建立一定的联合组织。对内要肃清内部奸细及投机分子，严束军队纪律，对外要吸收各阶层爱国分子参加，发动群众，依靠群众，做到武装与人民结合，使战斗积极化起来。在战费上，中共主张没收汉奸财产，为了顾及民众生活，不能立即实行军费征发。各党各派，不要受南京政府扩大内战的影响，要互相帮助，一致抗日。但可惜的很，中共这些爱国主张多不能为旧抗日军将领所接受，特别是吉林的自卫军、马占山的抗日军、辽宁民众自卫军等，均过分带有旧军队的封建色彩，与群众脱离甚远，唯一依靠单纯的军事，对中共的建议，多半采取不即不离，阳奉阴违，秘密或公开的反对态度。加之他们内部派系复杂，互相倾轧，他们的言语行动，处处与共产党的主张相反，宣传南京出兵，国联要武力制裁，说南京不出兵是共产党在扯着后腿等等，实际上他们在抗日军中却到处分裂破坏。反对人民自发的武装，反对高丽人参加抗日，违犯群众利益，滥发委任状，争权夺利互相倾轧，极力谋取私人的地位和利益。因此使敌人奸细有隙可乘，预先埋伏了毁灭的危机。

当时敌人在东北的兵力，表面上只有多门一个师团活动，但实际上自九一八以后，很快的即增至三个师团和两个旅团，开始由南满向北活动。并在吉林利用张海鹏，在北满利用张景惠、于深征，在辽宁利用于芷山等充当前部先锋，更布置大批特务奸细于抗日军中充作内应，其中最著名者如王子佑、李华生、刘占奎（刘快腿）等，一步步的向北满压迫。嫩江一战，马占山兵败投降，影响所及，旧抗日军军心涣散，不堪一击。很快的丁超、李杜、邢占清从哈尔滨仓皇撤退。三二年底，辽宁民众自卫军在东南满也受到严重打击。唐聚伍、王郁文等相继瓦解，唐、王均单人逃入关内。但这时吉林东部王德林的救国军，在周保中、胡泽民、李延禄同志帮助下，却由于能容纳爱国群众，接受中共主张，独得到大大发展，活动范围由延边到吉林、敦化达辽吉边区，西南到安图、抚松一带，北到牡丹江、宁古塔，并在此与自卫军取得联络。但不幸由于内部派系分裂的影响和日寇奸细的挑拨，自卫军和救国军竟发生了意见分歧，及军事上的冲突摩擦，当时周保中同志在救国军中任参谋长之职，在中共满洲省委指示下极力从中调解，团结两军，不然即有被敌乘隙歼灭的危险，同时中共东满组织，复动员自己的部队为两军团结而积极活动。一九三二年九月一举攻克敦化，十月十日后攻陷宁安。以后自卫军以孔宪荣，救国军以马宪章为首，又在中东路有进行武装冲突的危险，当时周保中同志极力从中斡旋，结果李杜、王德林、吴义成及一些进步人士，都愿听从周的主张，调整了内部纠纷，并开始建立了联合军总司令部。以丁超为总司令，王德林、李杜副之，周保中同志担任总参谋长，共同制定了统一的作战计划。至此事虽解决，武装冲突虽已避免，但日本帝国主义从内部分裂的计划并未从此结束。一九三三年一月一日，日大兵从哈尔滨、珠河向东侵进，另一路从方正依兰，自卫军和救国军都遭受打击而先后瓦解，丁超投降，李杜、王德林、孔宪荣率万余人部队逃往苏联。此时在西面宫长海、冯占海、李海青、田霖等部也受内部派系斗争的影响，意志涣散士无斗志，主张经热河赴关内集中主力，谁知这正中了日寇的奸计，松花江榆树一战，四五万人多被消灭，仅冯率三千余人败走热河。这时吴义成在汪清、东宁间见形势不妙，亦发生动摇，准备继王、李、孔之后逃之夭夭。但中共吉东组织，以周保中同志为首却积极主张收拾残局，重整旗鼓，坚决抗日到底。

二、中共统战政策的贯彻，人民抗日力量的发展

一九三三年夏——三四年初，许多旧抗日军将领虽死降逃散，但抗日武装并未消灭，仅仅溃散为大小许多股，各自为战，很多都以“胡子”据山头等形式，反抗日本，如长江好、天下好、老来好、老双胜、平南洋、东双胜、三江好、小白龙……等。许多没有武装的群众，亦加入大刀会，红枪会的组织，继续抗日。中共执行统一战线的政策，对他们完全采取团结帮助的态度。那时抗日重心是在吉林东部松花江下游一带，如在镜泊湖以周保中同志为骨干，组成了新的东北国民救国军，以吴义成为总司令，周任总参谋长，收集散残，编成姚司令振山、柴司令世荣等九路，（李延禄同志独编一抗日游击军）并动员大批爱国青年及共产党优秀干部充实救国军的骨干，同时规定额穆、安图为根据地，使军队有组织的向沈海吉海进触，挺进中东路东线抗击日本。

与此同时，在中共直接领导下，尚有下列各地人民游击队的出现：

一、巴彦游击队：该队为中共北满组织，于三二年派出之干部所组织以张聘扬（平大学生）、赵尚志为首。数目达五六千人，在巴彦一带与日军作战，但因黑龙江军队失败的影响，亦很快的失败。

二、饶河游击队：在松花江下游，乌苏里江左岸地区，以崔石泉、李学福、张文楷、李斗文为首，组织了饶河游击队，进出于富锦、宝清、佳木斯一带，进行活动。

三、磐石游击队：在杨靖宇同志直接领导下，以中韩工农为基础，组成了巩固的磐石游击队。

四、珠河游击队：旧抗日军孙朝阳部瓦解后，在哈尔滨东，以李启东、赵尚志等七同志为首，在中共北满省委及珠河县委帮助动员下，组成了人民抗日武装——珠河游击队。

五、东南满联合游击队：以中共东满特委书记童长荣、老潘与王德泰、王润成四人为首，组成了东南满联合游击队。

六、宁安游击队：以张建东、于洪仁、李精朴为首、在吉东局及宁安县委领导下，组成了抗日工农义勇队，后改为宁安游击队。

七、汤原游击队：以夏云杰、戴鸿宾为首，在中共地方党帮助下，成立了汤原游击队。

八、海伦游击队：由中共海伦地方党直接领导组成，力量不大。

九、密山游击队，在中共密山县委领导下，以周 ×× 为首，组成密山游击队。

这时，抗日运动的特点，由武装军队方面来说，有下列三种形态：第一种，有组织、有纪律、紧紧的依靠群众，以爱国知识分子，及有觉悟，仇日最深的工农分子为基础，如上述各地之游击队。他们武器虽坏，但战斗力甚强，且内部建立了巩固的共产党领导，以巧妙的积极的游击战术给日寇很大的打击。第二种是旧军队，如自卫军、救世军以及和土匪、山林队合流组成的抗日义勇军等。当时属于这一类型的有田霖部队、鲁孝直（飞云龙）部队、李华堂部队、王荫武部队、殿臣、德林部队、李双侠与九江部队，以及张雨亭司令。这些部队的特点是与群众利益违反，内部派系复杂，且于军中容纳奸细，其将领或与奸细妥协，或疏忽不知警惕。在对日作战中，除田霖、老双胜、德林、殿臣、飞云龙外，均表现消极。第三种是救国军，姚振山司令及柴世荣司令，于学堂、王汝起部队素质介于上述二者之间。合计以上种军队其总数不下二十五——三十万人。虽然当时在满洲的日军已由三个师团，增至六个师团，二十个左右的守备队，以及两三个步骑混成旅，但就全盘观之，抗日军给日寇的打击较诸过去更觉实际有效。如在敌人修吉会路时，曾用重兵步步为营，掩护修筑，而掩护部队却经常受到游击队的歼灭打击。中东路东线由于抗日军的截击，交通几乎成为停顿状态，此外，哈吉线的列车，松花江的航运，亦经常不断在抗日军的打击威胁之中。日寇各城市据点其情形无不若是。敌满洲驻军如板垣、清水、岩越、依田、畑等师团，没有一个不曾吃过游击队的亏，翻开一九三四年的泰东日报，根据日寇自己统计日官兵在“讨伐”中战死负伤者达五万人以上。实际上恐尚不止此数。这是抗日运动向前发展的时期。

在这一时期中，中国共产党不仅以自己的武装，积极活动成为打击日寇的模范和主力，且在政治上，以民族抗日统一战线的思想，团结所有的抗日武装，如南满在杨靖宇、魏拯民、王德泰诸同志领导下，把各种小的部队集中起来，改编为抗日人民革命军第一军。他们曾几次袭辉南、磐石，进出通化、临江、长白、并曾占领濛江、抚松地区。在东满以童长荣、王德泰、王润成为首，编成抗日人民革命军第二军，军长王德泰。他们独占了延边四县，进出敦化、额穆。在吉东以周保中、张健东、柴世荣为首，组织抗日同盟军（包括吴义成、孔宪荣、姚振山的救国军，及宁安、吉东游击队）经常出袭宁安、牡丹江、穆陵、苇河一带，并占领绥芬河、大甸子。在珠河以赵尚志、张寿篯、冯仲云为首，组织了抗日人民革命军第三军，并建立松花江沿岸之联合军司令部（包括珠河、汤原、依兰、通河、方正，李延禄、李华堂、于九江、王荫武及其他人民武装）统一作战，曾攻占宾县、方正、延寿等县城，军威大振。此时谢文东部从宝清逃往饶河（该部是由三三年依兰土龙山农民自发暴动出来的，他们曾歼灭敌酋饭塚大佐，决心抗日，声势浩大。土龙山地主谢文东被迫领导，但因领导抗日不彻底，内部腐化，与群众并没有很好的团结。故很快遭受敌人惨重打击，于七、八虎力河一役终将其击溃，谢率残兵千余人逃往饶河）企图越境逃跑，后经饶河中共组织及游击队领导人再三解释和劝阻，在共产党直接领导与帮助下，使其西返重新发展起来，后编为抗日人民革命军第八军。

三、东北抗日联军的组成，人民抗日力量的统一与巩固

一九三四年冬——一九三五年，虽中共统一战线政策极受群众拥护，但在一般旧抗日军领袖中间，仍有动摇不定之分子，加之日寇利用国民党的分裂引诱政策或降或逃，他们的部队也随之溃散，其中如孔宪荣受关内陈济棠影响，去而复来，来而复往，吴义成终于逃往苏联，张雨亭也逃跑了。在共产党的领导下，公开和秘密的抗日救国会，遍布于东南满和东北满，参加抗日运动者不但有成年青年，即妇女老翁及幼年儿童亦无不积极于抗日斗争。

一九三五年春，中共更统一东北人民革命军及各地游击队全部改编为东北抗日联军，共十一军。第一军为杨靖宇，第二军为王德泰、魏拯民，第三军为赵尚志、冯仲云、张寿篯，第四军为李延禄，第五军为周保中、柴世荣，第六军为夏云杰、戴鸿宾，第七军为李学福、崔石泉，第八军为谢文东、刘曙华，第九军为李华堂、李熙山，第十军为王亚臣、苏安仁，第十一军为祁致中、金 ××，此外王荫武的救世军亦受联军节制。以上各军尤以一军、二军、三军、五军等为其中之基干，部队成分最纯，党的领导最强，作战力亦较他军为优。经此次改编后，在抗日联军中确立了中共统一战线思想为统一的思想领导，制定了各种制度（如教育、供给）及对群众的收治工作，特别在军事上更建立配立了协同动作，按作战目的划分了作战地区，配合活动。如果说过去部队中还有反对共产党的思想，那么现在可以说完全没有了。这是中共正确主张和坚强的领导，在战争的实际考验中，已为群众所认识和接受的缘故。

由于联军的更加组织化、系统化，吸引了敌人极大的注意，并立即于满洲增兵至三十万之众，不断的向联军“讨伐”，此时联军除坚持反“讨伐”战争外，并加强对日满军的政治攻势。很多日军因受中共反侵略，反法西斯军阀，以及民族平等民主自由等思想鼓动，不仅爱看联军的报纸、传单，且发现了同情抗日联军的行动。如宁安日军一组七八人秘密逃向唐头沟去，经农民廖老头（长发）的关系，要转投抗日联军第二军陈翰章侯国忠的部队，后因迷失路途，无人向导，不得已又转回宁安，被宪兵捕毙或自杀了。又如东京城日兵三人，曾把讨伐队的子弹装满一汽车，偷偷地开往联军阵地，连车带子弹都送给了第五军，并留下一封热情的信，后三人中主

谋者坂田事泄被杀。第一军里的日兵福健，也曾替第一军作了不少有大功劳的战斗贡献。在伪满军中藤井和李寿山的靖安军可以说是受日寇麻醉最深，且最有战斗力的部队，曾在热河为日寇建立了许多“赫赫武功”。但在辽东和东满受杨靖宇部一次严重打击及政治宣传后，满军弟兄多杀死日本军官哗变反正。后该部又开至吉东一带与二、五军作战，复因我政治宣传的成功，与不断予以严重打击，在其军官吴刚、杨德仁的领导下，大批大批的哗变投降。至此日寇急将其调回，并将残余三千人全部缴械重新改编。其他警备旅及地方警察队等慑于联军兵威，亦无不畏怯作战，敷衍了事。从此可以看出中共组织力量及抗日联军发展，予日寇打击不小。当时他们曾称中共抗联为“思想匪”布置全满由南而北，由西而东的“扫荡”，并控制京图线（从长春到延吉）企图把南北满抗日运动截然分开。广大群众倾向抗日，敌人即采取残酷的烧杀政策，并辅以归大屯、保甲制、连坐法等加以限制。

四、东北抗日运动的高潮，抗日联军的辉煌战绩

一九二六年——三七年是东北抗日运动高涨的时期，中共除坚持与扩大东北的抗日运动外，并与关内爱国人士取得联系，如以宋庆龄先生为首之民众武装自卫会等，当时并应关内邀请派张健东、李延禄代表东北抗日联军到京沪平津各地，要求停止内战国共合作，团结全国人力物力一致抗日，出兵援助东北。虽未获实际效果，但却扩大了联军的影响，兴奋了祖国的人心。一时长江下游，各界名流士绅如马相伯、翁文灏之父等爱国人士及李杜、蒋光鼐、蔡廷锴、翁照垣诸将军多解囊相助。张学良亦再三派遣自己的代表信使往还，表示国仇家难，誓死雪洗。西安事变前后，日苏关系紧张，绥远抗战有被出卖的可能。东北抗联后派出代表奔走呼号，援助平津学运、支持绥远战争。并数次通电全国，催促全国抗战。指出东北地位的重要，纠正了由关内传来的寄中国解放于日苏之战的不正确论调。同时告诉东北中共党员，抗战是会起来的，如果日本敢进攻内地，我们要打击他的后路，起掘墓的作用。

三七年上半年，为迎接必将到来的全国抗战，东北抗日联军按照南满、东满、北满三地区划分军区，改抗日联军十一军为三路指挥。第一路总指挥为杨靖宇，魏拯民同志为政治委员。其基本部队活动于南满并进出高丽北部。第二路军总指挥为

周保中同志，其部队以五军柴世荣为主干包括四、七、八、十、十一各军及王荫武的救世军，活动于东满直达松花江下游，乌苏里江左岸。第三路军总指挥为张寿篯同志。政治委员冯仲云同志其部队包括三、六、九军（那时夏云杰同志已战死）活动于北满。各路军都建立了巩固的根据地，及良好的军民关系，办学校、出报纸、整军经武，组织群众，造成了蓬蓬勃勃的抗日高潮。同年 × 月东满和北满地方人民政府成立，直接与伪满政府对峙，一时在人民政府领导地区，广大城镇乡村，遍插抗日红旗，群众高唱反日歌，到处欢迎抗日联军，许多敌占区群众，亦多受此影响偷偷搬来。每遇敌人“讨伐”时，群众即组织自卫军，担任通信、担架、侦察、警戒等工作，甚至抬着土枪配合联军作战，宣誓要死守根据地。这是东北抗日运动的顶点，也是联军所谓“骑大马，逛大屯”的顺利时代。

七七抗战爆发，东北抗日联军更加积极活动，以打击敌人后方，援助关内抗战为其中心任务。攻城夺寨，破坏交通，到处袭击敌铁路据点。在南满，杨靖宇部展开攻势，由东而西、而南曾几度进出南满线达彰武、新民，跨安奉线，援助邓铁梅部在三角地带的活动。并派遣金日成、崔贤、安吉部队数度攻入韩北咸镜北道，威震朝鲜，消灭日军守备队甚多。在东满，沿镜泊湖岸及汪清、延吉、敦化间第二军陈翰章部队，予敌人打击尤重，沙河沿一次战斗毙日军七、八百名。接着在穆棱九站、二、五军联合部队又击翻开往密山的日寇兵车一列，死敌步骑工兵七百余人，夺得战马及军用品无算。此役结束后，日寇恼羞成怒，为了寻找告密的群众，曾将九站的百姓不分男女老幼均赶至街上整整跪了两天，但结果仍然是毫无所获。此外，由于全国抗战的影响，及在联军正义的号召下与攻势广泛展开，伪满军普遍动摇。首先宁安山林警察大队以李文彬及张成地、李海峰为首全部反正抗日，投降了第五军，且在牡丹江佳木斯一带屡次给日寇部队以极大的打击。接着满军三十八团也大批发生叛变，投降于第六军。号称满洲御林军的二十九团赫奎武部，亦在其部下举义暴动下杀死了日本军官十余人全部投降于抗日联军第二路军。一时影响所及松花江下流，伪满军反正抗日，络绎不绝。但不久，由于关内正面战场失败影响，使东北人民对抗战大失所望，惟八路军在华北坚持敌后战争，及毛泽东同志论持久战的问世，才使东北人民得以慰勉，但至此却结束了东北抗日运动的高潮。

五、日寇“集团部落”与保甲制度的厉行，抗日联军的艰苦时期

一九三八年开始，日寇增兵至四十万—五十万，不断的向联军“讨伐”，企图消灭其心腹大患，免去进攻内地的牵制，三八年冬至三九年全年，战争异常激烈，各地联军均遭受重大损失。南满杨靖宇部虽两次击溃满军精锐三十四、三十二两团，斩俘数千人，复于临江冲出了日寇十一个军管区兵力的包围，杀开了八道帐篷网，然在敌人重兵追袭下，亦不得不向东部山林撤退。临行时根据地群众扶老携幼、迤逦随行，声言愿和抗日联军同生同死，却不愿再受日寇的蹂躏。其余北满东满情况更加严重，敌人曾企图用种鸦片的办法，吸收联军部队齐集下江（松花江下游）好一网打尽，结果被联军领导同志识破，未能得逞。此时日寇所到之处，极力破坏游击区，不惜用毒辣手段，将凡与抗日联军有关系的群众尽行杀光烧光。据不完全统计当时仅就参加游击区域即不下十万所以上的房屋俱被焚毁。以抚松一县为例，该县植人参的散户五六千家即全被肃清。从辽吉边区长白山脉之牡丹岭、老爷岭、老松岭，横过长图铁路，沿牡丹江两岸，哈尔滨以东及乌苏里江左岸，所有山边村落，山中的猎户全部被日寇驱杀殆尽。以伪三江省而言，过去人烟熙攘，热心抗日，日寇称之为“共产党的乐园”，焚杀过后，早已是一片荒凉了。此外，敌人更厉行“集团部落保甲连坐”政策，将山沟森林中的零星居民全部集中起来，深沟高垒，以日寇正规军为主，屯田兵为辅，更守备以特务警察，完全断绝了联军与群众的联系。这是东北抗战最困难的时期，东北抗日联军，这时几乎完全生活于冰天雪地丛山密林间，整日与野兽同居，饥寒相伴。没有房子住，便背着斧锯在一望无际的森林中放倒大树建造“密营”，后来“密营”又遭敌人破坏，从此他们就经年累月的在雪地上围着火堆睡觉。火堆是他们最亲爱的朋友、也是他们的家。伤风感冒腰腿疼痛时，火堆又成了很好的医生。有时候在倾盆大雨中地下积水难睡，他们便在水中垒起断木冒着雨穿着湿衣睡在上面，这情形有一连半月以上者。没有粮食吃，他们便抢夺敌人的牛马，及以草根树叶为食，因此每吃一顿饭，都必须以同志们血肉和生命来换取。在最困难的时候他们曾吃过树皮、马皮，甚至自己脚上的靰鞡。数十天不见一粒粮食的事，是极其平常的。有时候他们因为饥饿，每天只能走十几里路，很多人坐在地下就不会再起来，哨兵都必须依着树身站岗，一根稍粗的倒木不用很大的

气力就不能跨过。一到冬天，风雪寒冷的威胁，在丛山密林中更加严重，大雪常深达腰际，偶一不慎，便会被风雪掩埋起来。由于敌人的封锁，他们买不到棉花和布匹，衣衫单薄、常有冻掉脚、冻破脸甚至全身冻僵而死者。平常手一拿出来就立刻冻白，一离开枪筒就黏下一层皮来，这时候虽有许多基本群众冒死犯难于夜间组织运输队以粮食、布匹、食盐火柴等物供给联军，或将粮食留在地垄里，上面盖以土雪，任联军挖食，但十有八九都遭日寇惨害，以致联军冻死饿死者为数亦不少。但联军并不因此气馁，仍然没有一天不行军作战，不设法打击日寇，群众也并不因此屈服，仍然呼儿唤弟给枪给马令其参加联军。以中共吉东省委为中心，在此困难关头，更号召全体党员坚决抗日，至死不屈。

六、各路联军的溃败，及周保中同志独撑局

一九三九年欧战爆发，日军加强在华作战，从华北一直打到华南，影响到东北人心的不安。当时在满洲日军增兵至七十万之众，除三十万防守国境线外，其余四十万全数用来讨伐抗日联军，战争至空前频繁与残酷的阶段。马屁股山、烈士山、莲花泡诸役，联军伤亡者数以千计。三九年五月，王德泰在南满桦甸大蒲财河战死，接着杨靖宇同志亦于四〇年二月二十日在濛江殉国，他的战友魏拯民和优秀同志与部将周旭东、曹亚范等亦相继牺牲。一时抗日联军将领，中共省委县委以下优秀干部牺牲者不知凡几，他们的部队亦多被日寇击溃。那时候邓铁梅已被消灭，王亚臣又被击溃，李延平、王光宇双双战死于五常，北满松花江一带于九江亦告兵败。而一部分民族败类，如谢文东、李华堂、王荫武等却在严峻的考验下，在一九三九年春先后于依兰、勃利投降敌人。此时中共鉴于形势的严重，乃一面改组党及群众组织，埋藏起来进行潜伏活动，一面却极力将军队加以收拾，西部以金日成、陈翰章、安吉、陈名亚为中心依据敦化、老爷岭及镜泊湖西地带进行长期苦战。东部以柴世荣、王汝起、张镇华、黄玉清为中心，在牡丹江、勃利、宁古塔及松花江下游地区活动。另一部崔石泉、季青、江新泰、李文彬等部继续在乌苏里江左岸，依据完达山脉分头活动。其中王效明部却直达江边截船攻岛，给日寇运输及捕鱼等小部队很大打击，一时插着抗日红旗的船只，曾沿乌苏里江欢唱行驶。此外，完全出敌人意料之外的

联军北满第三路军，在张寿篯、戴鸿宾、金策、李熙山、于天放、张光迪等部突入黑龙江平原，切断滨北线（哈尔滨至通北）攻占克山、拜泉，进入三肇地带（肇东肇源肇州）引起敌人很大惊慌。当时哈尔滨伪满航空学校三百余名学生感于义愤，群起暴动向肇源方面移动，准备参加抗日联军，但不幸为日寇追击，于中途全部消灭。以上这些活动都以中共吉东省委为中心，以抗日联军领袖周保中同志及其战友柴世荣、崔石泉、张寿篯、冯仲云、季青等共同支持危局。因此敌人对周恨之入骨，到处画影图形，悬赏捉拿，曾宣布如割得周保中一两肉，可换一两金子。并曾直接下战书于周，大意谓：“周保中将军，你若真是英雄，请摆开队伍来打，不要老是偷偷摸摸的袭击……”

苏德战争爆发后，日本于四一年冬在满洲增兵达百万，同时关内正面战场抗战日趋消沉，使日寇便于集中三十三个师团，企图扑灭抗日联军，企图消灭共产党使其一人不存，日寇曾这样比拟过，他说：“只要有一个共产党员，就好像是一只乌鸦，他一叫即会使整个满洲人心不安。”由此可见日寇畏惧中共的心理及其消灭中共的决心。此时情况更加严重，抗日联军弹尽粮绝，日以菌类野草为食，群众完全被隔绝，数十天不见一人，即令偶尔见到一两个山中炮手或煤窑、“鱼亮子”以及伐木的樵夫，亦大多数是被敌人训练的特务奸细，一见到联军人少则施毒药戕害，人多就跑去报告日寇。平时联军行动为了避免敌人寻踪追击，亦必须消灭雪迹，多设疑路，添兵减灶或完全消灭踪迹，以迷惑敌人，战争之苦，实出人意想之外。许多同志就是在这种情况下，非死于敌人的枪弹，而死于冻饿苦乏之中了。迫不得已，在周保中同志领导下，不得不分散军队，组织极秘密的游击队，依据完达山脉奔松子岭与北满东西兴安岭，进行分散活动。非到有利的条件下，不袭击敌人，如遇敌大部队来袭时，或隐避于密林中，或作数百千里的大转移，以保存仅余的部队，及各部妇孺伤病同志。这是东北抗日联军几乎无法支持的时代，但在周保中同志坚贞忠勇至死不屈的意志下，终于支持下来了，且在此期间部队中由于高度的政治觉悟及铁的纪律，从未有五人以上叛变者。他们自一九三七年后，即与中共中央及关内任何关系断绝了联系，完全是孤军苦战。敌人曾有这样一幅漫画讥笑他们，画抗日联军站在一棵大树上，下面是“皇军”在锯树，树已经倾斜，眼看抗日联军就会掉下来，希望他们赶快投降，可是抗联同志们看了却气愤愤的说：“现在无论如何也不会掉下来，掉下来的时候还在将来，那时候不是从树上，而是从天上，从飞机上降落下来歼灭你们！”

一九四三、四四年，抗日联军的分散部队，曾在铁骊、绥化、东兴、庆城等地出没无常，不断给日军以打击，并破坏其军事设备。东部王效明、姜信泰、刘雁来所率部队，在松花江下游秘密活动，并以小部进出牡丹江、西苇河、宁安、敦化一带。金日成安吉诸部，亦有计划的分布到辽吉边区地带及延边北部在哈尔滨附近地区，联军农民将领王名贵部始终坚持对敌斗争，至死不屈。他们虽三五人小组活动，然每到一处必袭击车站、破坏交通，极力恢复东北群众的民族自信心，坚定人民对抗战最后胜利的信念，并以实际行动告诉敌伪，无论如何艰苦牺牲，东北抗日联军是消灭不了的。

七、苏联参加对日作战，东北抗日联军的复起

一九四五年八月九日，苏联参加对日作战，满洲形势突起变化，全东北各地分散埋藏、分散活动的东北抗日联军，在周保中将军早日准备计划下，到处蜂起，在日寇各条战线后方打击敌人搜剿败残敌伪军襄助红军作战，并于苏军占领区协助维持秩序沟通中苏友好，进行人民民主运动的领导并建立东北人民民主大同盟于各地。联军在十四年抗日战争中，经过千锤百炼而培养出来的一批优秀干部，已均在群众热烈欢呼下，分发至东北各地参加工作。现在东北抗日联军已改编为东北人民自卫军，分布于东满北满以及地方保安部队，总数已达十五万人，并已和在关内参加八路军新四军坚持抗战的旧东北军张学思、吕正操、万毅等部及热辽的八路军合组一将近三十万人的东北民主联军，准备为争取东北人民的民主自治而进行坚决的斗争，正像他们过去十四年来为争取中华民族的自由解放而不屈不挠的向日本帝国主义者斗争一样。

受降
——东北抗日联军斗争史实之一

魏东明

发表于 1946 年 2 月 26 日二版

七七抗战后，东北抗日联军到处响应，积极活动，配合全国，打击敌人。当时伪满军队，普遍动摇，号称“满洲帝国御林军”之二十九团全部反正，杀了日本的教官和指挥官，由团长赫奎武率领，向联军第二路军投降。二路军总指挥周保中将军指定赫团集中在五道河子，等候他去收编训练。

军部三百多人，由二道河子关家岗出发，昼夜兼程地向那里行进。出发以前，总指挥召集了大家讲话，宣布了行军纪律，然后他自己一马当先，后面三百多匹马，一匹跟着一匹，像一条长蛇似地跑下去了。

倪娜是刚刚由地方党介绍，参加到军队里来的。她不但一向没有骑过马，而且从来不敢从马的身后走过，恐怕被马踢着。这时她不但骑上了马，而且骑的是一匹特别高大的洋马。这是同志们的特别关心，因为她不会骑马，恐怕她过河时湿了鞋袜，才选了一匹大马给她。同时还分派了两位同志特别照看她，帮助她上马下马，走在路上时在她一前一后，怕她路上摔下来，上不去马，跟不上队伍。走了两天以后，倪娜腰酸背乏，胯骨痛得下了马一步也走不动，可是她自己横了心支持下去。幸好她一次也没有摔下马来。

那是八月天气，夜里星光很好，到天亮时，往往有弥天大雾，人就像在蒸笼里似的，什么都看不见。马的目力比人好，它们不管是夜里或是雾里，都能看清道路。队伍常常走在两片高粱地中间，或是穿过长着深草的荒地，高粱穗子草叶子上的水珠，都洒到人们身上，衣服裤子也常被露水打湿。十几天后，他们到了五道河子。那是清早四点钟光景，眼前只见一片茫茫雾气。首长下令下马休息，大家坐在高粱地头，人吃干粮、马吃草料。

六点钟时，阳光已经射过了雾层。倪娜看见前面是一派大水，水面很宽，不知多深。她心里暗暗着急，不知怎样过法。忽然上面下令过河各连各排各班都已经准备好了工具，各自按照序列，集中站队。原来他们在这两小时内，就已经用木棒、树枝、树条、草梗，扎成了大小各种木筏。熟悉水文的，在河边指挥过河路线，几人一组，划了木筏渐渐渡过河去。有的会泅水的，就骑了马过河。这时有消息敌人追来，大家加紧过河，同时河的这边派下了掩护部队。倪娜过河坐的是小木船，这小船是早插（藏）在河边草里面的。不到一个钟头，这边岸上已经空了。

木船上坐了六个人，已经是满满登登的，水离船舷只有二三寸远，好像只要船里的人摇晃一下，船就会翻似的。船离岸才走出二十米远时，七架太阳牌飞机追了过来，炸弹登时落到地面响了。倪娜本来有点发慌，她看见船上同志，都非常沉着，只是加紧划桨，她就也安心了。他们刚刚上岸，敌机已经旋了过来，沿地面低飞，影子像乌云似地掠过大地。他们蹲在河边上一人来高的柳树茅子下面。飞机上的手提机枪嘎嘎地响着，在他们头上扫射，柳树条子像

受降

東北抗日聯軍鬬爭史實之一

魏　東　明

七七抗戰後，東北抗日聯軍到處響應，積極活動，配合全國，打擊敵人。當時偽滿軍隊，普遍動搖，號稱「滿洲帝國御林軍」之二十九團全部反正，殺了日本的教官和指導官，由團長赫奎武率領，向聯軍第二路軍投降。二路軍總指揮周保中將軍指定赫團集中在五道河子，等候他去收編訓練。

軍部三百多人，由二道河子關家窩出發，晝夜兼程地向那裏行進。出發以前，總指揮召集了大家講話，宣佈了行軍紀律，然後他自己一馬當先，後面三百多匹馬，一匹跟着一匹，像一條長蛇似地跑下去了。

倪娜是剛剛由地方黨介紹，參加到軍隊裡來的。她不但一向沒有騎過馬，而且從來不敢從馬的身後走過，恐怕被馬踢着。這時她不能不騎上了馬，而且騎的是一匹特別高大的洋馬。這是同志們的特別關心，因為她不會騎馬，恐怕她過河時濕了鞋襪，才選了一匹大馬給她。同時還分派了兩位同志特別照看她，幫助她上馬下馬，走在路上時在她一前一後，怕她路上摔下來，上不去馬，跟不上隊伍。走了兩天以後，倪娜腰痠背乏，胯骨痛得下了馬一步也走不動，可是她自己橫了心支持下去。幸好她一次也沒有摔下馬來。

那是八月天氣，夜裡星光很好，到天亮時，往往有瀰天大霧，人就像在蒸籠裡似的，甚麼都看不見。馬的目力比人好，牠們不管是夜裡或是霧裡，都能看清道路。隊伍常常走在兩片高粱地中間，或是穿過長着深草的荒地，高粱穗子草葉子上的水珠，都灑到人們身上，衣服褲子也常被露水打濕。十幾天後，他們到了五道河子。那是清早四點鐘光景，眼前只見一片茫茫霧氣。首長下令下馬休息，大家坐在高粱地頭，人吃乾糧、馬吃草料。

六點鐘時，陽光已經射過了霧層。倪娜看見前面是一派大水，水面很寬，不知多深。她心裡暗暗着急，不知怎樣過法。忽然上面下令過河各連各排各班都已經準備好了工具，各自按照序列，集中站隊。原來他們在這兩小時內，就已經用木棒、樹枝、樹條、草梗，紮成了大小各種木筏。熟悉水紋的，在河邊指揮過河路線，幾人一組，划了木筏漸漸渡過河去。有的會泅水的，就騎了馬過河。這時有消息敵人追來，大家加緊過河，同時河的這邊派下了掩護部隊。倪娜過河坐的是小木船，這小船是早插(藏)在河邊草裡面的。不到一個鐘頭，這邊岸上已經空了。

木船上坐了六個人，已經是滿滿登登的，水離船舷只有二三寸遠，好像只要船裡的人搖幌一下，船就會翻似的。船離岸才走出二十米遠時，七架太陽牌飛機追了過來，炸彈登時落到地面響了。倪娜本來有點發慌，她看見船上同志，都非常沈着，只是加緊划槳，她就也安心了。他們剛剛上岸，敵機已經旋了過來，沿地面低飛，影子像烏雲似地掠過大地。他們蹲在河邊上一人來高的柳樹茅子下面。飛機上的手提機槍嘎嘎地響着，在他們頭上掃射，柳樹條子像剪刀剪了似的，一排排掉了下來，過了一會這七架才飛走了。

總指揮在黎明時分就過了河，他走進赫團的宿營地帶，看見隨地亂堆着步槍、輕重機槍、迫擊砲。赫奎武迎接他走進團部，請他脫下水襪子（膠底套襪）坐到熱炕上去。他說：『先不忙着上炕，要趕快把外頭的武器集中起來，派人運走。聽說昨天來了兩架飛機，到你們這裡偵查過，今天敵人可能派飛機來炸，也許還有跟踪追擊的部隊，我們要立刻準備出發。』這樣說過不到三小時，第一批日本重轟炸機七架，就來投炸彈了。

兩支隊伍剛剛匯合一起又來了五架轟炸機。老戰士喊大家都到離河百米外的樹林裡去，他們自己隱在大樹後面，用步槍射擊低飛的敵機。赫團的人馬看見飛機到了頭上，當下亂成一片，紅色白色的馬匹從主人的手裡掙開，四散跑了下去。炸彈響起來的時候，他們有的一下子跳進河裏去，只把鼻子嘴拱在水面上，有的連爬帶跌躲進樹林去，把馬匹丟了不管。老游擊隊員讓這些新兵藏到樹林裏面去，他們分頭把馬拉回來，一個個拴到樹林裏面去。

倪娜的那匹大紅馬屁股上被炸彈碎片打傷了，後腿抖索着像站也站不住似的。倪娜怕看馬身上的這片傷，也不忍心騎上馬背去。他對同伴說：『我牽着他走吧！』那位同志堅決地說：『不行不行，敵人一定隨後追上來，慢走就危險。這匹馬還不要緊。』不由分說把她扶上了馬。

剪刀剪了似的，一排排掉了下来，过了一会这七架才飞走了。

总指挥在黎明时分就过了河，他走进赫团的宿营地带，看见随地乱堆着步枪、轻重机枪、迫击炮。赫奎武迎接他走进团部，请他脱下水袜子（胶底套袜）坐到热炕上去。他说："先不忙着上炕，要赶快把外头的武器集中起来，派人运走。听说昨天来了两架飞机，到你们这里侦查过，今天敌人可能派飞机来炸，也许还有跟踪追击的部队，我们要立刻准备出发。"这样说过不到三小时，第一批日本重轰炸机七架，就来投炸弹了。

两支队伍刚刚汇合一起又来了五架轰炸机。老战士喊大家都到离河百米外的树林里去，他们自己隐在大树后面，用步枪射击低飞的敌机。赫团的人马看见飞机到了头上，当下乱成一片，红色白色的马匹从主人的手里挣开，四散跑了下去。炸弹响起来的时候，他们有的一下子跳进河里去，只把鼻子嘴拱在水面上，有的连爬带跌躲进树林去，把马匹丢了不管。老游击队员让这些新兵藏到树林里面去，他们分头把马抓回来，一个个拴到树林里面去。

倪娜的那匹大红马屁股上被炸弹碎片打伤了，后腿抖索着像站也站不住似的。倪娜怕看马身上的这片伤，也不忍心骑上马背去。她对同伴说："我牵着他走吧！"那位同志坚决地说："不行不行，敌人一定随后追上来，慢走就危险。这匹马还不要紧。"不由分说把她扶上了马。

果然走不上三四里，后面七架飞机轰轰的追了过来，这群马当下像毛（惊）了似的，鬃毛尾巴都扎撒开来，一个冲一个跑得飞快。前面有一道深沟，一匹匹马都跳了过去，倪娜这匹伤马停在大沟这面不敢过去，挡住了后面的队伍。后面的同志打了它一鞭子，正打在它的伤口上，它一转身冲进旁边树林里面去，树林里枝枝杈杈的就把倪娜刮下来了。当下前面同志跳回来钻进树林把马抓回来，后面同志把摔晕了的倪娜扶起来。幸好她没有摔坏，一会就苏醒了，当时把她两腿捆在马身上，然后这匹马也跳过沟去，跟大队一起走了。

两天以后他们到了距依兰城七十里的克山，这真是一派大山，山沟里山山岭岭都是立陡石崖的，倪娜看见这样大山还是第一次。二路军军部和赫团都分散到山里去休息。山里有老树林子，遮天盖日的，说不上有多高，树身子两个人都抱不过来。这时树木已经开始落叶，树林里早晚已经觉得凉。他们吃饭是在露天饭厅里，在树林空荡子里用锯成的长条木板子，支上腿当做饭桌，就地铺的长木板子做凳子。他们吃的是苞米楂子饭，西葫芦白菜加上咸菜。倪娜第一次吃这样的饭菜，觉得特别好吃。光这一顿吃了四碗饭。

赫团被派到勃利县一带去，归二路军第八军指挥。敌人在赫团哗变之后，派了十九架重轰炸机，投了三千枚炸弹，只炸死二名战士，六匹战马。他们非常气愤，把赫团军官的家属都逮捕起来。赫奎武本是被部下士兵逼迫反正的，这时就坚决起来。他们在二道河子和蛤蟆塘两次战斗，杀死日军一千余。后来有人教唆日本把这批家眷放出来，加以优待，同时派人找赫奎武接头，许他回来之后，不但不记前仇，还升做少将旅长，这时他在第八军长谢文东的错误领导下，正在不满与不安情绪中，加以敌人勾结利诱，赫奎武就带了亲信的几个官长，拉出去了不到二连人，又回到伪满那面去。二十九团多数士兵，仍然坚持抗日，而且接着他们就有伪满二十七团，三十八团，三十四团，相继反正，投降到抗日联军第二路军来，给敌人很大的震动。

杨靖宇和他的队伍
——东北抗日联军史实之二

魏东明

发表于 1946 年 2 月 28 日二版、3 月 1 日二版、3 月 2 日二版、3 月 3 日二版、3 月 4 日二版

一、杨靖宇的音容风度

五年前我在关里时，曾根据一些传说，写了一篇《东北抗日领袖杨靖宇》，编在延安出版的高小国语课本里。那里说他是安徽人（编者注：此处有误，经查杨靖宇为河南确山人），是大学出身，九一八后为了抗日到关外去的。这都还对，但应该加上一句，他是一九二八年入党的中国共产党党员。那里又说，他身材细长面貌清癯，因为工作操劳，他失掉了健康，又在一次作战中腿部受伤，成了残废，但仍然由同志抬着，亲自指挥战争。这就有了许多失实之处。那文章是在四〇年秋天写的，其时杨靖宇已经逝世，我还没有听到。他体格高大健壮，总是精神奕奕的，并不是清瘦衰弱。他确乎总是亲自指挥作战，但并未残废，让人抬着。

他一向不生气骂人，碰上无理可喻使人无法的队员，他最多只说一句："你真糟糕"，还是继续耐心说服。骂起满洲队来时，也只骂一句"这群狗崽子"。他讲演开始声音很低，越说声音越高，往往说到后来，一二里外的岗哨都听得清楚。他说话是皖北的口音，管"鞋子"叫"孩子"，因此闹出过笑话，他管"搞"（做点什么之意）叫"割"，后来队员们都学他说，"割点饭吃吃""割坏了"……就好像解放区的人说"搞"字一样的流行。

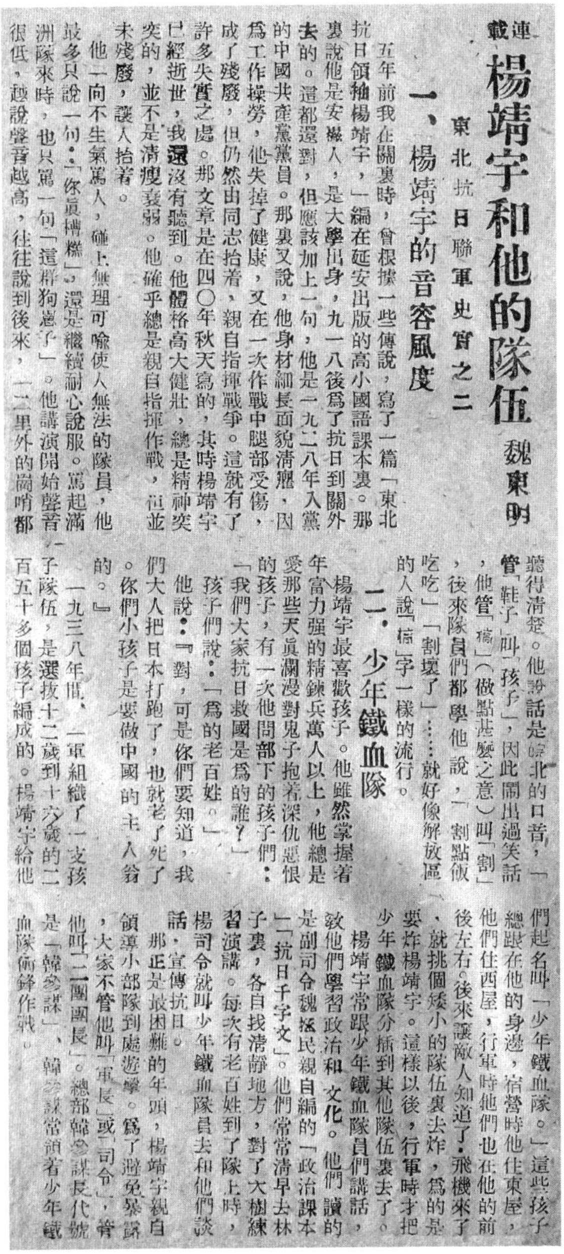

連載

楊靖宇和他的隊伍

魏東明

東北抗日聯軍史實之二

一、楊靖宇的音容風度

五年前我在關裏時，曾根據一些傳說，寫了一篇「東北抗日領袖楊靖宇」，編在延安出版的高小國語課本裏。那裏說他是安徽人，是大學出身，九一八後爲了抗日到關外去的。這都還對，但應該加上一句，他是一九二八年入黨的中國共產黨黨員。那裏又說，他身材細長面貌清癯，因爲工作操勞，他失掉了健康，又在一次作戰中腿部受傷，成了殘廢，但仍然由同志抬着、親自指揮戰爭。這就有了許多失實之處。那文章是在四〇年秋天寫的，其時楊靖宇已經逝世，我還沒有聽到。他體格高大健壯，總是精神奕奕的，並不是清瘦衰弱。他確乎總是親自指揮作戰，但並未殘廢，讓人抬着。

他一向不生氣罵人，碰上無理可喻使人無法的隊員，他最多只說一句：「你眞糟糕」，還是繼續耐心說服。罵起滿洲隊來時，也只罵一句「這群狗崽子」。他講演開始聲音很低，越說聲音越高，往往說到後來，一二里外的崗哨都聽得清楚。他說話是皖北的口音，一管「鞋子」叫「孩子」，因此鬧出過笑話，他管「稿」（做點甚麼之意）叫「割」，後來隊員們都學他說，「割點飯吃吃」「割壞了」……就好像解放區的人說「稿」字一樣的流行。

二、少年鐵血隊

楊靖宇最喜歡孩子。他雖然掌握着年富力强的精鍊兵萬人以上，他總是愛那些天眞爛漫對鬼子抱着深仇恶恨的孩子，有一次他問部下的孩子們：「我們大家抗日救國是爲的誰？」

孩子們說：「爲的老百姓。」

他說：『對，可是你們要知道，我們大人把日本打跑了，也就老了死了。你們小孩子是要做中國的主人翁的。』

一九三八年間，一軍組織了一支孩子隊伍，是選拔十二歲到十六歲的二百五十多個孩子編成的。楊靖宇給他們起名叫「少年鐵血隊」。這些孩子總跟在他的身邊，宿營時他住東屋，他們住西屋，行軍時他們也在他的前後左右。後來讓敵人知道了，飛機來了、就挑個矮小的隊伍裏去炸，爲的是要炸楊靖宇。這樣以後，行軍時才把少年鐵血隊分插到其他隊伍裏去了。

楊靖宇常跟少年鐵血隊員們講話，致他們學習政治和文化。他們讀的是副司令魏拯民親自編的「政治課本」「抗日千字文」。他們常常清早去林子裏，各自找清靜地方，對了大樹練習演講。每次有老百姓到了隊上時，楊司令就叫少年鐵血隊員去和他們談話，宣傳抗日。

那正是最困難的年頭，楊靖宇親自領導小部隊到處遊擊。爲了避免暴露，大家不管他叫「軍長」或「司令」，管他叫「二團團長」。總部韓參謀長代號是「韓參謀」，韓參謀常領着少年鐵血隊衝鋒作戰。

二、少年铁血队

杨靖宇最喜欢孩子。他虽然掌握着年富力强的精炼兵万人以上，他总是爱那些天真烂漫对鬼子抱着深仇恶恨的孩子，有一次他问部下的孩子们：“我们大家抗日救国是为的谁？”

孩子们说：“为的老百姓。”

他说：“对，可是你们要知道，我们大人把日本打跑了，也就老了死了。你们小孩子是要做中国的主人翁的。”

一九三八年间，一军组织了一支孩子队伍，是选拔十二岁到十六岁的二百五十多个孩子编成的。杨靖宇给他们起名叫“少年铁血队”。这些孩子总跟在他的身边，宿营时他住东屋，他们住西屋，行军时他们也在他的前后左右。后来让敌人知道了，飞机来了，就挑个矮小的队伍里去炸，为的是要炸杨靖宇。这样以后，行军时才把少年铁血队分插到其他队伍里去了。

杨靖宇常跟少年铁血队员们讲话，教他们学习政治和文化。他们读的是副司令魏拯民亲自编的“政治课本”《抗日千字文》。他们常常清早去林子里，各自找清静地方，对了大树练习演讲。每次有老百姓到了队上时，杨司令就叫少年铁血队员去和他们谈话，宣传抗日。

那正是最困难的年头，杨靖宇亲自领导小部队到处游击。为了避免暴露，大家不管他叫“军长”或“司令”，管他叫“二团团长”。总部韩参谋长代号是“韩参谋”，韩参谋常领着少年铁血队冲锋作战。

三、过水甸子

一九三八年，一军在队江、抚淞、临江、通化、辑安、桓仁、宽甸一带活动。六月间，军部一千五百多人，走过濛江县三道老爷府的大甸子。那是水草结成的一片沼地，浮面上有深到膝盖的一层泥水。人必须走在草堆子上，一失脚踏在草团子中间的空隙里掉下去就没有影。可是要把手臂张开走，掉在草缝里去不会沉底只是搁置在两堆草团子中间，自己爬不上来，须要两个人从旁拉一下。

过水甸子时，少年铁血团担任娱乐工作。他们采了甸子里出产的山海棠果，吃起来很甜的，放在帽子里慰劳大家。又先跑到前面等着，大家走过时候他们唱着欢迎歌。这一片难走的地方，常人平时要走七八天，他们四天就走过去了。

出了水甸子，走到硬地上以后，大家都高兴极了。队伍休息时，孩子们爬到树上去睡觉。为了庆祝同志们平安渡过了水甸子，杨司令下令放一排机关枪。孩子们正在树枝上躺着坐着，突然听见一阵枪响，有的吓得摔了下来。

四、伏击

这时期敌人正集中兵力包围下江一带，进攻五军周保中的队伍，通化一带兵力薄弱。一军就到处活动，打局所，缴警察的枪，遥遥策应五军。敌人从热河抽了三十二团和三十四团两个团，都是在热河打八路军最凶的部队。一军事先得到消息，在路上等着他们。这时候游击队缺乏粮食，队员每人每天只发碗口大的一张薄饼。等到第五天，三十二团运给养的大车，被我们的五十几个伙夫和妇女们卡到了，大家才有米饭吃。第七天，敌人大队到了，前面有警察队拉道。走到岗子上，五十多个警察看见游击队围上来，一枪不发就举手缴械。原来他们知道杨靖宇厉害，劝三十四团不去打，这些人不听，他们只好在前面开路，心里早打好了缴枪免死的主意。

他们说“满洲讨伐队”随后就来，游击队又埋伏起来了。

这正是七月时候，晌午太阳很大。队员们躺在汽路旁边小河岸上的草里热得无法，就用手巾蘸了河沟的水，蒙在头上。过午不久，敌人从大道上开过来了。游击队一声不响，静听着指挥部的指挥枪。三千多敌人完全进入了我们卡子里面，团长下令在道旁休息。一个伪满兵跑到河边去灌水，一脚踏到埋伏在草里的人的身上，他看出是一个人，“阿呀”叫了一声就往回跑，被埋伏着的这一个一枪放倒了。随后紧接着指挥枪也打响了，一千多游击队员一齐冲锋射击。敌人三千多乱成一团，乱冲乱打，把我们的指挥部冲散了。军部韩参谋领了少年铁血队冲上山头，占好地势，向敌人瞄准射击，打了四个钟头，俘虏了七十余名敌人，其余都死伤溃散了。他们捉住了三十四团马团长，他说他打八路军都没有吃过这样的大亏。还抓住了一个吴连长，他上嘴唇留着一撮牙刷胡像小日本子一样。还捉住了几个日本指导官，拉去枪毙了。对待中国俘虏是每人发十块钱，放他们回去，受了伤的都给洗了，上好了药包扎好了才放走，武器都留了下来，这次缴了七十多支步枪之外，还有十几门小钢炮和两门野炮。

五、人民

八月间，庄稼院开始割地的时候，他们住在辑安小仁沟屯子里头。三十二团开来了。一个小猪官哭咧咧的回到屯里来，说岗上来了黄衣裳的满洲队，一定是又来作践咱们来了。军部派了监视兵出去，知道是敌人三千多人一个团。那是快到晌午的时分，我们队伍煮好了饭还没有吃。杨靖宇下令转移，当下就整队出了屯子。

他们走了不远，就听见后面人声嘈杂的，回头一看，全村老百姓扶老挈幼的都跟了出来，身上背着各色包袱，孩子哭大人喊的，拼命来追队伍。杨司令叫队伍停下来等待他们。他们赶上来说，要跟抗日军一起走，免得受满洲队的害。杨靖宇当下决定队伍开回去打，他安慰人民说：“你们在这等着，我们把他们打回去再带你们走，免得他们追上来。”抗日军回到村子那边，敌人正在树林下面休息，枪支都架在一起，风衣铺在地上，三五成群的在睡午觉，杨司令举起指挥刀下令冲锋，号兵吹起了冲锋号。战士们虎入羊群似的，一阵刺刀和子弹，只经过一个钟头的战斗，就把一团人都消灭了。他们缴获了全部枪支之外，还有机枪五十多挺，重炮两门。俘虏了官兵七百余人，让各人都把衣扣解开，露出白布衬褂来，排成一队，两边游击队员持枪监视着。

抗日军又折回来，又到村外大道上，看见成百成千的男女老少都静悄悄的跪着，脸对着远处的一座大庙。杨司令派人跑去问什么事，一位老人领头回答，说他们向老爷庙许下了愿，请关圣帝保佑抗日联军得胜，全村老小都跪着求神，等着他老人家显圣。

那位战士说：

“不用许愿了，我们已经把敌人消灭了，你们看那不是七百多个俘虏吗？”

当下只听见一片欢呼，许多人拿了扁担镐头，像一阵风卷着尘土冲到队伍旁边，就下手来打俘虏，战士们连忙拦挡，满洲队挨了几下打，十三个日本指导官都被镐头扁担打死了。

六、突围

这年秋天的日子是用子弹打发过去的。他们每天经过二次到四次的战斗，用子弹开路，用生命换饭吃和住处。他们到处打屯子里的满洲军警。伪警民团们望而生畏，或逃或降，即使抵抗，也不堪击，往往后面队伍还没有听见枪响，前面已经把屯子枪都缴了。敌人连忙调兵遣将，来围他们。

这年冬天，一军军部，走到临口县申家堡子。堡子后面是一条死山沟子叫做里外沟岔。敌人预先集结了几万兵力，把四面层层围住，拂晓时候开始进攻，把他压到了沟里面去。游击队退到沟里，四面山岗上都现出了敌人。这时队员都只有很少的子弹，每个步枪只有不到一槽的子弹，机枪子弹也只有十几发了。幸好每人都有两枚手榴弹。

杨靖宇异常沉静，他下命令队伍分散休息。他说：

“山沟树林就是我们的家，现在到了老家，以后就容易活动了。今天好好休息，明天一定能够出去。”

大家一向信他的话，都安下心来。他叫跟队的老百姓呼（煮）包米饭，吃过以后，大家枕着雪地，躺下来休息，只派少数同志监视敌人，任四面重机枪瞎打乱响，一声也不回答。过一些时，敌人喊起话来了。他们喊：

“趁早出来投降吧，今天不投降，明天早上八点钟都抓活的。我们来了十一个军管区的五万军队，出了村子就是电道，你们有翅膀也飞不出去。”

军部一位参谋站起来向他们答话，敌人重机枪向他一阵扫射，他当时就牺牲了。

到了夜里十一点钟，杨司令下命令说：

“现在即刻出发攻击敌人，谁得的子弹就是谁的，谁冲出去谁就有命。少年铁血队领头打冲锋。”

孩子们都想多得子弹，听说他们先去，非常高兴，每人准备好了手榴弹，蒙上一块白布，作为雪地上的伪装。韩参谋亲自率领他们。他看见这群孩子跳跳蹦蹦往沟口那面走，他说：

“你们这样走有缺点。”

“怎么样走呢？”孩子们问他。

“要匍匐前进。”

“怎么叫做‘匍匐前进’呢？”孩子们都不懂。

“就是‘骨碌’着走。”

孩子们说：“你早说骨碌着走不就明白了吗。”孩子们把衣襟掩好，皮带系紧，趁着山坡地势，一骨碌就滚到了敌人宿营的帐篷旁边。岗哨正冻得在那里跺脚，听见一片响声，就问起口令来。

“攻！”他厉声的问。

“击！”游击队是预先就知道了他们的口令了的。

孩子们答完口令，就一枪把岗哨打死了。帐篷里一个人开门来问：

“谁打枪？”

孩子们把手榴弹拉线用鞋跟别开，顺手一下子扔到帐门里头去，同时自己滚开了。只听见轰隆一声，整个帐篷都炸飞了。

孩子们把一片帐篷都肃清了，发现了弹箱就推在帐篷外面的雪地上。他们把箱子砸开，把背兜里的干粮倒出来，可量的装满了子弹，看见子弹还多得很，就坐在箱子上看着。后面大队过来了，他们怕子弹被别人装走，一定交给一位队长照管，才又跟着冲锋。这时已经扫除了四十几座帐篷，打通了出去的道路。少年铁血队又向两旁伸张，被一排重机枪打了回来。他们就陪着掩护排作战，各自卧倒了瞄准射击。他们人小胆大，动作灵活，伤亡的很少。

大队刚刚过完，五辆大板汽车开到了这里，下来的一连伪军，每人围着一领军毯，他们问这伙孩子“口令”，孩子说一声“攻”，就攻了上去，他们说：

“你们别开玩笑，打错了自己人！”

少年铁血军一阵围攻，把一连敌人都解决了。他们赶着俘虏给抬子弹，追上了大队。

这支队伍平安的走出里外沟岔之后，满洲队里互相传说着：

“杨靖宇没法打，纵深八层的帐篷都被他们打开了。”

七、打开仓库

一九三九年旧历正月，游击队去打大蒲柴河。那天夜晚天上下着清雪。队员每人吃了一把生包米粒子，就出发了。路上走过大河，不小心掉在水里的，裤子冻得棒硬，走起路来格崩格崩响。

走到“集团部落”前面的大道上，正赶上敌人马队查夜遢遢的跑了过来。游击队员连忙躲在背黑地方。少年铁血队的一个孩子，外号“小吵吵”的，平时就有抽筋病，这回来的路上跌到河里受了点凉，他忍不住咳嗽了一声。马队上的问：

“谁咳嗽？”

“是我”，“小吵吵”背后的一个孩子回答。敌人听见是孩子声音，没有理会就一直跑下去了。

摸到了部落门口，他们敲了三下门，里面问口令，口令已经由老百姓告诉给他们了，他们回答了口令，大门就皇啷啷打开了一道缝。民团探头出来一看，喊了一声“土匪来了”，大队已经冲进大门，缴了他的武器，随后一场巷战，把狗队的营长营副都打死了。

少年铁血队首先发现了仓库，他们把大锁砸坏，拉开铁门，看见仓库里面一只老虎正对着大门，张着嘴瞪着眼睛看着他们，孩子们回头就跑，后面的听说有老虎，也吓跑了。他们跑到指导员那里去报告，他说他们胡扯。孩子说虎还张着嘴要吃人呢。旁边一个伪警说：

“是有个死老虎，日本鬼子打猎打来的，虎皮剥了下来楦满了棉花，嘴是用棍子支开的。”大家听了，才又跑了回去，把死老虎打翻了。

他们看见仓库里有许多枪支、子弹、衣裳、用具。他们也不管身上有汗屋子又冷，脱下了旧衣服就换新的，把旧枪砸了换上新武器，把背兜和衣裳口袋里装满了子弹，到空地方放枪玩。

八、日本同志福建

孩子们走到大街上去，在十字路口的拐角，听见一声枪响，一个少年队员倒了下去，同伴去扶他，看见他已经手脚瘫软的死了。

孩子们连忙跑回去报告。游击队里唯一的一位日本同志福建说，一定是那里有“地包”，从地下面打枪打死的。他让孩子们领他去，快到那地方时，再藏在一边，听他喊他们再出来。

福建走到拐角，就用日本话问下面门在哪里，里面日本人告诉了从哪个门进去，怎样走法。他进去就用手电筒照着埋伏射击的那个鬼子，一枪把他打死了。然后他走出来喊孩子们：“伙计来罢！”大家进去，到处搜索敌人，一共打死了十二个小日本子，给这位同志报仇了。

福建是日本苦力出身的，一九三七年参加抗日军，他本来是反法西斯主义者，作战坚决勇敢，为人聪明机警，说得一口流利的中国话。

快到天亮的时候，游击队准备撤退了，他们通知附近木帮的苦力，到街上来搬东西。工人们拿了铁锹、斧头、木棒，把日本商店金库都抢光了，把仓库里东西也搬了出来，然后帮助游击队拉马料给养。许多木帮工人当时就参加了抗日军里去。

八天以后，他们打进辉南厅，去搬了许多给养。那儿局所里有一架机关枪，是坏了的。福建同志把它修理好了。第九天开来了满洲队来打他们。机关枪一阵猛烈射出，把敌人都打退了。老百姓到处传颂着：

“机关枪在警狗手里不响，一到中国军队手里就肯出力气了。”

其塔木战斗的英雄们

华　山

发表于 1947 年 2 月 13 日一版

号称“天下第一军”的新一军，自夸为“曾经获得中国近代史上第一次与盟军并肩作战的荣誉”，“天下无双”。侵占吉北解放区其塔木的蒋军，正是新一军主力三十八师的主力一一三团第一营，在全团“尤以坚守著称”。其塔木不到二里长宽，修筑了百余座地堡，结成鱼鳞式的纵深地堡群。各处地堡既能以火力互相策应，又能独立作战。于是骄矜的守军把翻了身的老百姓绑在扁担上：两手平伸，双脚并拢，和两条交叉的扁担捆成个十字，然后摔到地堡跟前说：“现在你翻身给我看看！——十万民主联军也打不开其塔木！”但是人民解放军却以两天两夜的战斗把它粉碎了。赶来增援的其余两个营，也和团长一起在两个半小时中全被歼灭。“天下第一军”的主力一一三团，从此成为历史上的名词。其塔木老百姓骄傲的欢呼着自己的解放军说：“你们能打开其塔木，什么地方都能打开啦！”被奖为“其塔木战斗英雄”的勇士们，每一个名字都闪耀着东北人民的希望与光荣！

六日晚上，其塔木东南角打得正热闹的时候，上级把警卫连放到西北角，隐蔽在地堡前百来米远的独立草房里。

警卫连，成立不到一年，全是东北新战士，每逢战斗，上级不叫送担架只准叫送俘虏。“我们只配立这点功吗？真瞧不起人！”战士们不服气，把自己的手表、钱和心爱的东西交到连部：“牺牲了就算党费；不完成任务不回来见连长！”战斗英雄把胸前的奖章摘下来说：“不打突击没脸戴它！”全连的请求书，每个人都按上了指印，连夜送到团部，要求“把最困难的任务交给警卫连！”

旁人打了一天一宿，自己还一声不响，挤在一间小房里，多憋气，而眼前的大

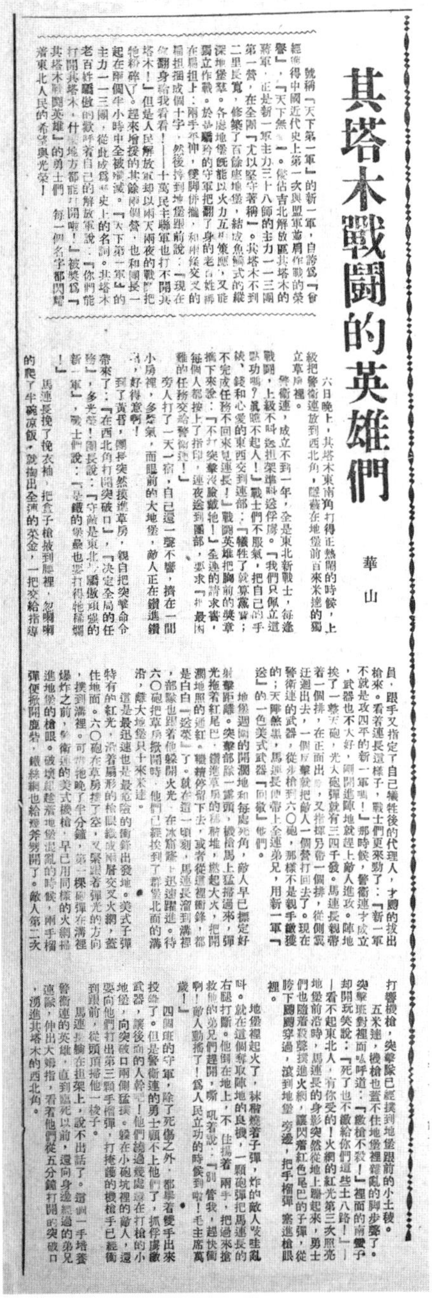
其塔木戰鬥的英雄們

華山

注：1946 年，在东北战场，国民党军队大举进攻南满解放区。我党领导的南满军区部队和东北民主联军三个主力纵队，采取“南打北拉，北打南拉”的方针，实行南北配合作战。从 1946 年 12 月 17 日至 1947 年 4 月 3 日进行的“三下江南，四保临江”战役，共歼敌约 5 万人，粉碎了国民党军队对南满解放区的进攻，并迫使东北国民党军队全面转为守势。

著名战地记者华山的长篇通讯《其塔木战斗的英雄们》反映的就是“一下江南”作战中重要战役其塔木战役的实况。

地堡，敌人正在钻进钻出，好得意啊！

到了黄昏，团长突然摸进草房，亲自把突击命令带来了：“在西北角打开突破口”，“决定全局的任务”，多光荣！团长说：“守敌是东北最骄傲顽强的新一军”，战士们说：“是铁的堡垒也要打得它稀烂！”

马连长挽了挽衣袖，把盒子枪掖到腰里，忽喇喇的扒了半碗凉饭，就掏出全连的菜金，一把交给指导员，跟手又指定了自己牺牲后的代理人，才飕的拔出枪来。看着连长这样子，战士们更来劲了：“新一军不就是攻四平的新一军吗！”那时候，警卫连才成立，武器也不大好，刚开进阵地就赶上敌人进攻。阵地挨了一整天炮，光大炮弹就有三四千发。马连长亲带着一个排，在正面出击，又指挥另带一个排，从侧翼迂回出去，一个反击就把敌人一个营打回去了。现在警卫连的武器，从步枪到六〇炮，哪样不是亲手缴获的；天刚煞黑，马连长便带上全连弟兄，用新一军“送”的一色美式武器“回敬”

他们。

地堡周围的开阔地和每处死角，敌人早已标定好射击距离。突击部队一露头，机枪马上猛扫过来，弹光拖着红尾巴，钻进草房的秫秸堆，燃起大火，把开阔地照的通红。继续停留下去，或者从这里冲锋，都是白白“送菜”了。就在这一顷刻，马连长溜到沟里，部队也跟着他躲开火光，在冰窟窿上迅速跃进。待六〇炮把草房掀开时，他们已经挨到了群堡北面的沟沿，离大地堡只十来米远。

这是最迅速也是最危险的冲锋出发地。美式子弹特有的红光，沿着扇形的枪眼织成两层交叉火网，盖住地面。六〇炮在草房扑了空，又紧跟着弹光的方向，扑到沟里。可惜它晚了半分钟，第一颗炮弹在沟里爆炸之前，警卫连的美式机枪，早已用同样的火网扫进地堡的枪眼。破坏组趁着地堡混乱的时候，两手榴弹便掀开鹿砦，铁丝网也给几斧劈开了。敌人第二次打响机枪，突击队已经扑到地堡跟前的小土棱里。

五米远，机枪也盖不住地堡里杂乱的脚步声了。突击班对里面吆呼道：“缴枪不杀！”里面的南蛮子却开玩笑说：“死了也不缴给你们这些土八路！”——看不起东北人，有你受的！火网的红光第三次照亮地堡前沿时，马连长的身影突然从地上蹦起来，勇士们也随着杀声扑进火网，让闪着红色尾巴的子弹，从胯下飕飕穿过，滚到地堡旁边，把手榴弹塞进枪眼里。

地堡里起火了，秫秸烧着子弹，炸的敌人吱哇乱叫。就在这个夺取阵地的良机，一颗炮弹把马连长的右腿打断。他倒在地上，不住扬着两手，把过来抢救他的弟兄们赶开，嘶吼着说：“别管我，赶快冲啊！敌人动摇了！为人民立功的时候到啦！毛主席万岁！”

四个班的守军，除了死伤之外，都举着双手出来投降了。但是警卫连的勇士顾不上他们了，抓俘虏缴武器，让后面的人干吧！他们绕过几处还在打枪的小地堡，向突破口两侧猛扑。躲在小炮坑里的敌人，还要向他们打出第三颗手榴弹，打掩护的机枪手已经冲到跟前，从头顶扫他一梭子。

马连长躺在担架上，说不出话了。这个一手培养警卫连的英雄，直到临死以前，还向身边经过的弟兄连队，伸出大拇指，看着他们从五分钟打开的突破口，涌进其塔木的西北角。

以少胜多创造范例　战斗模范杨子荣等
活捉匪首坐山雕　摧毁匪巢　贼匪全部落网

发表于 1947 年 2 月 19 日一版

【本报讯】牡丹江分区某团战斗模范杨子荣等六同志，本月二日奉命赴蛤蟆塘一带便装侦察匪情，不辞劳苦，以机智巧妙方法，日夜搜索侦察，当布置周密后，遂于二月七日，勇敢深入匪巢，一举将蒋记东北第二纵队第二支队司令“坐山雕”张乐山以下二十五名全部活捉，创造以少胜多歼灭股匪的战斗范例。战斗中摧毁敌匪窝棚，并缴获步枪六支、子弹六百四十发、粮食千余斤。

注：长篇小说《林海雪原》里的杨子荣和座山雕的文学形象家喻户晓，其人物原型杨子荣和坐山雕首次为人所知，就是《东北日报》发表于 1947 年的这篇不足 200 字的新闻报道。

以少勝多創造範例

戰鬬模範楊子榮等

活捉匪首坐山鵰

摧毀匪巢賊匪全部落網

【本報訊】牡丹江分區某團戰鬬模範楊子榮等六同志，本月二日奉命赴蛤蟆塘一帶便裝偵察匪情，不辭勞苦，以機智巧妙方法，日夜搜索偵察，當佈置周密後，遂於二月七日，勇敢深入匪巢，一舉將蔣記東北第二縱隊第二支隊司令「坐山鵰」張樂山以下二十五名全部活捉，創造以少勝多殲滅股匪的戰鬬範例。戰鬬中摧毀敵匪窩棚，並繳獲步槍六支，子彈六百四十發，粮食千餘斤。

踏破辽河千里雪

华　山

发表于1948年2月20日四版

兄弟部队

新年前后，我随军横跨冰冻的辽河平原，和万马千军擦肩来去，日夜滚滚的脚步声和炮车声，在无边的雪上闯开一条条坦阔溜平的雪道，指向沈阳。不时听到战士们这样欢呼：

“看，兄弟部队来了！”

没有亲身经历“三下江南”和“四保临江”的人，很难体会到这句话的全部感情。去年这个时候，蒋匪狂吠着“到哈尔滨过年”的严冬，保卫人民的东北首府的部队，正在炸毁松花江北岸的铁桥，拔掉铁轨路基，在封冻的公路上挖掘防御坦克的冰壕。而被隔绝的南满，蒋匪正向仅有的临江地区猛扑，嗥叫着要把人民解放军“撵到长白山顶去吃石头，撵到鸭绿江里去啃冰块！”粉碎了敌人三次进犯的临江保卫者，许多还穿不上棉衣，战士们挤在冰雪压坍的荒山马棚边，吃着冰饭团，“四个县城，一座山头，两道荒沟，”这就是所有的地区。而敌人又以九个师的优势兵力作第四次猛犯了。当天空似乎还是黑暗的时候，当坚持南满地区似乎绝不可能的时候，战士们只有一个呼声：“打出去！”他们决心拿出“打大仗，打恶仗，打硬仗，”要把敌人碰个七零八落，他们相信北满兄弟部队会打过来收拾敌人，因为在松花江也只有一个声音：“打出去！”正是这种人民军队的英雄气概，把严冬的恶战引向今天的大进军，把东北战场从松花江畔和长白山麓移到辽河平原，隔绝了一年的兄弟部队，终于到沈阳的大门口会师了！

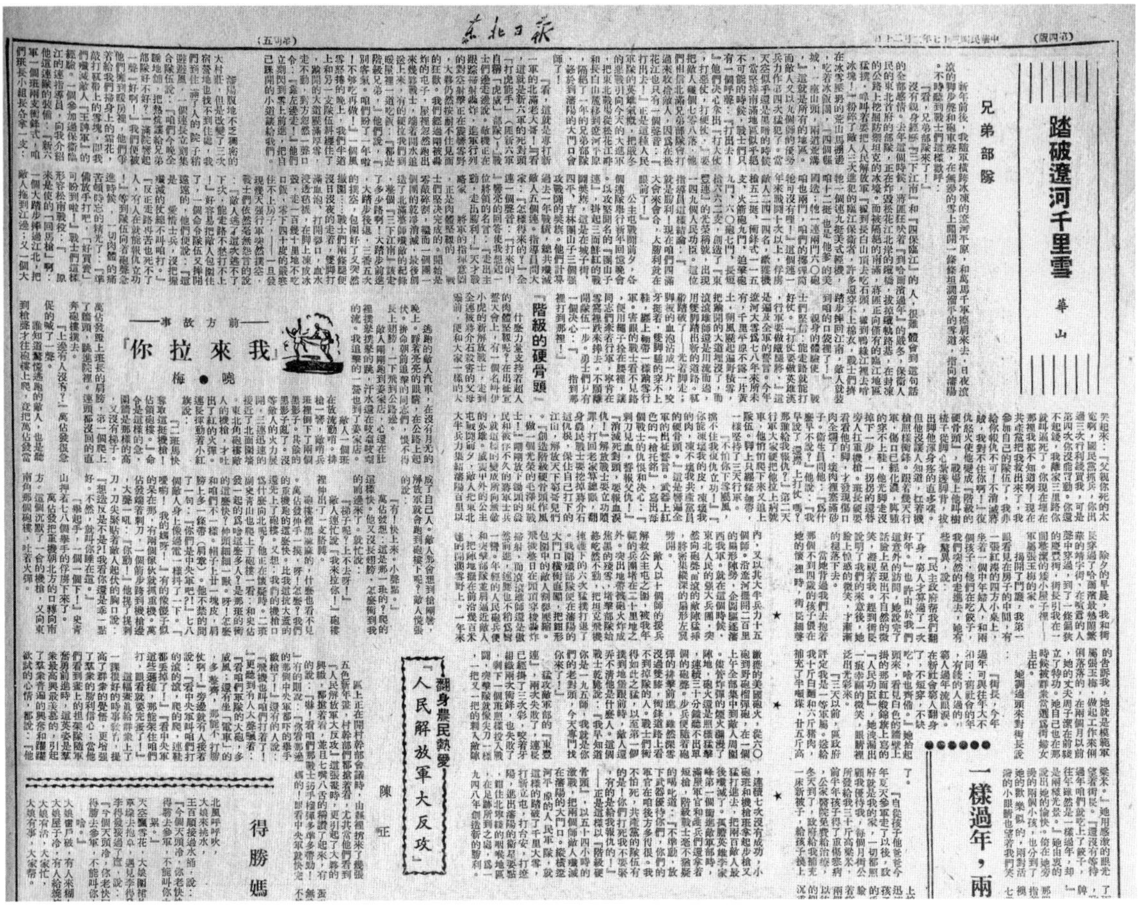

注：随着辽沈战役的全面展开，东北日报社派出多位优秀记者赴前线采访，包括刘白羽、华山、穆青、常工和煌颖。战地通讯成了《东北日报》的重要报道形式，涌现出众多通讯报道精品。其中数量最多者为刘白羽和华山。据统计，从 1947 年到 1948 年两年间，两人各写通讯 50 篇左右。他们的很多作品都成为中国新闻史上的名篇。

“看，这就是专打新一军的北满老大哥！”“看，这就是新六军的死对头‘打虎能手’（匪新六军自称‘虎威’部队）！”战士们边走边说。敌机正在跟踪扫射轰炸，进军行列的对空射击正在震响雪野，大伙仍然按耐不住见面的狂欢。我们经过刚被轰炸的屯子，屋里忽然跑出来几伙战士，端着开水追送上来，有的硬拉我们到暖屋里一道吃饭：“都是阶级兄弟，”他们说，“别客气。咱们盼了一年啦！不够吃再做！”一个风雪怒卷的晚上，我们半道上和另一支队伍纠缠住了，蹚开的大道刮满厚雪，走不动，对方忽然一声口令：“靠左边走！”他们立刻闪到雪上前进，把自己踩开的小道让给我们。

“阶级的硬骨头”

什么力量支持着超人的肉体坚韧呢？在出征宣誓大会上，有一个名叫伊小虎的新解放战士，走到全连被蒋介石杀害的父母灵前，便和大家一样的大哭起来：“父亲你死的太冤啊，国民党抓兵，你出过三次行利钱买我，可是第四次你没能买动。你还不起钱，我离家三里路你就叫逼死了。你现在埋在哪里我都不知道啊！现在共产党把我救出来了，我参加自己的队伍了，我非给你报仇不可！不消灭蒋贼，我对不住你啊！”复仇怒火使他变成“阶级的硬骨头”，战场上他叫树茬子从脚心扎透脚背，拔出脚他浑身疼的直哆嗦。但他没让人知道，扛着机枪照样冲锋。跟着几天行军，伤口已经化脓，脚肿的穿不上鞋，他光脚走没掉下一步，一拐拐的还替旁人扛重机枪。班长硬要看看他的脚，才发现伤口肉全烂了，坏肉里塞满沙子。卫生员问他：“为什么早不说？”他说：“我早说了还捞上打仗吗？那谁给我报仇？”第二天行军大家硬把他拉上病号车，他悄悄爬下来又追上队伍。脚上只缠条绷带，一样坚持了三天行军。

“不怕你下雪刮风，挡不住我复仇立功！”“你能冻坏我的皮，冻坏我的肉，冻不坏我共产党员的硬骨头。”这是响遍全军的出征誓言。武器上红色的“枪托铭”，写出每个战士的仇恨和决心：“刺刀见血，誓报父仇！”“消灭死对头，要报血泪仇！”解放战士要立功赎罪，打回老家算总账，翻身农民战士要挖掉蒋介石这仇根，保住自己打下的江山，解放天下穷哥儿们。“创造阶级硬骨头作风，做一个光荣的毛泽东战士！”刚刚放下锄头的农民和被俘不久的蒋军士兵，就这样的变成所向无敌的英雄。威震中外的公主屯战斗前夕，敌人把东北大半兵力集结沈阳百里以内，又以其大半兵力十五个师。沿辽河摆开二百里的扇形阵势，企图驱逐沈西我军。就在这个时候，东北人民的强大兵团，突然向炮声雷滚的敌阵猛插，将密集纵深的扇形左翼劈开。

敌人以十个师的援兵解救公主屯之围，被我年轻的兵团堵在二十里地之外。突出地带被炮火炸成焦黑的残雪，堵击部队始终屹然不动，把坦克飞机掩护下的六次猛扑打退了。我围歼部队便在沈阳的大门口横冲直闯，把钳形包围中的敌人割裂压缩。飞机整日在头顶穿梭轰炸扫射，而滚滚雄师还是傲然前进，连腰也不稍为弯一弯。年轻的人民炮兵便和突击部队并肩逼近敌人，把阵地摆在前沿几百米远的开阔雪野上。一年来缴获的美国炮火，从六〇炮到野炮榴弹炮，在一个上午全部集中到敌人周围。尽管炸弹的烟火弥漫了阵地，炮火还是照样猛击，连续三十分钟听不出单个的炮声。步兵便随着炮弹的排击前进，虽然深雪没过双膝，冲锋道路上看不到掉队的人。战士们冲得如此之猛，以至第一个扑到地堡跟前时，敌人还弄不清他是什么人。这个战士干脆说："我早知道你是一九五师，我就是你们的老对头，今天专门找你来了！"

猛攻敌军部的"东丰连"，两次失败了，连长已经挂了三次彩，咬着牙组织两次冲锋，也失败了，剩下一个班照样投入战斗，突击队就像尖刀一样，一把又一把的刺入敌阵，连续七次没有成功，小炮班和机枪班拿起步枪又猛打进去，把两百敌人最后歼灭了。孤胆英雄李家峰第一个冲进敌军部时，满屋军官和护兵们还拿着短枪，阶级战士毫不犹疑的喝叱道："不准动，放下武器优待你们，你们的军官在咱后方多得很。我不怕死，共产党的队伍有的是！你们打死我不要紧，有的是给我报仇的！"——正是这样以"阶级硬骨头"，以五十四小时的激战，把两个师敌人歼灭在沈阳的大门口。纵横辽河平原的人民军队，就这样的踏破了千里大雪，打新立屯，打台安，打辽阳，进出沈阳的卫星要点，钳住北宁线的咽喉地区，在足迹所到之处，为一九四八年创造新的胜利。

无敌三勇士

刘白羽

发表于 1948 年 2 月 28 日四版

一　一场不团结怎样闹开头

有些人把我们当战士的想得太简单了。

以为我们就是打打仗，睡睡觉，实际上不是那么一回事。

我们在连队，就像在家里一样，不同的是这个家一会在战壕里，一会在老百姓干草堆上，一家子有一家子的和美，一家子也有一家子的家务事。

不要讲旁的地方，现在就讲讲我们班里吧。

前些时候就发生过这样一件事，我们欢迎一个战士归队，这不是一桩喜事吗？结果却闹了一场不团结。

我们欢迎的是个战斗英雄，伤没好利索就跑回前方来了，我们觉得这是真正值得欢迎的战士。晚上，全班围坐炕上。他一路担心赶不上队伍，这会一下子给大伙围着，那高兴劲还能提吗？他指手画脚，津津有味，说他一路坐火车来，如何如何帮翻身农民抓地主，不断引起大家哄笑。我们大家就你一言我一语说连队上的事，末了，一个同志说：“你走了，我们可想你，这些日子，你的英雄事迹在团里到处传，到处讲，可吃得开了，团首长还号召大家学你呢！说你是孤胆英雄。”这样双方正在十分高兴，谁料突然之间插进一个战士来，他多了也没有，只讲了一句话，从此就闹开了不团结。

無敵三勇士

劉白羽

一　一場不團結怎樣鬧開頭

有些人把我們當戰士的想得太簡單了。以爲我們就是打打仗，睡睡覺，實際上不是那麼一回事。我們在連隊，就像在家裡一樣，不同的是這個家一會在戰壕裡，一會在老百姓乾草堆上，一家子有一家子的和美，一家子也有一家子的家務事。不要講旁的地方，現在就講講我們班裡吧。前些時候就發生過這樣一件事，我們歡迎一個戰士歸隊，這不是一樁喜事嗎？結果卻鬧了一場不團結。

我們歡迎的是個戰鬥英雄，傷沒好俐索就跑回前方來了，我們覺得這是眞正値得歡迎的戰士。晚上，全班圍坐炕上。他一路擔心趕不上隊伍，這會一下子給大夥鬧着，那高興勁還能提嗎？他指手劃脚，津津有味，說他一路坐火車來，如何如何帶翻身農民抓地主，不斷引起大家哄笑。我們大家就你一言我一語說連隊上的事，末了，一個同志說：『你走了，我們可想你，這些日子，你的英雄事蹟在團裡到處傳，到處講，可吃得開了，團首長還號召大家學你呢！說你是孤胆英雄。』這樣雙方正在十分高興，誰料突然之間插進一個戰士來，他多了也沒有，只講了一句話，從此就鬧開了不團結。

二　閻成福

閻成福是這個故事裡的主角，也就是上面已經介紹過了的戰鬥英雄。

閻成福家底子怎麼樣，那時咱不知道，可是一看就是窮朋友出身，平時在班上有個二虎勁，打起仗更是虎頭巴腦，勇敢的很。

這次作戰負傷，在醫院床上磨屁骨磨膩了，回了一趟家，看了看翻身光景，身上有衣，槽上有馬，門外有地，心中說是說不出的愉快。晚上農會小組歡迎這前線回來的戰士，他乾脆講：『告訴你們，你們心裡有底，仗是打好了，沒問題，我回來瞧瞧你們鬬封建鬬得澈底，我心裡也有底，往後，情好吧，我在前方絕不會丟拉拉屯的臉。』天沒亮，再找就不見了。閻成福回到醫院，往病房裡一個一個看了看戰友們，就往前線來了。

再說他不在隊上的時候，大家都宣傳他的英雄事蹟，一個傳兩個，兩個傳三個，愈傳愈廣，那簡直就跟神話一樣了。要論實際情況，也確實有個講勁，那天閻成福在火綫上，一個人突擊前進，一下子跟部隊失了聯絡。敵人機槍，六〇砲打得到處噴煙冒火，他媽的，我們合計閻成福算是革命成功了。連長氣得飛飛的，瞪着兩隻紅眼珠子，帶着部隊突。你猜後來怎麼樣？——在最緊急緊急的時候，敵人內部忽然亂了，敵人一騷動，我們可就通上去了。原來閻成福三摸兩摸，不知怎樣摸到敵人指揮部裡去了，我們一攻，他就丟了個手榴彈，敵人自然亂了，這會他就拿槍壓着一個肥頭大耳的俘虜下來，說這還是個『團級幹部』呢！閻成福直嚷說剛才就是這傢伙在指揮隊伍。這地方一拿下來，我們立刻向縱深發展。一會工夫，閻成福又上來了，還一面喊：『我，閻成福又上來了！』大家一聽，十分高興，那時我們班又担任了突擊任務，正在緊急情況，不久他就受了傷，昏迷不醒。連長叫我們擡他下火綫，到那邊樹林子裡交給了担架隊。

三　老油條

老油條是我們給李發和起的外號，叫來叫去，大家就好像忘了他眞姓名，連指導員有時也親熱的這樣叫他。

老油條是個老戰士，也有人管他叫老不進步，他也不十分在意。出關以來，跟他一齊的都當了排級幹部了，他還是個戰士。他到還自在逍遙，別人問他，他溫吞的笑笑：

『我自在，——我省心。』

這人就是自由主義，吊兒浪當，大紀律不犯，小紀律不斷，可是當兵一當三四年；打仗總打了百十回吧，身上一根汗毛也沒碰斷，不用說他有一手狠的，就是打仗到節骨眼上，他有辦法；——動作快、猛，能出點子。可是政治不開展，生活紀律壞，一個牌牌也掛不到他頭上。現在，讓我們拉回頭來講吧，那晚，歡迎閻成福的時候，就是他，冷丁子說了一句話。本來他一直在旁邊捲黃煙巴答巴答抽，當人們那樣稱讚閻成福的時候，他忽然推開別人伸過腦袋說：

『我瞧你那英雄牌是碰上的。』

這話一說，閻成福炸了，馬上把臉一虎問：『你說怎麼碰的？』

老油條慢騰騰望他一眼：『我大小仗總經過百八次了，渾身上下沒給槍子打過一個眼，這才是真工夫，你英雄到英雄，戰場動作可還不大入門。』

這麼冷水一澆，大家也掃興，班長說天不早了，吹燈睡覺，從此閻成福跟老油條就誰也不理誰了。

四　趙小義

這糾紛要就在閻成福跟老油條身上展開，也還簡單，現在又橫着加上了個趙小義。

趙小義是解放過來的小戰士，才十九歲。夏季攻勢解放過來，說他歲數小，中毒不深，就沒往後方送，立刻補充了。趙小義表面上沿澀，單純，肚子裡可有鬼。討論會上他從不發言，他是瞪眼瞧，他想：兩虎相鬬，必有一傷，將來看誰佔上風，咱就往誰那邊靠。因此在連裡，他抱定宗旨：不積極，也不落後。他最愛挑眼，一點小毛病，就說：『什麼優待，優待，那都是鬼吹燈，——瞎話。』五班是模範班，班長抓得也緊，可是石頭雖硬，也還有個縫兒，趙小義呆久了，自由主義還一點，自然就跟老油條十分靠近起來。那天晚上，老油條跟閻成福鬧了個滿臉花，他就暗暗同情老油條，他總覺閻成福什麼翻身呀，抓地主呀，英雄呀，心裡就不十分得勁，第二天就更跟老油條拉近乎，可是老油條有老油條的原則，跟小趙對抽一袋兩袋黃煙還可以，至於談談感情話，那犯不上，他想：我是關裡來的，你是俘虜來的。小趙感情上得不到安慰，於是又轉回頭找閻成福，在閻成福跟前就放一把火，說老油條說了：

『閻成福算啥，下次打仗瞧吧！』

講與閻成福有關係的話，閻成福自然聽下心去，從此與老油條關係更加惡劣，一見面，就向後轉。

可是一講到小趙自己心事，閻成福就不來了，還怎說呢？

閻成福覺得我是解放區翻身戰士，你是蔣佔區的俘虜兵，他這種優越感可就給小趙來了個大掃興，小趙情緒從此十二分低落。

這樣一來，四五天工夫，模範班就變成不模範班了。

五　急壞了班長李占虎

在糾紛發展過程中，可是急壞了班長李占虎，他一手創造的模範班，眼看就垮了台，他怎能不急呢？

李占虎是個好班長，班上有什麼困難都是他先承受。你要知道領導一個班不是一件容易事，十個人十條心，要把十條心變成一條心，才說得上領導。李占虎從來不對戰士們吹鬍子瞪眼。他是關裡來的老戰士，耐心說服教育，最讓人挑大姆指頭。自從班裡發生不團結現象，在行軍作戰中，他就遭遇了十二分困難：這三個人彼此不談話，你讓他們挨着班站崗吧，誰也不跟誰交代任務；你讓他們在一塊吃飯吧，閻成福朝東，李發和就朝西，永遠脊梁望脊梁；你讓他們睡在炕上吧，李發和睡下，閻成福就吭一聲抱起鋪包睡到地下去了。這天李占虎一個個找他們談話，先跟閻成福談，談了半天，閻成福說：

『我爲人民服務，我可不受誰氣，有種沒種反正火綫上見吧。』站起來走了。

再找李發和，李發和一面抽煙一面聽，聽班長話說乾淨了，他說：

『我反正是爲人民服務服到底，沒問題。』

班長又找趙小義，小趙末了說：

『咳，班長，從前我不明白，解放過來，現在可接受教育啦，我爲人民服務，還說啥呢？』

鬧了半天，原來三個人還都是『爲人民服務』，班長一肚子熱情換了一肚子苦惱，自語道：『這三個傢伙好像商量好啦！』他眞是一籌莫展，哭哭不得，笑笑不成。

這時，恰好團上號召團結友愛。從前五班是個模範班，指導員就打算把五班當個培養對象，花了幾天時間來了解五班。誰知表面上看不出，一深入了解，指導員直搖頭，這一來李占虎急得眼淚都出來了，一把拉着指導員說：『指導員，五班還是有希望，你給三天期限吧！』期限討下來，班長想：怎麼辦呢!?他下決心來個『閃擊戰術』吧，他一下子把三個人找在一起，幾句話把他們不團結的事挑開啦。那裡知道，三個人在他面前一口同聲說：『沒啥，班長。』班長一聽到樂了，於是把五班要爭取模範談了一番。誰知第二天一看，三個人是原封不動，誰也不理誰，這一下班長可急了，氣得背着全班人狠狠哭了一陣，第二天進入戰鬥，忙着準備戰鬥就過去了，至於團結，還是沒一點進步。

六　一塊骨頭

第三天打了一仗，天陰落雨，打完仗，李占虎帶着全班走下戰場，經過一片亂葬崗子，他低着頭發現地下有一塊骨頭。

他停着腳步，彎身取起骨頭看着。班裡同志都奇怪的望着他，他可提出問題了：

『你們說這是什麼人的骨頭呀？』

大家站在雨地裡紛紛討論開了，一邊說是窮人，一邊說是富人，末了，李占虎張嘴說話了：

『我看這是窮人骨頭，地主富農有錢人，死了有棺材有墳，怎麼也不會亂丟在這裡，窮人活着沒飯吃，死了也沒地方安葬，給風吹雨打，還不是東一塊西一塊，到處亂丟，窮人有誰管呢。』

回到宿營地，戰士們忙着舖草燒水。李占虎瞧了瞧，只有閻成福、李發和，趙小義沒有在，一直到吃飯時也沒見這三人。他就往屋裡跑，原來小趙回來就一頭扎在炕上沒起來，班長以爲還是跟老油條跟閻成福鬧彆扭，就安慰他：『唉，小趙，——人就是這樣，在一道怨一道，不在一道想也來不及了，起來吧！』就爬到炕上搬小趙肩膀，誰知小趙一翻身，嗚的一聲撲在班長懷裡大哭起來。

哭了一陣，小趙跟班長講了一段故事，兩個人連說的帶勸的都哭起來了。

班長立刻跑到連部去，一五一十報告給指導員，指導員也聽得十分難過，囑咐他回去，好好照顧小趙。李占虎就順路把自己三百元津貼掏出買了幾個雞蛋，帶回去給小趙煮着吃，小趙一端碗就哭得嗚嗚的，究竟小趙說些什麼，班長聽些什麼，還不到宣佈的時候，這裡就暫且不講了。

七　再說閻成福跟老油條

閻成福心裡難過，想找個清靜地方呆一會，就往後院籬圍那塊走去。老油條卻低着頭，也往這個地方走來。要不是聽到腳步聲，兩人險些兒鼻子碰了鼻子。閻成福一仰頭瞧見老油條，老油條一仰頭也瞧見閻成福，好像誰叫了一聲：『向後轉』，各自扭過頭就氣虎虎走開了。

轉來轉去，閻成福就轉出村子。老油條捲了一根煙抽着，低着頭，找沒人地方，順着牆邊溜。

閻成福從那邊走過林子，老油條從這邊走過林子；閻成福從那邊到了河邊，老油條從這邊轉到河邊，一下又碰上了。

閻成福火了，心裡直罵娘，要不是不能先跟老油條講話，他非罵他一頓不可。正在這時，班長尋來了，一下，一手摘着一個拉了回去。

回去，兩個人誰也不肯吃飯就睡了。

八　晚上點着一盞燈

晚上點着一盞燈。班長在炕沿下檢查了每人的鞋子，從中挑出兩雙破爛了的鞋，然後班長在油燈底下拿起了麻繩，就補起鞋來。補着補着，小趙起來了，爭着要補鞋，班長不准他動手，笑嘻嘻安慰他：『你好好睡，你不舒服，天亮說不定還打仗呢！』一會閻成福蹺腿一下坐起來，把班長吓了一跳，閻成福伸手奪鞋子，班長不但不給還勸說他：『你顏色不正，不舒服，日後怕沒你幹的，睡吧！』閻成福怔怔呆了一陣躺下了。忽然悉悉索索一陣響，李發和又起來了，他悄悄說：『你睡，我補。』班長笑了說：『要是往常，你不勤手我還叫你幫忙，今天你不舒服，休息吧！』可是一下子全班都起來了，原來誰也沒睡着，起來你看看我我看看你，小趙一下子嗚的哭了：他哭着哭着把那天講給班長聽的故事，又說了出來：

『我爹放豬，丟了豬，挨地主打，氣死了，爹還沒埋，我就給國民黨抓兵抓來啦！——我哭我鬧，他們皮鞭子蘸涼水，打得我死去活來，我說我就是死也要再瞧爹一眼，國民黨說：「你爹死了頂多臭一塊地，還瞧啥。」到現在兩年了，——我爹沒人埋，也沒地方埋，風吹雨打，還不是東一條路牌西一條腿，……』他說不完就哇哇哭起來。

這一來閻成福一下撲上去抱着小趙說：

『我對不起你，小趙，——我從前看不起你們是蔣佔區的，我不知道你也是窮人，也是苦人。』

閻成福不說則已，一說就止不住淚水長流，他也訴了自己的苦：

『你給地主害死爹，我給地主害死娘，我十八歲，爹抓了勞工，娘給地主下毒藥藥死，哥哥給地主拿釘耙打死，我偷偷看見了，沒等找我，我拚命跑出來，我跑到遼河邊，我望着那條河，眞想一頭扎下去算了，我又想，爹不知死活，閻家就我這一條根，留下這條根早晚好報仇，死了，地主更稱心，從那往後，我要飯就要了一年整的呀！夏天苞米地裡搬苞米，冬天看人家燒了火，偷偷爬到豬窩裡睡覺，……』這時全班人，除了李發和都嗚嗚哭了，平時講團結談友愛，可是還沒這陣大家以苦見苦，大家眞的是親人了。小趙望着閻成福，閻成福望着小趙。閻成福說：

『聽了你的話，我知道窮人到處一樣受苦。』

小趙說：『你說得對，聽了你的話，我才知道共產黨八路軍眞是窮人幫窮人，我前些天心竅不開，我對不起革命也對不起自己。』

班長李占虎說：『訴吧，有苦不訴給自己人聽，訴給誰聽。』

日頭落了夜黑天，這世界上有多少人睡得甜甜蜜蜜，有多少人想着自己的苦，一滴血跟着一滴淚往下流呀，一個訴完一個訴，五班裡這一夜苦水就倒不完，這一盞燈也就一直點到天矇矇亮。

九　李發和怎麼辦？

李發和心事沉重只是不開口。這一夜晚他坐在旁邊，可是他沒喘氣。他思前想後，愈想愈恨自己，別人是苦也苦得痛快，他占己心頭就像磨了鋼子。他狠狠問自己：『人家是窮人，難道自己是富人嗎!?』他想起年輕在家鄉，歡喜扯秧歌唱大戲，地主就利用他出名的浪當，三下五除二，把他的家當弄了個乾淨，臨走連條遮羞的褲子也沒落着，給趕出村，丟下女人在村子裡，還幾年不走道也苦死了。從那以後，李發和只有自甘墮落，連報仇的火辣勁兒也沒了，要不是碰上八路軍、共產黨，這一輩子也就算完蛋了。可是當戰士四五年，從關裡當到關外，想起來眞對不起革命，對不起上[illegible]對不起自己。從那晚以後，雖然沒說一句話[illegible]下了決心：『黃連苦，我比黃連還苦，[illegible]還等什麼時候呢！』這時他想到指導員[illegible]級，從沒錯說過自己一句話；想到班長[illegible]友，事事讓自己；想到小趙，那一樣是[illegible]；想到閻成福，——他眞想跟閻成福去[illegible]了吧，可是話到嘴邊，又想：『好壞不[illegible]着吧！』

十　火綫上生死抱團結

隔了沒幾天，部隊又投入了戰爭。[illegible]紅光一片的時候，這個連隊加入作戰了。[illegible]是突擊班，誰知十五分鐘工夫就把建制[illegible]時一道命令下來：五班趕緊頂上去。李占[illegible]得溜圓，揑着兩隻拳頭說：『同志們！[illegible]前天晚上訴的苦，別忘了小趙的苦，別[illegible]的苦，給父母兄弟姊妹報仇的時候到了[illegible]十隻火箭頭向戰場。指導員爬過來，親[illegible]，李占虎說：『首長給任務吧，五班的[illegible]?!』閻成福担負了炸開突破口的任務[illegible]樂上去了，全班爬在地下望他，——眼[illegible]了，還有幾十步，一個個找怨他跌倒了[illegible]沒說話，小趙從他身邊箭頭子一樣跑上[illegible]離開閻成福兩步遠，一下又摔倒下去了，[illegible]死，敵人火力拚命封鎖，他不能動彈了[illegible]開裡，李發和一樣樣都看在眼內。這時[illegible]交代着，簡直子彈鏈子彈，打成一片了[illegible]班長說：『這任務交給我，給我一支[illegible]救下他兩人，完不成任務不回來。』說[illegible]火力情況下，按道理是不能再冒一險往上[illegible]此全班眼光跟着李發和，李發和一會[illegible]會忽然疾奔，全班這時緊張得喘不過氣[illegible]和終於跑到閻成福旁邊爬下來，李占虎[illegible]毛上汗珠擦下去，繼續望着。這時候，[illegible]上，不上去，下，下不來，就像子彈卡[illegible]福肩膀上負了傷，血直往外湧，炸藥還[illegible]裡，他倆默默的了一下，千言萬語，都[illegible]下弄清楚了，李發和把閻成福拖到一片[illegible]怎麼樣？』閻成福一咬牙：『說啥也只[illegible]退後。』這時李發和又爬到小趙跟前，[illegible]傷，血流了一地，他把小趙抱到一旁問[illegible]?』答：『腿壞了。』『還能打槍吧？』小[illegible]『那麼你從這裡打，我從那裡打，咱們[illegible]，死也叫老閻完成任務，好不好？』小[illegible]李發和身上沾滿鮮血又順着死屍爬過去[illegible]雙方兩彈，機槍巢中猛烈的對射起來[illegible]都燒着火，小趙頭髮燒焦了，李發和擊[illegible]。這時班上見他們不動，李占虎難過的[illegible]人一道尖刃犧牲了，預備再組織爆破。[illegible]響了，李發和的衝鋒槍叫啦，小趙咬着[illegible]，只見閻成福渾身是血一下爬起來跑上[illegible]眼，嘩的一下閃光，緊跟着轟然一聲巨[illegible]炸了，捲起一陣黑煙直上天空。這時我[illegible]然響起一片鼓掌聲音。突破口打開了，[illegible]喊殺聲裡衝進去了。

十一　獎章作總結

打了勝仗，敵人一個師殲滅得乾乾[illegible]班就抓到五十八個俘虜。不久，就開了[illegible]導員叫我們好好組織個管樂隊，結果熱[illegible]，加上四個同志，吹喇叭、打腰鼓，拉[illegible]喧天的響成一片。

現在再講閻成福、李發和、趙小義[illegible]並肩站在隊前，指導員介紹他們是『無[illegible]，然後走到他們跟前，一個個把獎章給[illegible]胸上，紅獎章一閃一閃的發光。

閻成福看了一眼李發和，李發和又[illegible]小義，大家這時劈劈拍拍鼓起一片掌[illegible]報告時，三個人一口同聲說：

『這是班長領導的。』

李占虎站起來說：『我們是窮人，[illegible]，苦變成力量，團結起來就能報仇。』

四八，二，二十二日，[illegible]

一•封•信

鳳林吾兒：

自你出外革命已有二載，在你臨走時，咱家是吃不上穿不上，吃這頓無那頓，幾乎要餓死。自咱屯成立了窮人翻身會以後，咱家的一切困難，都有農會來照顧，咱家分了一匹白馬，三垧地，在咱屯來說是頂上等的。咱家種了一垧地的苞米，一垧地的穀子，又種一垧豆子，共打了十六石多糧食，除交公糧而外，咱還剩了十二石，來年一年的吃穿都用不了。咱家現在都穿的暖暖和和的，咱家像天堂一般，咱家還掛上了光榮軍屬牌子。我心裡想：兒你要是不革命，做夢也想不到咱能掛着光榮牌子！從前咱家上不起學，現在你弟弟也在咱屯上學啦！鳳林！現在咱家一切不必掛念了。母希望你在革命軍隊裡，要好好的學習和工作；好好的團結同志，聽上級的指導，革命要革到底。爲咱窮人得好日子過，有地種有飯吃，有衣穿，咱東北解放區的窮人已經翻了身，在蔣該死的統治區的窮人，盼望我們人民子弟兵，早日去解放他們。

鳳林兒！你好好休養吧。傷口好後，再拿起槍桿上前綫和那群王八犢子作鬬爭，我在家甚麼都由農會照顧，你放心吧。繼續作人民功臣，好好立功！

母書

（依蘭第二榮校　甦　銳　記）

代郵

王曉峯同志：
劉來心同志：
所提意見，均已轉交各該工作部門負責同志。

× × ×

拉哈街優屬委員會：
慰問信已轉給軍區政治部。

副刊部

二　阎成福

阎成福是这个故事里的主角，也就是上面已经介绍过了的战斗英雄。

阎成福家底子怎么样，那时咱不知道，可是一看就是穷朋友出身，平时在班上有个二虎劲，打起仗更是虎尔巴基，勇敢的很。

这次作战负伤，在医院床上磨屁股磨腻了，回了一趟家，看了看翻身光景，身上有衣，槽上有马，门外有地，心中真是说不出的愉快。晚上农会小组欢迎这前线回来的战士，他干脆讲："告诉你们，你们心里有底，仗是打好了，没问题，我回来瞧瞧你们斗封建斗得彻底，我心里也有底，往后，情好吧，我在前方绝不会丢拉拉屯的脸。"天没亮，再找就不见了。阎成福回到医院，往病房里一个一个看了看战友们，就往前线来了。

再说他不在队上的时候，大家都宣传他的英雄事迹，一个传两个，两个传三个，愈传愈广，那简直就跟神话一样了。要论实际情况，也确实有个讲劲，那天阎成福在火线上，一个人突击前进，一下子跟部队失了联络。敌人机枪、六〇炮打得到处喷烟冒火，他妈的，我们合计阎成福算是革命成功——完了。连长气得飞飞的，瞪着两只红眼珠子，带着部队突。你猜后来怎么样？——在最紧急紧急的时候，敌人内部忽然乱了，敌人一松劲，我们可就通上去了。原来阎成福三摸两摸，不知怎样摸到敌人指挥部里去了，我们一攻，他就丢了个手榴弹，敌人自然乱了，这会他就拿枪压着一个肥头大耳的俘虏下来，说还是个"团级干部"呢！阎成福直嚷说刚才就是这家伙在指挥队伍。这地方一拿下来，我们立刻向纵深发展。一会工夫，阎成福又上来了，还一面喊："我，阎成福又上来了！"大家一听，十分高兴，那时我们班又担任了突击任务，正在紧急情况，不久他就受了伤，昏迷不醒。连长叫我们背他下火线，到那边树林子里交给了担架队。

三　老油条

老油条是我们给李发和起的外号，叫来叫去，大家就好像忘了他真姓名，连指导员有时也亲热的这样叫他。

老油条是个老战士，也有人管他叫老不进步，他也不十分在意。

出关以来，跟他一齐的都当了排级干部了，他还是个战士。他倒还自在逍遥，别人问他，他温吞的笑笑：

“我自在，——我省心。”

这人就是自由主义，吊儿郎当，大纪律不犯，小纪律不断，可是当兵一当三四年；打仗总打了百十回吧，身上一根汗毛也没碰断，不用说他有一手狠的，就是打仗到节骨眼上，他有办法，——动作快、猛，能出点子。可是政治不开展，生活纪律坏，一个牌牌也挂不到他头上。现在，让我们拉回头来讲吧，那晚，欢迎阎成福的时候，就是他，冷丁子说了一句话。本来他一直在旁边卷黄烟吧嗒吧嗒抽，当人们那样称赞阎成福的时候，他忽然推开别人伸过脑袋说：

“我瞧你那英雄牌是碰上的。”

这话一说，阎成福炸了，马上把脸一虎问：“你说怎么碰的？”

老油条慢腾腾望他一眼：“我大小仗总经过百八次了，浑身上下没给枪子打过一个眼，这才是真功夫，你英雄到英雄，战场动作可还不大入门。”

这瓢冷水一泼，大家也扫兴，班长说天不早了吹灯睡觉，从此阎成福跟老油条就谁也不理谁了。

四　赵小义

这纠纷要就在阎成福跟老油条身上展开，也还简单，现在又横着加上了个赵小义。

赵小义是解放过来的小战士，才十九岁。夏季攻势解放过来，说他岁数小，中毒不深，就没往后方送，立刻补充了。赵小义表面上活泼、单纯，肚子里可有鬼。讨论会上他从不发言，他是瞪眼瞧，他想：两虎相斗，必有一伤，将来看谁占上风，咱就往谁那边靠。因此在连里，他抱定宗旨：不积极，也不落后。他处处爱挑眼，一点小毛病，就骂：“什么优待，优待，那都是鬼吹灯，——瞎话。”五班是模范班，班长抓得也紧，可是石头虽硬，也还有个缝儿，赵小义呆久了，自由主义这一点，自然就跟老油条十分靠近起来。那天晚上，老油条跟阎成福闹了个满脸花，他就暗暗同情老油条，他听阎成福什么翻身呀，抓地主呀，英雄呀，心里就不十分得劲，第二天就更跟老油条拉近乎，可是老油条有老油条的原则，跟小赵对抽一袋两袋黄烟还可以，至于谈谈感情话，那犯不上，他想：我是关里来的，你是俘虏来的。小赵感情上得不到安慰，于是又转回头找阎成福，在阎成福跟前就放一把火，说老油条说了：

“阎成福算啥，下次打仗瞧吧！”

讲与阎成福有关系的话，阎成福自然听下心去，从此与老油条关系更加恶劣，一见面，就向后转。

可是一讲到小赵自己心事，阎成福就不来了，这怎说呢?

阎成福觉得我是解放区翻身战士，你是蒋占区的俘虏兵，他这种优越感可就给小赵来了个大扫兴，小赵情绪从此十二分低落。

这样一来，四五天工夫，模范班就变成不模范班了。

五　急坏了班长李占虎

在纠纷发展过程中，可是急坏了班长李占虎，他一手创造的模范班，眼看就垮了台，他怎能不急呢?

李占虎是个好班长，班上有什么困难都是他先承受。你要知道领导一个班不是一件容易事，十个人十条心，要把十条心变成一条心，才谈得上领导。李占虎从来不对战士们吹胡子瞪眼。他是关里来的老战士，耐心说服教育，真让人挑大拇指头。自从班里发生不团结现象，在行军作战中，他就遭遇了十二分困难：这三个人彼此不谈话，你让他们挨着班站岗吧，谁也不跟谁交代任务；你让他们在一块吃饭吧，阎成福朝东，李发和就朝西，永远脊梁望脊梁；你让他们睡在炕上吧，李发和睡下，阎成福就吭一声抱起背包睡到地下去了。这天李占虎一个个找他们谈话，先跟阎成福谈，谈了半天，阎成福说：

“我为人民服务，我可不受谁气，有种没种反正火线上见吧。”站起来走了。

再找李发和，李发和一面抽烟一面听，听班长话说干净了，他说：

“我反正是为人民服务服到底，没问题。”

班长又找赵小义，小赵末了说：

“咳，班长，从前我不明白，解放过来，现在可接受教育啦，我为人民服务，还说啥呢？”

闹了半天，原来三个人还都是“为人民服务”，班长一肚子热情换了一肚子苦恼，自语道：“这三个家伙好像商量好啦！”他真是一筹莫展，哭哭不得，笑笑不成。

这时，恰好团上号召团结友爱。从前五班是个模范班，指导员就打算把五班当个培养对象，花了几天时间来了解五班。谁知表面上看不出，一深入了解，指导员直摇头，这一来李占虎急得眼泪都出来了，一把拉着指导员说：“指导员，五班还是有希望，你给三天期限吧！”期限讨下来，班长想：怎么办呢！？他下决心来个“围歼战术”吧，他一下子把三个人找在一起，几句话把他们不团结的事挑开啦。哪里知道，三个人在他面前异口同声说：“没啥，班长。”班长一听到乐了，于是把五班要争取模范谈了一番。谁知第二天一看，三个人是原封不动，谁也不理谁，这一下班长可急了，气得背着全班人狠狠哭了一阵，第二天进入战斗，忙着准备战斗就过去了，至于团结，还是没一点进步。

六　一块骨头

第三天打了一仗，天阴落雨，打完仗，李占虎带着全班走下战场，经过一片乱葬岗子，他低着头发现地下有一块骨头。

他停着脚步，弯身取起骨头看着。班里同志都奇怪的望着他，他可提出问题了：

“你们说这是什么人的骨头呀？”

大家站在雨地里纷纷讨论开了，一边说是穷人，一边说是富人，末了，李占虎张嘴说话了：“我看这是穷人骨头，地主富农有钱人，死了有棺材有坟，怎么也不会乱丢在这里，穷人活着没饭吃，死了也没地方安葬，给风吹雨打，还不是东一块西一块，到处乱丢，穷人有谁管呢。”

回到宿营地，战士们忙着铺草烧水。李占虎瞧了瞧，只有阎成福、李发和、赵小义没有在，一直到吃饭时也没见这三人。他就往屋里跑，原来小赵回来就一头扎在炕上没起来，班长以为还是跟老油条跟阎成福闹别扭，就安慰他：“唉，小赵，——人就是这样，在一道怨一道，不在一道想也来不及了，起来吧！”就爬到炕上搬小赵肩膀，谁知小赵一翻身，呜的一声扑在班长怀里大哭起来。

哭了一阵，小赵跟班长讲了一段故事，两个人连说的带听的都哭起来了。

班长立刻跑到连部去，一五一十报告给指导员，指导员也听得十分难过，嘱咐他回去，好好照顾小赵。李占虎就顺路把自己三百元津贴掏出买了几个鸡蛋，带回去给小赵煮着吃，小赵一端碗就哭得呜呜的，究竟小赵说些什么，班长听些什么，还不到宣布的时候，这里就暂且不讲了。

七　再说阎成福跟老油条

阎成福心里难过，想找个清静地方待一会，就往后院粮囤那块走去。老油条却低着头，也往这个地方走来。要不是听到脚步声，两人险些儿鼻子碰了鼻子。阎成福一仰头瞧见老油条，老油条一仰头也瞧见阎成福，好像谁叫了一声："向后转"，各自扭过头就气呼呼走开了。

转来转去，阎成福就转出村子。

老油条卷了一根烟抽着，低着头，找没人地方，顺着墙边溜。

阎成福从那边走过林子，老油条从这边走过林子；阎成福从那边到了河边，老油条从这边转到河边，一下又碰上了。

阎成福火了，心里直骂娘，要不是不能先跟老油条讲话，他非骂他一顿不可。

正在这时，班长寻来了，一下，一手拉着一个拉了回去。

回去，两个人谁也不肯吃饭就睡了。

八　晚上点着一盏灯

晚上点着一盏灯。班长在炕沿下检查了每人的鞋子，从中挑出两双破烂了的鞋，然后班长在膝盖上搓了根麻绳，就补起鞋来。补着补着，小赵起来了，争着要补鞋，班长不准他动手，笑嘻嘻安慰他："你好好睡，你不舒服，天亮说不定还打仗呢！"一会阎成福泼浪一下坐起来，把班长吓了一跳，阎成福伸手夺鞋子，班长不但不给还劝说他："你颜色不正，不舒服，日后怕没你干的，睡吧！"阎成福怔怔呆了一阵躺下了。忽然窸窸窣窣一阵，李发和又起来了，他悄悄说："你睡，我补。"班长笑了说："要是往常，你不动手我还叫你帮忙，今天你不舒服，休息吧！"可是一下子全班都起来了，原来谁也没睡着，起来你看看我我看看你，小赵一下子呜的哭了，他哭着哭着把那天讲给班长听的故事，又说了出来：

“我爹放猪，丢了猪，挨地主打，气死了，爹还没埋，我就给国民党抓兵抓来啦！

“我哭我闹，他们皮鞭子蘸凉水，打得我死去活来，我说我就是死也要再瞧爹一眼。国民党说：‘你爹死了顶多臭一块地，还瞧啥。’到现在两年了，——我爹没人埋，也没地方埋，风吹雨打，还不是东一条胳膊西一条腿，……”他说不完就哇哇哭起来。

这一来阎成福一下扑上去抱着小赵说：

“我对不起你，小赵，——我从前看不起你们是蒋占区的，我不知道你也是穷人，也是苦人。”

阎成福不说则已，一说就止不住泪水长流，他也诉了自己的苦：

“你给地主害死爹，我给地主害死娘，我十八岁，爹抓了劳工，娘给地主下毒药药死，哥哥给地主拿钉耙打死，我偷偷看见了，没等找我，我拼命跑出来，我跑到辽河边，我望着那条河，真想一头扎下去算了，我又想，爹不知死活，阎家就我这一条根，留下这条根早晚好报仇，死了，地主更称心，从那往后，我要饭就要了一年整的呀！夏天苞米地里搬苞米，冬天看人家熄了火，偷偷爬到猪窝里睡觉，……”这时全班人，除了李发和都呜呜哭了，平时讲团结谈友爱，可是还没这阵大家以苦见苦，大家真的是亲人了。小赵望着阎成福，阎成福望着小赵。阎成福说：

“听了你的话，我知道穷人到处一样受苦。”

小赵说：“你说得对，听了你的话，我才知道共产党八路军真是穷人帮穷人，我前些天心窍不开，我对不起革命也对不起自己。”

班长李占虎说：“诉吧，有苦不诉给自己人听，诉给谁听。”

日头落了夜黑天，这世界上有多少人睡得甜甜蜜蜜，有多少人想着自己的苦，一滴血跟着一滴泪往下流呀，一个诉完一个诉，五班里这一夜苦水就倒不完，这一盏灯也就一直点到天蒙蒙亮。

九　李发和怎么办?

李发和心事沉重只是不开口。这一夜晚他坐在旁边，可是他没吭气。他思前想后，愈想愈恨自己，别人是苦也苦得痛快，他自己心头就像磨了茧子。他狠狠问自己：“人家是穷人，难道自己是富人吗！？”他想起年轻在家乡，欢喜扭秧歌唱大戏，地主就利用他出名的浪当，三下五除二，把他的家当弄了个干净，临走连条遮羞的裤子也没落着，给赶出村，丢下女人在村子里，这几年不走道也苦死了。从那以后，李发和只有自甘堕落，连报仇的火辣劲儿也没了，要不是碰上八路军、共产党，这一辈子也就算完蛋了。可是当战士四五年，从关里当到关外，想起来真对不起革命，对不起上级，也对不起自己。从那晚以后，虽然没说一句话，可是暗中下了决心：“黄连苦，我比黄连还苦，再不下决心还等什么时候呢！”这时他想到指导员，那是老上级，从没错说过自己一句话；想到班长，那是老战友，事事让自己；想到小赵，那一样是个苦命孩子；想到阎成福，——他真想跟阎成福去拉拉手说合了吧，可是话到嘴边，又想：“好坏不在一时，瞧着吧！”

十　火线上生死抱团结

隔了没几天，部队又投入了战争。火线上打得红光一片的时候，这个连队加入作战了。原来四班是突击班，谁知十五分钟工夫就把建制打乱了，这时一道命令下来，五班赶紧顶上去。李占虎两眼瞪得溜圆，捏着两只拳头说：“同志们！别忘了咱们前天晚上诉的苦，别忘了小赵的苦，别忘了阎成福的苦，给父母兄弟姊妹报仇的时候到了！”他们像十只火箭冲向战场。指导员爬过来，亲自看看五班，李占虎说：“首长给任务吧，五班的仇能不报吗？！”阎成福担负了炸开突破口的任务，他抱着包炸药上去了，全班爬在地下望他，——眼看着跑上去了，还有几十步，一个倒栽葱他跌倒了。李占虎还没说话，小赵从他身边箭头子一样跑上去了，小赵离阎成福两步远，一下又摔倒下去了，他还挣扎着爬，敌人火力拼命封锁，他不能动弹了。这全部时间里，李发和一样样都看在眼里。这时，前面火力交织着，简直子弹碰子弹，打成一片了。他突然对班长说：“这任务交给我，给我一支冲锋枪，我要救下他两人，完不成任务不回来。”敌人拼命集中火力情况下，按道理是不能再冒险往上送菜了，因此全班眼光跟着李发和，李发和一会忽然卧倒，一会忽然疾奔，全班这时紧张得喘不过气来了，李发和终于跑到阎成福旁边趴下来，李占虎才举手把眉毛上汗珠擦下去，继续望着。这时候，他们三人，上，不上去，下，下不来，就像子弹卡了壳。阎成福肩膀上负了伤，血直往外涌，炸药还紧紧抱在怀里，他俩默默望了一下，千言万语，都在这一望之下弄清楚了，李发和把阎成福抱到一片洼地问："怎么样？"阎成福一咬牙："说啥也只能向前不能退后。"这时李发和又爬到小赵跟前，小赵大腿负伤，血流了一地，他把小赵抱到一旁问："怎么样？"答："腿坏了。""还能打枪吧？""能。""那么你从这里打，我从那里打，咱们掩护阎成福，死也叫老阎完成任务，好不好？"小赵点了头，李发和身上沾满鲜血又顺着死尸爬过去。这时候，双方炮弹、战枪集中猛烈的对射起来，每一寸土地都烧着火，小赵头发烧焦了，李发和裤子上直冒烟。这时班上见他们不动，李占虎难过的当他们三个人一道英勇牺牲了，预备再组织爆破。突然前面枪响了，李发和的冲锋枪叫啦，小赵咬着牙也打起来，只见阎成福浑身是血一下爬起来跑上去了，一转眼，哗的一下闪光，紧跟着轰然一声巨响，碉堡崩炸了，卷起一阵黑烟直上天空。这时我们阵地上忽然响起一片鼓掌声音。突破口打开了，部队在一片喊杀声里冲进去了。

十一　奖章作总结

打了胜仗，敌人一个师歼灭得干净净，光五班就抓到五十八个俘虏。不久，就开了庆功会。指导员叫我们好好组织个音乐队，结果请来三位老乡，加上四个同志，吹喇叭，打腰鼓、拉二胡，锣鼓喧天的响成一片。

现在专讲阎成福、李发和、赵小义，三个人肩并肩站在队前，指导员介绍他们是"无敌三勇士"，然后走到他们跟前，一个个把奖章给他们戴到胸脯上，红奖章一闪一闪的发光。

阎成福看了一眼李发和，李发和又看了一眼赵小义，大家这时噼噼啪啪鼓起一片掌声。到作典型报告时，三个人异口同声说："这是班长领导的。"

李占虎站起来说："我们是穷人，我们有苦处，苦变成力量，团结起来就能报仇。"

四八，二，二十二日，哈尔滨。

光明照耀着沈阳

刘白羽

发表于 1948 年 11 月 24 日一版、二版

历史的暴风雨

十一月二日，将是我们永远记得的日子，——三年来，在爬冰卧雪，冒死忘生的时候，我们所想望，所争取的这样一天，终于实现了。解放沈阳就是解放全东北，这解放在历史的暴风雨席卷下出现了。当忠诚英勇的战士走过沈阳街头，当我听到他们那嚓嚓前行的脚步声时，我知道这是胜利的声音，从内心激起快乐。我走进沈阳，我又看到这个中国第一座重工业城市，我熟识铁西五金炼冶厂最高的烟囱、到兵工厂去的路以及中心广场辐射形的街道，而这一切，都属于人民了。

胜利给人民事业打开无边远景。四六年四月春冻时期，我在执行部邀请下与其他中外记者来访沈阳，那时气候是雨雪低垂，政治空气更加恶劣，黑夜鸣响着暗枪，美国人带着降落伞部队赶来，国民党新一军、新六军也从海上航路蜂涌而至，国民党特务分子余纪忠天天在报上叫嚣反共反人民，那时他们反人民的内战气焰真是高达万丈。今天，我又到了沈阳，我看见一度被外国记者描写为“在摇曳烛光下举行军事会议”的“剿总”大厦里，连墙上的机密作战地图也来不及动，特别引我注意的是图上还标志着全军覆没的廖耀湘兵团西进辽西的最后布署，据说这是蒋介石于十月十五日亲自布署的。历史真会嘲弄人，在伪政委会里还留下他们给魏德迈的卖国报告。我希望把这些东西送进胜利纪念馆，让人们知道这些罪犯是怎样来不及擦掉罪迹就倒在人民脚下的。

当我看到“剿总”高级官员桌上一只磁制记事牌上写着的“头可断，血可流，

光明照耀着瀋陽

劉白羽

（上接一版）

在路上走來走去，國民黨『中央日報』的工役正在揩地板，字架上一個鉛字也沒亂，市政府門前有人說服了衛兵，取過鑰匙，鎖好門窗，很多機關沒破一塊玻璃，沒丢一個燈泡。瀋陽二日解放，四日工人、職員等陸續登記報到，第一週就有十九萬人，這裡面不僅是工人，是中下級職員，也有國民黨高級職員，包括國民黨軍隊及聯勤系統的將官，國民黨政委會系統的簡任官，國民黨市政府的局長，國民黨資源委員會系統的技術專家等等都在內，國民黨中央社總編輯胡學灝來了，中央銀行副經理沈慕瀋也走回銀行，從這裡可以看出一個問題：連國民黨高級職員也不跑了；不但關外人，連關裡人也不跑了，兩年多形勢變化，人心也大改變了，讓大家冷靜致慮一下吧：現在不是怕走在前面，而是怕不走在前面，如水之歸大海，全國都將在人民勝利的光照裡，——將來到南京，上海不是也要如此嗎？

當然，在瀋陽解放中，最動人的是工人的行動，他們在戰鬥還進行時，就爲人民的瀋陽放下頭一塊奠基石。工人們除了把每一座工廠保存下來之外，二日夜，在一片漆黑之下，在炸彈和地雷的威脅下，以哈爾濱鐵路工人的忠誠英勇與瀋陽工人的澎湃熱情相結合，奮不顧身，一夜完成了意想不到的運輸任務。一個哈鐵勞動英雄一連緊張工作二十六小時不休息，瀋陽工人的熱情也不低，瀋鐵工人綦立清在戰前戰後兩日夜，機警的保護人民的財產，偵察誰放了信號，監視着特務；挨特務四槍打破褲脚，他還是奔走不息。也就在這海濤樣洶湧澎湃的人民力量下，瀋陽市從戰爭裡迅速恢復，第二天電就來了，曾被國民黨切斷的居民電燈一下耀眼發光，四日電話通了，五日郵電把瀋陽與全東北的呼吸勾通，六日初雪放晴，電車響着喇叭駛過街頭，自來水流出了龍頭，商店紛紛開業，四鄉糧車源源而來，市民們和過節日一樣歡欣地出現在街頭，一個說：『夏天滿街過蝨子，一撲一臉，把高糧吃得透亮，我知道國民黨一定完了，你看解放後這天氣够多好，幾年也沒有過啊。』另一個搶着講：『解放軍是一號進城又趕上禮拜一，眞是巧，一切是從新開始了。』是的，瀋陽的一切一切是新的開始，一切一切是新的經驗，是記者經歷東北戰爭中所見的新景象，是大勢所趨人心所向的鮮明表白，是偉大的大革命高潮。

光明日月永屬人民

前天，在一個技術專家座談會上，一個研究內燃機專家，沉痛的講了一段話，他說，他曾經親眼看見國民黨官員把稍加修理即可供民航的日本飛機拆賣，換取金條，他說，把飛機用的鋁變成洗臉盆是罪行，但這一點正跟國民黨把中國第一個重工業的瀋陽變爲飢餓貧困的瀋陽一樣，眞是罪大惡極！瀋陽街上買得到美國稼稼粉，但貧民的上等食粮却是豆餅與豆渣（七月份瀋陽報紙統計有四十七萬餘市民以豆餅爲食品）。

但是讓我講一件今天的事情吧，小西區區政府一個舊下級職員領了軍管會頒發的生活費走回家去，老祖母哭了，說：『想不到還可以吃到高粱。』這是一樁平凡的小事嗎，不，這是人民鬥爭的眞理，這眼淚是千百萬人的眼淚，這眼淚裡含着多少歡笑，含着多少仇恨。看新中國的誕生，看舊中國的毀滅，在瀋陽是很容易找到兩者之間的分界綫的。我在四六年曾親眼看見過鐵西區無數家工廠門上都貼了七八條封條，這就是政學系的張嘉璈，國民黨CC分子齊世英及後來軍人派杜聿明出場的四大家族，吞蝕盜竊的『劫收』，在這裡，曾像鬥牛場上一樣，角逐達到白熱化的程度；而今天代表人民利益的軍管會的接收則在員工保護及解放區清明政治的作風下完成了，沒有聽說那裡碰破一塊玻璃。在這方面，我可以舉出各項例子：如市政府，當朱其文市長走進這座棕色大廈時，原機關的一百三十餘職員，檔案文件全都完好無缺，連桌上的辦公文具都是潔淨的。人民的市政府便立即開始工作了。某工廠的工友自己組織護廠隊，拿起蔣軍遺棄的武器，日夜把守，完整無損的保護了所有機器，倉庫，房產，變電所，四日由我接收後，八日機器便動起來了。

瀋陽機關林立，工廠繁多，再加以系統複雜，因此接收工作確是一項浩大的工作，軍管會宣佈成立的這一天（本月三日）便派出了軍事代表，分爲軍、警、財、經、後勤、鐵路等系統，自上而下，進行接收，——這是決定瀋陽轉爲人民城市的基本關鍵，結果在人心向我及我黨已學會了管理國家的條件下，軍事管制委員會表現了驚人的能力，從三日到五日，即全部接收完畢，工廠復工了，學校復課了。報到的公教、職工人員，公費生及外省流亡學生，各人領到臨時性的十萬元救濟費後，他們都表示無限感激與愉快。一個針織廠姓龔女工的老母親，餓得兩手腫起很高，皮完全發亮了，這一回却向家人滔滔講敍她家領到十萬元臨時救濟費的用場，如何購買糧、肉，送兒子到撫順去做工，談得自己笑個不住。一個麻袋工人說：『還沒做工就給錢，這眞是想不到的事。』市立二中教務主任孫諦知說：『國民黨在時，我們十月份的薪金還沒領到手，糧食也沒有了，正困難的時候解放軍來了，就發給了生活費。』

在瀋陽解放後的十天內，市民有三大高興的事：第一是解放軍紀律好，第二是水電交通恢復快，第三是糧價低落。這幾天，街上不斷走過遊行的行列，帶着愉快的歡聲，鮮艷的各色標語貼遍街頭。據我所知，一個從前把自己作品糊窗禦寒的畫家，現在已開始爲自己的理想而工作了。一個教員從監獄回到學堂。人們不但得到了工作的自由，同時也解除了生活的貧困，鐵西區鐵工吳景玉的女人花一萬元買了六斤多苞米麵回來，快樂得拍着手向鄰居們喊道：『你們快來看呀！從前賣兩件衣服也買不到一斤呀！』笑聲立刻盪漾在從前曾失去歡笑的地方，這一切都是解放後的新光景，像紅日曈曨而上，瀋陽千萬人民在這樣光照裡喊出同樣的一句話：光明的日子開始了！這是眞實的話，這一個遠從一千二百餘年前的渤海國時即已創始而又經過多少歷史滄桑的瀋陽，現已從從未有過的興奮與快樂中，開始了這光榮的日月。

东北不可丢”时，我为这愚蠢的话而笑了，——历史不会按着反动者的头脑轮回，而历史永迈着前进步伐，三日早晨，人民解放军沈阳军管会第一号“安定社会秩序”的布告下，无数群众露着鲜花般的笑脸。

混乱的崩溃与清醒的胜利

当我们从辽西向沈阳前进时，一个国民党士兵把他们的惨败情况告诉我，他说他们的队伍就像现在的树叶一样。我想他是拿急风扫落叶来说明这一形势，沈阳的解放恰恰就符合于这一种形势。

东北，是蒋介石及其美国华尔街主子口口声声喊为生命线的地方，而生命线的生命线又在沈阳。蒋介石把生命线孤掷在这里，美国的边界好像就扯的太远了，现在却一点也不错，蒋介石专制王朝的整个生命线，在十一月二日被突破了，而且，这种决口将是无法收拾的。蒋介石一周以前还三到沈阳，救锦州，救廖兵团，救沈阳，可是人民胜利高潮怒卷而来，——这一中外驰名最后解放东北的一战，留给蒋介石三种纪录：锦州是三十一小时，长春紧跟着赶上来，打虎山、廖耀湘十二个美械师的覆没也不过两天一夜，优胜者是人民解放军。在这一连串纪录之后，沈阳的解放就是东北战争的煞尾，蒋家匪帮们煞尾的一幕于二十九日演出，但这不是在什么防线，或什么美国重炮、卡宾枪上表现出来，而是在沈阳飞机场上富有戏剧性的镜头：第一次飞机起飞了，可是卫立煌看到解放军已过辽河，他想到这不应该是第一次而是最后一次起飞，于是赶紧又把飞机降落下来，企图多装走几个亲信。可是，满满一飞机场的人会一下子把飞机挤碎的，这一群饱食人民脂膏的家伙，在人民胜利面前颤抖着，赵家骧叫一声“上飞机”，立刻像搅乱的苍蝇样乱成一团，国民党嫩江省主席彭济群正从吉普车顶往飞机上爬，却被一脚踢滚下来，飞机飞了，“剿总”的“大员”站了一天没挤上去赶回家一看，简任官以上的房子已经给国民党士兵弄得稀烂，原来天下在这一瞬之间完全变了，枪炮声震撼着神经，他们彷徨了一下，不少“将军”又一挤挤到周福成第八兵团司令部去。

一日，解放军主力部队从铁西区突破了沈阳。我平生将永不能忘那过辽河铁桥之夜，无数人马，无数卡车闪着耀眼的灯光，大家人同此心——奔向胜利！奔向沈阳！战士们以无比的清醒节节前进，锤击敌人。蒋介石的防御神话全部破产了，从作战规模来讲，这里没有战斗，只有敌人的缴枪，因为国民党士兵在辽河西岸草屋里就对老百姓说了：“我们不打了。”当周福成是战是降，犹在未决之间，窗外的部队已崩溃下来，“兵败如山倒”的实际情况就是如此，周福成想召集他最后的军事会议，却没人出席，各团纷纷直接向解放军投诚，无论新一军的“鹰徽”，新六军的“虎照”，都一齐轧踏在前进的人民部队的脚下，他们派出装甲车打了降旗请我们先头部队去受降，一个士兵喊：“我是国民党兵，有一条枪给你们呀！”汽车兵团驾驶手整整齐齐张起一面红旗；坦克队更干脆，撵走指挥官说：“留下好坦克交给解放军。”

沈阳的人民更是清醒，他们不是等待者，而是以无比英勇迎接光明，二十九日，蒋军战车还在街头巡逻，写着“毛主席是中国人民的救星”的标语便出现在街头了，青年们早就学会了“没有共产党就没有中国”的歌子，以多么兴奋而昂扬的情绪，单等天明放开喉咙歌唱。一日这天，沈阳市民们拥上街头，争看解放军抓俘虏，商店挂起了国旗，职工们保护了机关、工厂、银行，全体人民站在各自岗位上，等候人民国家的到来。沈阳是完整的沈阳，这是给我的第一个印象，战争结束的早晨，人们便在路上走来走去，国民党“中央日报”的工役正在揩地板，字架上一个铅字也没乱，市政府门前有人说服了卫兵，取过钥匙，锁好门窗，很多机关没破一块玻璃，没丢一个灯泡。沈阳二日解放，四日工人、职员等陆续登记报到。第一周就有十九万人，这里面不仅是工人，是中下级职员，也有国民党高级职员，包括国民党军队及联勤系统的将官，国民党政委会系统的简任官，国民党市政府的局长，国民党资源委员会系统的技术专家等等都在内，国民党中央社总编辑胡学灏来了，中央银行副经理沈慕潜也走回银行，从这里可以看出一个问题：连国民党高级职员也不跑了；不但关外人，连关里人也不跑了，两年多形势变化，人心也大改变了，让大家冷静考虑一下吧：现在不是怕走在前面，而是怕不走在前面，如水之归大海，全国都将在人民胜利的光照里，——将来到南京、上海不是也要如此吗？当然，在沈阳解放中，最动人的是工人的行动，他们在战斗还进行时，就为人民的沈阳放下头一块奠基石。工人们除了把每一座工厂保存下来之外，二日夜，在一片漆黑之下，在炸弹和地雷的威胁下，以哈尔滨铁路工人的忠诚英勇与沈阳工人的澎湃热情相结合，奋不顾身，一夜完成了意想不到的运输任务。一个哈铁劳动英雄一连紧张工作二十六小时不休息，沈阳工人的热情也不低，沈铁工人蔡立清在战前战后两日夜，机警的保护人民的财产，侦察谁放了信号，监视着特务；挨特务四枪打破裤脚，他还是奔走不息。也就在这海涛样汹涌澎湃的人民力量下，沈阳市从战争里迅速恢复，第二天电就来了，曾被国民党切断的居民电灯一下耀眼发光，四日电话通了，五日邮电把沈阳与全东北的呼吸勾通，六日初雪放晴，电车响着喇叭驶过街头，自来水流出了龙头，商店纷纷开业，四乡粮车源源而来，市民们和过节日一样欢欣地出现在街头，一个说："夏天满街过虫子，一扑一脸，把高粱吃得透亮，我知道国民党一定完了，你看解放后这天气够多好，几年也没有过啊。"另一个抢着讲："解放军是一号进城又赶上礼拜一，真是巧，一切是从新开始了。"是的，沈阳的一切一切是新的开始，一切一切是新的经验，是记者经历东北战争中所见的新景象，是大势所趋人心所向的鲜明表白，是伟大的大革命高潮。

光明日月永属人民

前天，在一个技术专家座谈会上，一个研究内燃机专家，沉痛的讲了一段话，他说，他曾经亲眼看见国民党官员把稍加修理即可供民航的日本飞机拆卖，换取金条，他说，把飞机用的铝变成洗脸盆是罪行，但这一点正跟国民党把中国第一个重工业的沈阳变为饥饿贫困的沈阳一样，真是罪大恶极！沈阳街上买得到美国柠檬粉，但贫民的上等食粮却是豆饼与豆渣（七月份沈阳报纸统计有四十七万余市民以豆饼为食品）。

但是让我讲一件今天的事情吧，小西区区政府一个旧下级职员领了军管会颁发的生活费走回家去，老祖母哭了，说："想不到还可以吃到高粱。"这是一桩平凡的小事吗，不，这是人民斗争的真理，这眼泪是千百万人的眼泪，这眼泪里含着多少欢笑，含着多少仇恨。看新中国的诞生，看旧中国的毁灭，在沈阳是很容易找到两者之间的分界线的。我在四六年曾亲眼看见过铁西区无数家工厂门上都贴了七八条封条，这就是政学系的张嘉璈、国民党 CC 分子齐世英及后来军人派杜聿明出场的四大家族吞蚀盗卖的"劫收"，在这里，曾像斗牛场上一样，角逐达到白热化的程度；而今天代表人民利益的军管会的接收则在员工保护及解放区清明政治的作风下完成了，没有听说哪里碰破一块玻璃。在这方面，我可以举出各项例子：如市政府，当朱其文市长走进这座棕色大厦时，原机关的一百三十余职员，档案文件全都完好无缺，连桌上的办公文具都是洁净的。人民的市政府便立即开始工作了。某工厂的工友自己组织护厂队，拿起蒋军遗弃的武器，日夜把守，完整无损的保护了所有机器，仓库，房产，变电所，四日由我接收后，八日机器便动起来了。

沈阳机关林立，工厂繁多，再加以系统复杂，因此接收工作确是一项浩大的工作，军管会宣布成立的这一天（本月三日）便派出了军事代表，分为军、警、财、经、后勤、铁路等系统，自上而下，进行接收，——这是决定沈阳转为人民城市的基本关键，结果在人心向我及我党已学会了管理国家的条件下，军事管制委员会表现了惊人的能力，从三日到五日，即全部接收完毕，工厂复工了，学校复课了。报到的公教、职工人员、公费生及外省流亡学生，各人领到临时性的十万元救济费后，他们都表示无限感激与愉快。一个针织厂姓蒯女工的老母亲，饿得两手肿起很高，皮完全发亮了，这一回却向家人滔滔讲叙她家领到十万元临时救济费的用场，如何购买粮、肉，送儿子到抚顺去做工，谈得自己笑个不住。一个麻袋工人说："还没做工就给钱，这真是想不到的事。"市立二中教务主任孙谛知说："国民党在时，我们十月份的薪金还没领到手，粮食也没有了，正困难的时候解放军来了，就发给了生活费。"

在沈阳解放后的十天内，市民有三大高兴的事：第一是解放军纪律好，第二是水电交通恢复快，第三是粮价低落。这几天，街上不断走过游行的行列，带着愉快的歌声，鲜艳的各色标语贴遍街头。据我所知，一个从前把自己作品糊窗御寒的画家，现在已开始为自己的理想而工作了。一个教员从监狱回到学堂。人们不但得到了工作的自由，同时也解除了生活的贫困，铁西区铁工吴景玉的女人花一万元买了六斤多苞米面回来，快乐得拍着手向邻居们喊道："你们快来看呀！从前卖两件衣服也买不到一斤呀！"笑声立刻荡漾在从前曾失去欢笑的地方，这一切都是解放后的新光景，像红日曈曈而上，沈阳千万人民在这样光照里喊出同样的一句话：光明的日子开始了！这是真实的话，这一个远从一千二百余年前的渤海国时即已创始而又经过多少历史沧桑的沈阳，现已从从未有过的兴奋与快乐中，开始了这光荣的日月。

英雄的十月

华　山

发表于 1948 年 12 月 22 日四版

历史大进军

当大军奔向北宁线的时候，当烟水迷濛的大凌河在脚下激起万朵寒光的时候，我们没有想到十一月二日将要成为东北人民获得完全解放的日子。当时我们所想的是一场空前的决斗，是一场插到远离大后方的走廊去扭断敌人咽喉的决斗。——彻底摧毁东北与华北的反动联系，从战略上根本动摇错乱敌人，以便最后消灭东北蒋匪的计划，——这场决斗的艰巨是完全可以预期的。但是即使在战火平毁了的阵地上独臂苦战的时刻，战士们还是沸腾着前所未有的勇气和信心。

一次又一次的，记者随着大军前进，眼前展开的场面总是令人振奋不已。“现在完全翻过来啦，”四保临江的一个英雄连长对我说：“铁路是咱们的，大炮是咱们的，汽车也是咱们的；咱们打到那里，哈尔滨的火车也跟到那里了。”整整半个月，满载人马的进军列车疾飞南下，而车窗外的原野依然尘土飞扬，马达轰响，伪装着绿丛的炮车像一行行飞跑着的林荫，从步兵纵队旁边掠过。在大凌河边，这道锦州北面的天然屏障，耀眼的灯炬如同夜都会的大街，望不到头，亮彻原野。义县敌人在城里隔河听着惊心动魄的机械吼声，连风砂里的汽油味也闻到了。

从松花江到大凌河，这并不是太远的距离；我们也知道脚下每一步路，都是两年来用血和超人的勇敢坚韧夺回来的。我跟着先头部队前进，全团一千多枚勇敢奖章和艰苦奖章便是证人。东北百分之九十七的土地已经解放了，四平废墟上的烟囱已经涌起滚滚浓烟了，一个月以前还是支离破碎的铁路已经驶着“毛泽东号”机车了，

英雄的十月

歷史大進軍

塔山英雄們

致命的一擊

打倒蔣介石解放全中國

從勝利奔向勝利

「三隻虎」

辽河的农民也开始在去冬的战场上收割第一年丰盛的庄稼了。而现在战士们胸前挂着银光闪闪的勋章，不是出席庆功的宴会而是继续征伐敌人。年轻的团政委总结了他们两年来歼敌一万五千的光辉战绩时说："新形势是打出来的，我们的光荣也是打出来的。现在蒋介石快完蛋了；但是敌人永远不会自己消灭。只有坚决打下去，才能打出更大的光荣，打出最后解放的新形势！"当时蒙古草原已经枯衰，燕山余脉还是层层翠色，沿途景色也显的特别亲切了：斑驳的枣丛，茂密的梨园，攀绕墙头的麻葛，甚至沿着村道拾粪的老汉，无不给人久别重逢的快感。老战士遥望着边墙遗踪，忍不住敞开胸膛唱道：

"走一山，又一山，眼看就到山海关！"小通讯员喝口凉水，也要凑到指导员的耳边说："这河水有股关里味哩！"显然，他们是三年前打出关来的老战士。但是乡土观念不足以说明这种心情也是显然的。一个名叫安殿启的东北新战士，出征时他的母亲就这样叮咛他说："现在咱家有吃有穿有地种了，可别忘了天下穷人啊！快把国民党打倒，给为娘的增光！"他自己的决心也只是一句话："守住家门口打不上敌人；我父亲是担架模范，母亲是生产模范，我一定争取做个战斗模范！"阶级觉悟使得一个普通的农民战士也闪灼着战略眼光，当挺进北宁线还是一个军事秘密时，讨论外线作战的班务会上就有人肯定的估计："这回上级准是搁下长春沈阳打锦州了。外线作战就是专打敌人痛处：插到敌人屁股后面，打他个措手不及，中心开花，管保长春沈阳乱成一锅粥。有司令员的英明指挥，咱们反正是处处打胜仗！"

塔山英雄们

"到锦州过过考"这句话成了大练兵以后指战员们要求艰巨任务的求战声。而最严重的考验就在十月八号开始了：锦州守敌从五个半师突然增至七个半师，从锦西向北增援的九个师敌人只隔半天路程，从沈阳倾巢而出的十二个精锐的美械师又把后方供应线切断了。这是蒋介石亲自布署的"东北决战"。某将军形容当时处身南北夹击之中的严重情况说："我们只准备请一桌客，蒋介石却一下子来了三桌客人。请吧，菜不够吃；不请吧，这桌菜又凉了。反正请客不能闹个难看，塔山部队就单独包请了一桌客。"——英明统帅的指挥意图，正是由每个指战员的钢铁意志实现的。

在炮火犁遍了的锦州城郊，我每晚都可以看到塔山上空亮着虹彩缤纷的照明弹和信号弹。攻城部队还是毫无后顾的日夜进行着一个空前规模的攻坚准备工作：夺取外围要点，改造四郊地形，在火网下完成一系列的环城通信网和地下交通干线，把总攻击的出发地逼近城墙紧跟前。虽然塔山的炮声清晰可闻，战士们始终坚信："敌人援兵来不了。"唯一的理由就是："那里有兄弟部队！"

而在塔山的兄弟部队，既没有优势兵力，也没有强大炮火，更没有什么永久工事。——左面是海，右面是山，前面四百米就是敌人。中间十来里狭长地带无险可守，只能依托几处村落。敌人从海上、从山头、从天空日夜轰击，每天总有五千发炮弹落到阵地上。村庄从地面毁灭了，工事毁而复修者达数十次。耳朵震聋流血。而师长指着脚下的焦土说："我的阵地就在这里！"

日日夜夜，勇士们抗击着敌人六个师的轮回猛攻，心中只有一个信念："不让敌人前进一步，保证主力顺利攻克锦州！"地堡被轰塌了，转到壕沟里打；壕沟被轰平了，跳进弹坑一样打；子弹打光了用手榴弹打，手榴弹打光了用石头打；正面挡不住就插到敌人中间去打。有人说："我死了也要挡住敌人！"另一个马上纠正："死了还能完成任务？我们要想办法活着打到底！"战士们最喜欢的一个办法，便是以反冲锋消灭敌人。冲到敌人屁股后面的机枪组长纪守法，一个组便在夹击中打死六个敌人，打的机枪步枪都坏了，他夺过敌人手中的武器还在打，最后只剩下单人独枪，还是把敌人打退了。在突出的海岸一角，独胆英雄们歼灭了十倍于己的敌人；在伤亡殆尽的上坎子，最后击溃整营敌人的是四个重彩号的四支枪。哪怕打到双手已经不能使用任何武器，勇士们仍然在血泊中继续指挥队伍。两个打残废了的战士，下火线坚决不用旁人抬，打瞎了眼的把打断了腿的伙伴背着，断腿的便在他的背上指路，为了不减少阵地上的杀敌力量，他们宁肯忍受着肉体痛苦的折磨。

"有口气阵地丢不了！"这就是塔山部队的英雄誓。敌人在七昼夜发动了三次总攻，每天整团整营的集团冲锋不下十余次，一梯队垮了二梯队上，二梯队垮了三梯队上。而人民战士依然在血泊中傲然挺立。把敌人挡住的不是尸体而是决心战到最后一人一枪还要搏杀敌人的勇士。荣膺"塔山守备英雄团"的部队，当场在火线挂上"勇敢奖章"的就有一百五十余人，打的敌人血水成流，百来米宽的地上就扔下几百条死尸，纵然付出了七千伤亡，始终未能前进一步。最后连军官团也拿出来冲锋了；敌人用机枪在后面赶着，好容易把两个连赶到前沿几十米远，又被塔山英雄们按到火网底下，进不得，退不走，全部投降过来了。——“锦西阻击战是解放锦州的第一功！”攻城指挥员们异口同声说。就在塔山部队完成了阻援战的光辉战例这一天，他们以三十一小时的惊人速度攻克锦州而轰动中外，把蒋家小王朝的“东北生命线”一举斩断了。

致命的一击

一周以来，锦州盆地日夜滚动着爆炸声和炮弹的啸声。强大的野战兵团正从四面八方直逼城下。可是我站在高处，廿里以内简直看不到人，几十万大军云集的大战场是一片空虚。而突然间，在十四号上午十一时，总攻击的炮火却似天崩地裂一样，顿时雷电轰闪，城墙一坍，浮游城头的白雾也变成凝滞的黑云了。

我顺着闪电形的交通壕走向北山制高点，头顶正响着炮弹撕裂空气的千种怪啸，而交通壕里，人吼马嘶，步兵炮和弹药车向前滚动，爆破手挤在嗖嗖前进的行列里，忍不住欢呼起来：“赶快上，咱们的‘大家伙头’发言了！”这是步兵给那些专用美国十轮大卡车拉着的重炮所起的绰号。我忽然想起在四平曾经听到过这种笑声。去年夏天，上千辆的大车日夜跋涉半个月，而运到四平前线的炮弹只够轰击十分钟。今春我再访四平前线，沿途运送炮弹的已经是列车和汽车了，我亲眼看着不下一千米远的敌人防线上的纵深地堡群，在七分钟内被人民炮火轰成一片焦土。就在那个时候，我听到从我身边冲向前去的后续部队有人笑着说：“可要立他一功了！”而此刻炮火轰鸣的锦州，不是四平而是远离后方的敌人咽喉重镇。在这后路断绝的大战场上，竟然可以听到战士们夸耀炮兵的笑声，一种从未有过的兴奋陡然涌上心头，浑身腾涌的胜利信心再没比现在更强烈的了：炮火还未停止，红旗已经飞上城头；等到大风沙刮散了浓烟，城墙缺口便现出一条坦阔的进军大道。

胜利的召唤使得初上战场的新兵也变成无畏的勇士。锦州人民永远忘不了爆炸英雄梁士英的名字。他在西北角巷战道路上单独冲到地堡跟前，把爆破筒塞进两挺重机枪正在向外射击的枪眼里。正要回身跑出爆炸威力圈，敌人却把爆破筒推了出来。铁筒上的导火索已经嗞嗞冒烟，他一把抓过来又塞进地堡，用双手死死顶住不放。

连长命令他赶快转回，他却干脆拒绝说：“回去就完成不了任务了！”为了炸开前进道路，他慷慨的和地堡同归于尽。而在城外，突破的捷报一经传出，你看吧，空虚的战场顿时黑压压的，也不知从哪里冒出来这许多队伍：两路纵队，四路纵队，从北山公路上抢奔突破口的是好几个并肩滚滚的部队。飞机在头顶轰炸扫射，堵击的炮火落到身旁，而冲进城去的行列没有谁趴下隐蔽的，机枪手刚刚栽倒，助手抢上去就捞过他的枪，一眼不看便继续前进。突破口挤不动了，后续部队干脆从小北门翻墙而入，不把脚下的地雷放在眼里。“不怕侧射，往里猛插！”光是这股气势就把敌人压倒了。退到车站的敌人正在车厢里疯狂堵击，先锋班已经用刺刀剁开铁丝网，钻到车厢下逼令敌人缴枪。横着三十几道铁轨和堆满了车皮等杂乱障碍物的二百米岔道场防线，突击连仅仅十五分钟就完全打通了。地堡群的敌人只顾封锁着正面，手榴弹却在后门交通壕猛炸起来，急忙夺路窜回楼房，突击队却从后窗迎头打来了。曾经在四平直捣敌人核心工事的第八连，就在这样的单独打了七里路的巷战，一路上连夺三座核心地堡群，从城墙到市中心都是一个先锋班抢在头里，最后冲到敌人兵团司令部的几十个人，又用沿途缴获的一色冲锋枪突然猛攻，完成了全师的任务。

压倒一切的英雄气概，勇猛渗透的分割战术，同时突破四城的四路大军，如同四把插进敌人心窝的楔子，不出五小时便全部会师，把全城守敌割裂成四大块。每路大军沿途又变成无数把尖刀，只管向两侧的敌人纵深迂回猛插。独胆英雄们冲的这样快，以致闯进敌人营指挥所以后，满屋守军还以为是“自己人”。骤然出现的勇士吓的敌人成百的跪下缴枪，可是谁也顾不上他们了：——“不要人枪，迅速勇进！”他们别开生面的命令说：“枪放左边，人靠右边，顺大街往出走！”交代一声又继续前进，打遍全城，把十万守敌搅成一锅粥。少数强固要点的敌人，也完全陷于孤立无援的绝境中，不投降的都一个个的被歼灭干净。——从十五日下午六时锦州最后解放的时刻起，东北蒋匪开始全局动摇了，无论是迟滞我军进军也好，收兵回巢加强华中防卫也好，蒋介石这些反动计划都随锦州的陷落而破灭。蒋介石之所以拼命嗥叫“南北夹击”，正是因为我军一旦从锦州战场腾出这支要命的铁拳，无论捶到哪里都是加倍沉重的了。

从胜利奔向胜利

“没想到这样快就完了！”锦州守敌兵团司令卢濬泉说，“哪怕一座楼打十分钟，我们想怎的也守他七八天。结果没怎么打就完了。”应该说，这句话只有一半是对的：完了。但是人民解放军从不认为：勿需勠力奋战就可以逼令敌人缴枪。控制全城的北山主阵地之所以能够成为攻城部队压倒一切的进军大道，正是因为一个突击连曾经在那里打退了整团敌人连续七小时的三十余次反冲锋；而十天以后，廖耀湘兵团之所以在辽西被歼灭干净，也正是因为“黑山部队”和“饶阳河部队”曾经在那里挡住了数倍敌人的拼死猛攻。随便看一看这些不朽的战场吧：在饶阳河边一个厉家车站一线，经过了敌人四个美械师两天一夜的轰击，阵地上已经分辨不出那里是人挖的工事，那里是炮掀的弹坑了。焦土翻过来还是焦土，劈裂的树根冒着火焰，硬挺在火海中的一个连队只剩下一挺重机枪。而机枪班唯一剩下来的射手史学义，头一天就被炮火轰断了右臂。独臂英雄记不清炮弹把他埋到土里几次，只知道一苏醒便从土里挣扎出来，用仅有的一只左手射击冲上阵地的敌人。他用指导员遗留下来的匣子枪打，用阵地上被炮火炸断了木柄的手榴弹打，让一个新同志把美式机枪扛到跟前给他打。最后连紧握机枪的力气也没有了，他又在几分钟内教会了新同志射击，自己在旁边一面装子弹一面给他指示目标说：

“有个喘气的，敌人就上不来；廖耀湘这条大鱼落到网里再别想溜掉了！”

藐视一切的英雄气概，充沛腾涌的胜利信心，在这席卷北宁线的英雄的十月，还有什么命令比“抓住敌人”更鼓舞人的呢？“黑山部队”就在阵地上挡住了七倍敌人两天两夜的猛攻，打得廖兵团连夜南逃；“饶阳河部队”就在一夜间从北线插到那里，迎头截住了四倍敌人两天一夜的猛攻，打得廖兵团连夜向北“转进”，终于掉进我军的天罗地网里去了。

这是紧接着锦州大捷的又一个大会战。经过了空前大规模的攻坚战斗以后，主力部队的疲劳是可以想见的：战斗刚刚结束，战士们倒头在战场上就睡着了，整夜的轰炸也未能侵扰憩梦。而第二天攻城部队撤出城外，不是睡觉而是准备“再打个漂亮的”。辽西敌人继续西进的消息传到军中，战士们乐的直拍大腿说：“廖耀湘这条‘大鱼’可叫司令员‘钓’出来啦！”从二十号起，滚滚大军又连夜北渡大凌河，奔向指定的地点。脚板走的打满血泡了，战士们说："我爬也要跟上队伍！"脚脖子肿的瓦罐子粗，战士们说："跑断腿也不能放走敌人！"猛听得兄弟部队已经把敌人抓住，进军行列简直沸腾起来："决战的时候到啦！"担架上的彩号也躺不住了，跛着脚的也把拐杖扔了；驮马跟不上队，射手就扛起挺重机枪走；小桥过不了四路纵队，蹚水过；解绑带太耽误时间，穿着棉裤过！——三下江南的英雄部队，四保临江的英雄部队，曾经在去冬并肩横扫辽河大平原的兄弟部队，都从四面八方潮涌上来了。方圆五十里的包围圈，走投无路的廖兵团，"架起炮猛揍啊！"步兵还未展开，炮兵已开始试射了，指挥所却来电话说："不用打炮啦！敌人溃退啦！猛追啊！"队伍收不拢来，有多少上多少！和司令部联络不上了，那里敌人多就往那里打！重机枪刚架好又要前进，干脆架在肩头打得啦！"猛追猛插！不让敌人喘息！"正是三年前廖兵团横冲直撞的地方，腾起了总清算的复仇战火，敌人的后卫还要抵抗，躲在核心的兵团司令部却叫解放军戳翻了。廖耀湘爬上吉普就往新六军军部开，半道上碰见李鸿也是孤另另的迎面逃过来。他们搭上伙又去找二十二师救命，谁知"虎威部队"的三个团早已分路"突围"到俘虏群里去了！插到敌人中间的一个部队，仅仅伤亡百余人就活捉了二万五千个"王牌军"；另一部伤亡几十人就抓了一万六千个活的。甚至在战地失掉联络的参谋人员，坐着空汽车也活捉了敌人一个骑兵旅。"以乱对乱！穷追猛截！"围歼廖兵团的各路解放大军撒满辽西战场，野战司令部也弄不清哪一部分打到哪里了。总清算的暴风雨已经来临，野战司令部只能够在无线电里这样发布命令：

"所有 ×× 一带的部队，立即沿公路向沈阳前进！"

"所有 ×× 附近的部队，立即沿铁路向沈阳前进！"

于是，马上道旁出现了各色各样的路标："向沈阳前进！"在墙上、门上，在桥头堡垒上，一串串的部队代号底下写着："向沈阳前进！"在十轮大卡车拉着的美式榴弹炮上也用粉笔写着"向沈阳挺进！"——直通沈阳的大道上，十月的英雄们展开了奔向胜利的赛跑。而跑在头里的"钢铁"部队，正是在十月一日首先登上义县城头的英雄，他们紧接着突破锦州西北角的激战之后，又以七昼夜的急行军纵横辽西战场，在廖兵团全军覆没的当天，挥戈东向，终于在十月的最后一天，以四小时七十里的速度直捣沈阳西线，为东北人民的"十一月二日"打开了胜利的大门。

共产党员董存瑞　英勇爆炸扫除障碍
自我牺牲换取胜利

发表于 1948 年 7 月 22 日一版

【冀察热辽电】冀察热辽人民解放军某部六班长董存瑞同志，在隆化战斗中以顽强杀敌的气概，作了永垂不朽的自我牺牲，对这次战斗的胜利解决，起了带关键性的重大作用。当我军拿下隆化之苔山制高点后，战斗进入纵深，部队逼近蒋匪城内的核心工事时，其东北角的明暗地堡群，和一个架在一道浅沟上的桥状碉堡，挡住了我军的前进道路，敌人组成了交叉火网严密封锁，使我军困难接近，连续上去了两个爆炸组都没有完成任务。这时如不炸毁桥状堡垒，战斗就再不能发展，更不能歼灭集中于该核心工事的全部残敌，于是，共产党员董存瑞同志，不顾方才因完成其他两次爆炸任务的疲劳和连长的劝阻，坚决要求担当炸毁这一桥状堡垒的任务。经允许后，他用手抹了抹汗，抱起炸药箱子弯腰冲到堡垒跟前。但当时没有别的东西可以把炸药支在桥状堡垒中间，若放在堡垒下面则炸不毁它，董存瑞同志乃发挥高度自我牺牲精神，毫不犹豫的便一手扶托炸药箱、一手拉导火线，在强烈的轰响声中，堡垒被炸毁，董同志也光荣牺牲了。我突击队同志，踏着他的血迹，随着浓烟冲进敌阵。董存瑞同志这种人民英雄的壮举，激动了全连指战员的杀敌烈火，大家奋勇冲杀，俘敌一百三十余名，缴获机枪冲锋枪各十余挺后，占领了敌人这一核心工事，并迫使残敌突围逃窜，使另部我军得以全歼该敌。

董存瑞同志系察哈尔省怀柔县南山堡人，现年廿岁，出身于贫农家庭，小时曾放羊，一九四五年二月参加我军，一年后加入中国共产党。他曾先后立过大功三次：第一次系在独石口战斗时，他率领全班歼敌一个排，他自己并毙敌两名，伤敌三名，缴枪二支、子弹五百发、战马一匹。第二次系在后新屯遭遇战斗中，他受伤不下火线率全班打垮敌人一个排的四次冲锋。第三次于南湾子歼傅匪十一师战斗中，他率全班控制制高点，固守阵地，打退敌人五次冲锋。他平时刻苦练兵，两次投弹射击成绩都是全连第一名，对学习爆炸技术也很用功。他并善于团结战士与群众。这次攻隆化前，该部行军路经头道沟村时，有两个妇女向部队控诉蒋匪残杀了她丈夫，致使弱妻孤子无法过活……等罪行，当时董同志即流泪宣誓：“坚决不惜牺牲，定要为热河人民报仇”。战斗前夜，他在军人大会上要求第一个担任爆炸，并于此次战斗中终于实践了自己的英雄誓言。为此，程子华司令员特撰文追悼董存瑞同志，号召全军学习他英勇顽强的战斗精神与坚决意志，并号召全军提高战术技术，以争取更大的胜利。

月十九日、二十兩日，相繼收復太原，已完全處於人民解放軍之楡次城，守敵第八總隊。太原市西南四十里之晉所佔城市僅餘太原市及其復解放平漢路高（碑店）縣城。並將王匪鳳崗長期部摧毀。

，於上月廿六日竄擾本溪邊，沿區龍眼溝，偏嶺子一帶，被我軍某部擊潰，翌日晨敵人潰竄至楊大人山，我軍繼予痛擊，計先後共斃其三十餘名，俘六名，繳獲步槍六支，匣子槍一支，六〇砲彈十九發。

又另部我軍上月十五日於四家子園殲敵二零七師突擊隊，生俘敵正副排長以下十餘名。繳獲輕機槍一挺，六〇砲一門，步槍六支，電話機一部。

德泉、雁翎、鄭家屯、張家、白市、臥虎屯、玻璃山等九個區一百卅一個村，給群衆做防疫宣傳，前後十餘日並注射百斯篤疫苗六萬一千六百四十八棵。已於六月末結束，現正派更多的人員到長嶺、彰武等縣協助地方工作中。（王水）

『復仇』部宣教會議 決定加强報導工作

目前着重練兵經驗及典型範例

【前線電】『復仇』部於日前召開宣教會議，檢討了過去部隊中許多可歌可泣的英雄事蹟和工作經驗未能很好的加以報導，指出今後宣教幹部應首先自己動起筆來。各師應組織通訊小組，由宣教科長任組長，各團應聘請名符其實的通訊員兩人至三人，每月最低投稿三篇，並應定期開通訊工作會議研究寫作問題。當前報導工作主要是大力報導部隊此次練兵中所獲的經驗及典型範例，以及練兵中的軍民關係，城市政策等，以達到鼓勵全軍完成練兵任務的目的。

共產黨員董存瑞

英勇爆炸掃除障碍 自我犧牲換取勝利

【冀察熱遼電】冀察熱遼人民解放軍某部六班長董存瑞同志，在隆化戰鬥中以頑强殺敵的氣概，作了永垂不朽的自我犧牲，對這次戰鬥的勝利解决，起了帶關鍵性的重大作用。當我軍拿下隆化之苦山制高點後，戰鬥進入縱深，部隊逼近蔣匪城內的核心工事時，其東北角的明暗地堡群，和一個架在一道淺溝上的橋狀碉堡，擋住了我軍的前進道路，敵人組成了交叉火網嚴密封鎖，使我軍困難接近，連續上去了兩個爆炸組都沒有完成任務。這時如不炸毀橋狀堡壘，戰鬥就再不能發展，更不能殲滅集中於該核心工事的全部殘敵，於是共產黨員董存瑞同志，不顧方才因完成其他兩次爆炸任務的疲勞和連長的勸阻，堅决要求担當炸毀這一橋狀堡壘的任務。經允許後，他用手抹了抹汗，抱起炸藥箱子彎腰衝到堡壘根前。但當時沒有別的東西可以把炸藥支在橋狀堡壘中間，若放在堡壘下面則炸不毀它，董存瑞同志乃發揮高度自我犧牲精神，毫不猶豫的便一手扶托炸藥箱，一手拉導火綫，在强烈的轟響聲中，堡壘被炸毀，董同志也光榮犧牲了。我突擊隊同志，踏着他的血跡，隨着濃煙衝進敵陣。董存瑞同志這種人民英雄的壯舉，激勵了全連指戰員的殺敵烈火，大家奮勇衝殺，俘敵一百三十餘名，繳獲機槍衝鋒槍各十餘挺後，佔領了敵人這一核心工事，並迫使殘敵突圍逃竄，使另部我軍得以全殲該敵。

董存瑞同志係察哈爾省懷柔縣南山堡人，現年廿歲，出身於貧農家庭，小時曾放羊，一九四五年二月參加我軍，一年後加入中國共產黨。他曾先後立過大功三次：第一次係在獨石口戰鬥時，他率領全班殲敵一個排，他自己並斃敵兩名，傷敵三名，繳槍二支、子彈五百發，戰馬一匹。第二次係在後新屯遭遇戰鬥中，他受傷不下火綫率全班打垮敵人一個排的四次衝鋒。第三次於南灣子殲傅匪十一師戰鬥中，他率全班控制高點，固守陣地，打退敵人五次衝鋒。他平時刻苦練兵，兩次投彈射擊成績都是全連第一名，對學習爆炸技術也很用功。他並善於團結戰士與群衆。這次攻隆化前，該部行軍路經頭道溝村時，有兩個婦女向部隊控訴蔣匪殘殺了她丈夫，致使弱妻孤子無法過活……等罪行，當時董同志即流淚宣誓：『堅决不惜犧牲，定要爲熱河人民報仇』。戰鬥前夜，他在軍人大會上要求第一個担任爆炸，並於此次戰鬥中終於實踐了自己的英雄誓言。爲此，程子華司令

董存瑞同志永垂不朽
——发扬英勇顽强精神，加紧提高战术技术

程子华

发表于 1948 年 7 月 22 日一版

人民英雄董存瑞同志，你是具有自我牺牲精神的榜样，我区全军将永远记着你的英勇，有了你那种坚决顽强的攻击精神，敌人的任何抵挡都是枉然。

蒋匪十三军守隆化时，石觉就总是打电报指示他的部下，说什么“巩固部队本身之立足点为兵力部署之第一要义”，应以主力“固守”苔山、龙头山及城内核心工事等，他还吹牛说:“相信他的部下定能确保隆化无虞”，其牛皮的根据就是凭着苔山和城内的核心工事说的。

当我军占领苔山制高点突入隆化城里后，敌人依据城内核心工事顽抗着，但是我们的董存瑞同志爆破了该核心工事东北角的一个桥状的主要堡垒，把敌人的顽抗计划打破了。

我们每次战斗的胜利，是前后方千百万战士与人民的功劳。在这当中，个别的指战员，战斗英雄能够起到特别重要的带关键性的作用，就像董存瑞同志这样，他的功劳和对人民的贡献是永垂不朽的。

我们的每一次战斗，特别是攻坚战更需要战术技术与勇敢顽强精神结合。这里面，勇敢顽强的精神是掌握技术能力的基础，因为我们的战术技术，是给勇敢的人们用的，不是给不勇敢的人们用的。同时，一定程度的战术与技术修养，又给了我们的指战员以一些真正战胜敌人的办法，会加强他们的勇气，增大他们的胆量；因此，没有战术技术的战士最多只有“蛮勇”，在攻坚中还是不能生效；我们悼念董存瑞同志，主要地要学习他英勇顽强的战斗精神与坚决意志，因为没有这一点，就不要说进行中国人民革命战争，更不要说是使这个战争赢得胜利。其次，从董存瑞他

董存瑞同志永垂不朽

——發揚英勇頑强精神，加緊提高戰術技術

程子華

人民英雄董存瑞同志，你是具有自我犧牲精神的榜樣，我區全軍將永遠記着你的英勇，有了你那種堅決頑强的攻擊精神，敵人的任何抵擋都是枉然。

蔣匪十三軍守隆化時，石覺就總是打電報指示他的部下，說什麼『鞏固部隊本身之立足點爲兵力部署之第一要義』，應以主力『固守』苦山、龍頭山及城內核心工事等，他還吹牛說：『相信他的部下定能確保隆化無虞』，其牛皮的根據就是憑着苦山和城內的核心工事說的。

當我軍佔領苦山制高點突入隆化城裡後，敵人依據城內核心工事頑抗着，但是我們的董存瑞同志爆破了該核心工事東北角的一個橋狀的主要堡壘，把敵人的頑抗計劃打破了。

我們每次戰鬥的勝利，是前後方千百萬戰士與人民的功勞。在這當中，個別的指戰員，戰鬥英雄能够起到特別重要的帶關鍵性的作用，就像董存瑞同志這樣，他的功勞和對人民的貢獻是永垂不朽的。

我們的每一次戰鬥，特別是攻堅戰更需要戰術技術與勇敢頑强精神結合。這裡面，勇敢頑强的精神是掌握技術能力的基礎，因爲我們的戰術技術，是給勇敢的人們用的，不是給不勇敢的人們用的。同時，一定程度的戰術與技術修養，又給了我們的指戰員以一些眞正戰勝敵人的辦法，會加强他們的勇氣，增大他們的胆量；因此，没有戰術技術的戰士最多祇有『蠻勇』，在攻堅中還是不能生效；我們悼念董存瑞同志，主要地要學習他英勇頑强的戰鬥精神與堅決意志，因爲沒有這一點，就不要說進行中國人民革命戰爭，更不要說是使這個戰爭贏得勝利。其次，從董存瑞他們參加戰鬥的整個連隊的問題來看，我們今後就該特別加强攻堅的器材準備，認眞實行『林彪戰術』，實行火力掩護爆炸，這方面我們的部隊是急迫需要提高，一點也不能馬虎的。

我區軍民解放熱河全省及進一步粉碎敵軍困守點線的形勢是越來越近了，發揚董存瑞同志的英勇頑强的精神，爲消滅敵人不怕犧牲自己，再加上加緊提高戰術與技術，我們一定能得到更大的勝利。

们参加战斗的整个连队的问题来看，我们今后就该特别加强攻坚的器材准备，实行火力掩护爆炸，这方面我们的部队是急迫需要提高，一点也不能马虎的。

我区军民解放热河全省及进一步粉碎敌军困守点线的形势是越来越近了，发扬董存瑞同志的英勇顽强的精神，为消灭敌人不怕牺牲自己，再加上加紧提高战术与技术，我们一定能得到更大的胜利。

注：1948年5月底，我军收复隆化县城。中共冀察热辽分局书记、军区司令员程子华派人给《东北日报》送来一条消息，反映战斗英雄董存瑞以自我牺牲换取胜利的事迹，他还亲自撰写短文《董存瑞同志永垂不朽》。这是在全国范围内有关董存瑞的第一次报道。

鞍山钢铁公司第一座炼焦炉出焦
产量超计划质量近伪满最高水平

眉　初

发表于 1949 年 7 月 4 日一版

【本报讯】鞍山钢铁公司第一座奥托式炼焦炉，已于六月十三日出第一炉焦炭。这是东北解放以来第一个新式炼焦炉的正式复工生产。出焦时间较原计划提前十八天，产量在头两天超过计划百分之九，第三天超过百分之六十。质量极好，第一炉焦炭仅含灰分百分之十二点七九，不但打破了伪满时历次开炉纪录，并接近了伪满正常生产时焦炭质量的最高水平（含灰分百分之十二点零五）。炼焦炉的胜利开工，将使早已修竣的一座高炉提前一月开炉，源源不断地把生铁供给炼钢、机器制造等部门，以制成为建设和修复东北工业、交通所急需的钢料与机器。同时，由于焦炉开工，副产厂也可随之开工出产苯（为制造溶剂、染料及燃料的一种化学原料）、动力苯、硫酸铔、溶剂油及煤焦油、沥青等重要化学原料，以供应制药、染料、橡胶等轻工业部门需要。炼焦开始以前，该厂曾进行了相当充分的准备工作，除完成设备的修建外，还进行了技术的教育，如成立了技术训练班，使工人懂得了开始炼炉时温度不能上升太快的道理，因而完全避免了炉墙破裂现象。开工前，行政上又组织全体老工友学习开炉作业计划，保证了开炉的顺利与安全，避免了伪满时曾数次发生的因开炉不慎引起炉体爆炸事件。

鞍山鋼鐵公司
第一座煉焦爐出焦
產量超計劃質量近偽滿最高水平

【本報訊】鞍山鋼鐵公司第一座奧托式煉焦爐，已於六月十三日出第一爐焦炭。這是東北解放以來第一個新式煉焦爐的正式復工生產。出焦時間較原計劃提前十八天，產量在頭兩天超過計劃百分之九，第三天超過百分之六十・質量極好，第一爐焦炭僅含灰分百分之十二・七九，不但打破了偽滿時歷次開爐紀錄，並接近了偽滿正常生產時焦炭質量的最高水平（含灰分百分之十二・〇五）。煉焦爐的勝利開工，將使早已修竣的一座高爐提前一月開爐，源源不斷地把生鐵供給煉鋼、機器製造等部門，以製成爲建設和修復東北工業、交通所急需的鋼料與機器。同時，由於焦爐開工，副產廠也可隨之開工出產苯（爲製造溶劑、染料及燃料的一種化學原料）、動力苯、硫酸錏、溶劑油及煤焦油、瀝青等重要化學原料，以供應製藥、染料、橡膠等輕工業部門需要。煉焦開始以前，該廠會進行了相當充分的準備工作，除完成設備的修建外，還進行了技術的教育，如成立了技術訓練班，使工人懂得了開始煉爐時溫度不能上升太快的道理，因而完全避免了爐牆破裂現象。開工前，行政上又組織全體老工友學習開爐作業計劃，保證了開爐的順利與安全，避免了偽滿時曾數次發生的因開爐不慎引起爐體爆炸事件。（眉初）

三萬人隆重紀念「七一」
北平黨員團員及黨外民主人士
毛主席朱總司令周恩來均親臨參加

【新華社北平二日電】「七一」中國共產黨二十八週年紀念日，中共中央華北局和中共北平市委召集在北平的黨政軍機關、工廠、學校和各人民團體的共產黨員、青年團員共三萬人，舉行隆重的紀念大會。毛主席、朱總司令、周恩來均親臨參加，民主人士李濟深、沈鈞儒、何香凝、郭沫若、張瀾、羅隆基、譚平山、蔡廷鍇、章乃器、章伯鈞、李達、陳其尤及中華全國文學藝術工作者代表大會代表茅盾等亦被邀出席。大會在莊嚴的國際歌聲中開始。薄一波在開幕詞中說：「……中國共產黨成立以後共產黨了。中國共產黨階級國際主義的勝利。自從馬列主義傳到中國，中國的歷史就離不開的勝利和失敗就代表着馬列主義照明了中國人中國人民的勝利和失敗民奮鬥的道路，如果沒

【新華社北平二日電】中國國民黨革命委員

注：抗战胜利后，东北工厂矿山设备 80% 以上遭受了严重的破坏。日本人走时说，把高炉留给中国人种高粱。面对这种情况，中央要求必须用最快的速度把生产恢复起来。《东北日报》及时报道了以鞍钢为代表的众多工业企业重建和恢复生产的情况。

鞍山钢铁公司第一座炼铁炉开工

眉　初

发表于 1949 年 7 月 6 日一版

鞍山鋼鐵公司
第一座煉鐵爐開工

【本報訊】鞍鋼煉焦生產於上月十三日開工後，煉鐵亦已接着恢復生產。新一號鼓風爐於上月二十七日點火，二十八日即產出第一批生鐵。該爐是全國已開工的煉鐵爐中最大的一個，其容量爲四百噸（最高產量）。煉焦與煉鐵的先後恢復，建立了煉鋼生產恢復的先決條件，鞍山鋼鐵公司從此即可展開全面的復工工作。（眉初）

【鞍山訊】鞍鋼煉鐵廠爲加緊修復工作準備生產，並熟練生產技術，行政與工會號召全體工友尊師愛徒，技術公開，工友們普遍的捲入了學習熱潮。高爐組祁寶宗、莊鐵惡、金心等技術員，自報奮勇來教給工友技術。高鳳岐說：我幹了十好幾年也不知用多少原料，能出多少鐵，現在可明白了。運轉組、鑄鐵組、原料組他們採用一面做一面學習的方式，新老工友互相研究來提高技術。吳洪勳老工友在一個多月內就教會李洪翮等九名工友開捲揚機及簡單修理。

工；爲新中國的人民鐵路建設事業作更堅決的更艱巨的奮鬥。致朱總

大會電

世界工

【新華社北平四

國鐵路職工臨時代表會

世界工聯第二屆代表

【本报讯】鞍钢炼焦生产于上月十三日开工后，炼铁亦已接着恢复生产。新一号鼓风炉于上月二十七日点火，二十八日即产出第一批生铁。该炉是全国已开工的炼铁炉中最大的一个，其容量为四百吨（最高产量）。炼焦与炼铁的先后恢复，建立了炼钢生产恢复的先决条件，鞍山钢铁公司从此即可展开全面的复工工作。

注：《东北日报》连续报道了《鞍钢第一座炼焦炉出焦》《鞍钢第一座炼铁炉开工》等消息，用报道告诉人们，鞍钢在中国人民手里，它没有变成高粱地，也没需要 20 年，而是不到几年它就恢复和发展了。

历史的声音

张　沛

发表于 1949 年 9 月 24 日二版

北平，这个古城的每一个人，每一条街，每一块红砖和黄瓦，近些天来都在等待着一种重大的历史变化，都在等待着毛泽东的声音：宣布中华人民共和国的成立！

从廿一岁到九十二岁的六百六十二个代表，集合着全中国人民的战斗意志，从黑龙江到海南岛，从新疆到台湾，每一块人民祖国的土地，和这块土地上的工人、农民、学者、民族资本家和一切爱国的民主人士的代表，第一次举行了空前规模的革命大联合。

注：1949 年 9 月 22 日，中国人民政治协商会议在北平（今北京）开幕。为记录政协会议实况，以及即将召开的开国大典，东北日报社派记者张沛、汪溪现场采访。两位记者先后发回近十篇相关报道。

★歷★史★的★聲★音★

張　沛

北平，這個古城的每一個人，每一條街，每一塊紅磚和黃瓦，近些天來都在等待着一種重大的歷史變化，都在等待着毛澤東的聲音：宣佈中華人民共和國的成立！

從廿一歲到九十二歲的六百六十二個代表，集合着全中國人民的戰鬥意志，從黑龍江到海南島，從新疆到台灣，每一塊人民祖國的土地，和這塊土地上的工人、農民、學者、民族資本家和一切愛國的民主人士的代表，第一次舉行了空前規模的革命大聯合。

在這個古色古香紅燈輝耀的會場中，你聽：歷史的聲音響起了！『……我們的工作將寫在人類的歷史上，它將表明：佔人類總數四分之一的中國人從此站立起來了。』這是毛澤東的聲音，是震動世界的巨雷，當他的右手有力地舉起時，四萬萬七千五百萬人的腰桿都挺直的站在地球上，永遠擦掉被侮辱被損害的痕跡。但是，『我們務必不要鬆懈自己的警惕性。』毛主席捏緊着自己的拳頭，奔放高昂的聲音，告訴全中國人民。全場的代表們，這時緊張而憤怒的呼吸着，他們記着二十多年來反革命匪幫罪惡的黑手給予人民的無窮災難，然而今天他們有了自己的捍衛者——解放軍，陳毅將軍向全場宣告：我們隨時準備出動！

聽吧！毛澤東主席在開幕詞最後一段，代表着全中國人民的鋼鐵似的信念，向一切反動派莊嚴的發出警告：『……不允許任何帝國主義者再來侵略我們的國土。』『……讓那些內外反動派在我們面前發抖吧……』

（本報北平二十二日專電）

在这个古色古香红灯辉耀的会场中，你听：历史的声音响起了！“……我们的工作将写在人类的历史上，它将表明：占人类总数四分之一的中国人从此站立起来了。”这是毛泽东的声音，是震动世界的巨雷，当他的右手有力地举起时，四万万七千五百万人的腰杆都挺直的站在地球上，永远擦掉被侮辱被损害的痕迹。但是，“我们务必不要松懈自己的警惕性”。毛主席捏紧着自己的拳头，奔放高昂的声音，告诉全中国人民。全场的代表们，这时紧张而愤怒的呼吸着，他们记着二十多年来反革命匪帮罪恶的黑手给予人民的无穷灾难，然而今天他们有了自己的捍卫者——解放军，陈毅将军向全场宣告：我们随时准备出动！

听吧！毛泽东主席在开幕词最后一段，代表着全中国人民的钢铁似的信念，向一切反动派庄严的发出警告：“……不允许任何帝国主义者再来侵略我们的国土。”“……让那些内外反动派在我们面前发抖吧……”

（本报北平二十二日专电）

盛典再记

张 沛 汪 溪

发表于 1949 年 10 月 1 日五版

鲜花与红旗送给毛主席

一束束的鲜花，一面面的红旗，洋溢着胜利的欢笑，铭志着无穷的信心，送给他——我们共和国的奠基者，乘风破浪的勇敢舵手，中国人民的导师毛泽东！

八天来我们经历过一次又一次气魄动人的场面，所有的欢呼与尊敬，像一块巨大的吸铁石，寰结在毛泽东主席的身上！

四天中八十九个代表的发言，不同的党派，不同的民族，不同的工作岗位与不同的年龄，但有一个共同的声音：在毛泽东旗帜下前进！全国的工人们，京津的青年、妇女和孩子们，远隔重洋的华侨们，新疆和内蒙古的人民，都把他们最诚挚的关怀与愿望，带到会场上，带给毛主席！

当毛泽东主席当场穿上新疆人民送来的民族礼服，当北海托儿所的六个孩子捧献上美丽的鲜花，当海外华侨的数面巨大锦旗及一幅刺绣的毛主席的巨像，被毛主席朱总司令亲手举起时，我们的眼眶内盈溢着泪珠。苦难的中国人民经过了百年的斗争，终于找到了自己的领袖。听吧，这是新中国年青一代的声音，献旗献花的京津青年代表在这里宣誓："……我们热爱人民的祖国，坚决拥护中央人民政府！我们将用无比的热忱，创造美满幸福的未来，毛泽东站在创造者的前列，我们永远永远跟着你前进……"

红绿缤纷的二十个人的少年腰鼓队与四十余工、农、学青年代表，献旗后从毛主席面前欢乐的穿行而过。全场淹没在暴风雨似的掌声中，毛泽东主席亦热烈鼓掌并微笑的瞩目着青年们缓缓出场，像瞩目着新中国绚烂美满的未来。

共同的意志

讨论通过中国人民大宪章——中国人民政治协商会议组织法、中华人民共和国中央人民政府组织法、中国人民政治协商会议共同纲领，是人民政协的会议高潮。由于会前会中各方面经过周密协商，体现了充分的民主。因而讨论的过程是集中的，只有个别文字的斟酌，每个草案经历三次举手表决；主席一次，两次，三次高声宣布：“一致通过！”全场随之掀起波涛汹涌的激动掌声。六百余人的共同意志，四万万七千五百万人的共同意志，经过民主集中的协商会议，变成了巩固无畏的力量。全体代表会前和会议期间的辛劳：各代表单位周密协商，各小组会议反复讨论研究，各种专门委员会广泛收集意见，研究修改，今天获得了伟大的成功！

人民政协组织法通过了！它将执行全国人民代表大会的职权，新的中国由人民掌握主权，人民政协通过它，不仅为国家立法机构，且是执行掌权的职权。中华人民共和国中央人民政府组织法通过了，人民民主的中央政权机关，将在人民政协会议闭幕期间，成为人民最高的行使职权的机关，领导全国人民走向经济建设与文化建设的高潮！中国人民政治协商会议共同纲领通过了！总纲、政权机关、军事制度、经济政策、文化教育政策、民族政策、外交政策七章六十条款，这是在新民主主义基础上中国人民革命大团结的共同纲领，它确定了人民行动的方向！它把全国人民团结成为一个战斗体，它指向：独立自由民主富强的工业化的新中国，万寿无疆！

新中国的蓝图

在四天的发言中，全中国所有的民主党派，人民团体，人民解放军，各地区，各民族，和国外华侨的八十九位代表立在庄严的人民政协的讲台上，向全中国全世界豪壮的发言。他们歌颂中国人民的舵手毛泽东，他们赞美数百万工农健儿组成的人民解放军，“解放台湾！解放西藏！解放南海岛！”每个人均充沛着勇气百倍的信心。工人、农民、青年、妇女、知识技术界；蒙、回、藏、苗、黎、彝族，也在水银灯光照耀着的新中国的大家庭里，回忆漫长岁月中血泪交织的解放斗争史，一个人倒下去，千万人站起来。从斗争到胜利，中国历史上首次出现了人民的大宪章，它集中了全国人民的意志拟出了建设新中国的蓝图，政协代表们千百次地欢呼：“我们坚决拥护！”“人民民主专政的国家制度是保障人民革命的胜利成果和反对国内外的复辟阴谋的有力的武器”（毛主席开幕词），听啊！像众川同归于海，千言万语凝成了一个庄严的宣誓：“我们将掌握这个武器，坚持人民民主专政，我们将稳步地建设起繁荣昌盛富强的中国，屹立在亚洲的东方！”

（本报北京廿九日专电）

盛典再記

張沛 汪溪

鮮花與紅旗 送給毛主席

迎接十月革命卅二週年

全蘇展開競賽

莫斯科千餘工業部門完成五年計劃

共同的意志

新中國的藍圖

東北文藝

新中国的火车女司机

华　山

发表于 1949 年 11 月 8 日四版

田桂英，新中国第一批火车女司机的头把手，出身于贫苦的渔民家庭，从七岁到现在二十岁，全凭两手养家。她捕过鱼，抓过蟹，捞过海蛎子，在好几个工厂做过工，一句话：是个好劳动。可是她十几年来所日夜梦想的却是："自幼勤苦干活，只盼剩点钱买丝线绣个出阁枕头。——那时候能讨男人欢心，一辈子总算有依靠了。"这是她二月间在大连铁路局机务段职工夜校说出来的。那时候夜校正讲政治课，教员是做了二十一年工的李段长，他从原始共产主义社会讲到自己的母亲："……她跟我父亲受穷受累一辈子，做饭、补衣、衲鞋、拾煤核，养一大群小孩，还要挨丈夫揍着消愁出冤气。在旧社会里女人就是男人的专用品，别看家庭劳动不比工厂里轻快，说起来总是依靠丈夫过日子；工人受压迫，家属更是双重的了。"田桂英不怕大风浪，也不怕腊月寒，饿着肚子下海去没掉过眼泪。这番话却把她说哭了：十几年来做梦也想剩几个钱，原来只是为的买个奴隶身份哪！

李段长说："妇女要真正解放只有参加社会劳动。"田桂英就要求当旋盘工学习一门技术。李段长说："你不行！旋盘工可不比在食堂卖饭票松快。再说你在食堂一个月能挣四五千元，吃饭不花钱，还能领份配给粮。当旋盘学徒就不能给家剩几个钱了。"

田桂英现在一心要学习重工业技术，钱不钱早扔到一边，工厂在自己眼里也变了样子：浑身油腻的旋盘工瞅起来不嫌脏了，雷声轰鸣的火车头……听着也不害怕了。早先看见司机的黑嘴脸忍不住笑，现在看那双黑胳膊就觉着比金子还值钱。上级不答应她下工厂，她找个空就缠住李段长请求。有一天在俱乐部看到苏联妇女开火车的照片，田桂英和几个女伴简直急的跳了起来："咱们中国的妇女多久才能这样呢！"

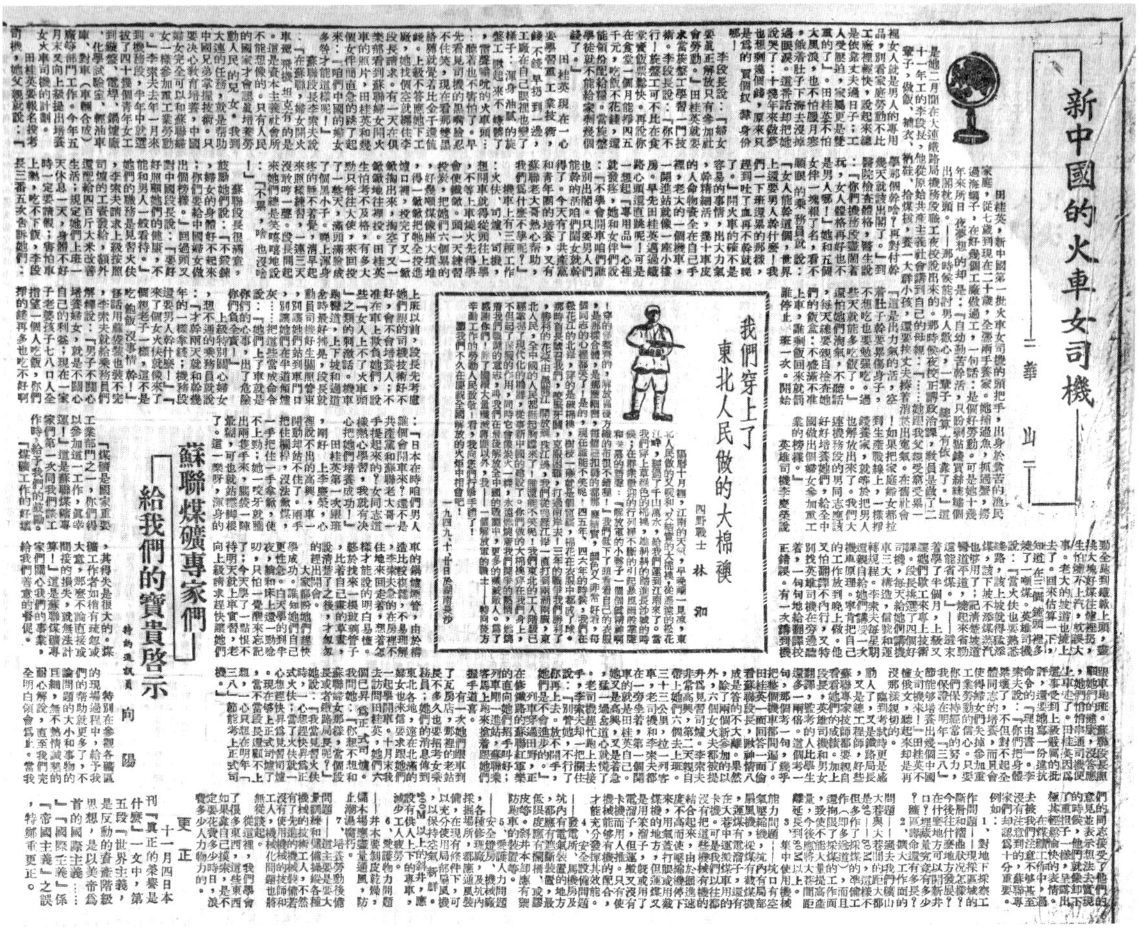
新中國的火車女司機

我們穿上了東北人民做的大棉襖

蘇聯煤礦專家們給我們的寶貴啓示

苏联段长李索夫说：“在苏联，妇女开火车驾飞机坦克有的是。这是资本主义社会所不能想象的。只有人民的国家才会认真培养劳动人民的儿女。我到大连的任务，就是帮助中国兄弟掌握技术。只要决心教育培养，中国妇女完全可以和苏联妇女一样参加重工业劳动。”李索夫去年一月来到机务段，半年中就选拔了四十几个青年女工到旋盘、电焊、锅炉厂、化学试验室、轻油车库、对车（车辆合成）厂等部门工作。今年五月末又向上级提出培养女火车司机的计划。

田桂英要报名投考司机，她父亲就说：“学那个干啥？再对付干几天就该出阁了。”到医院检查体格，医生说：“你们机务段尽闹着玩，女人体格再好也不是男人哪！”她和五个女伴一块报了名，看不顺眼的乘务员就说：“女人能干这个，世界上还要男人干什么！我们一下班还累的那样，赶到吐了血再不干就晚了。”开火车的确不是容易的事情，出大力气，干精细活，几十车皮的人命物资全在自己手里，老大的一个机车，一开进站就像一座小楼房。早先田桂英迈过铁路心头还直跳呢！可是一想起“专用品”心里就发疼，她和女伴们说：“不学会开车咱们谁也别出阁。只要男人们能干的活咱们闺女就干得了。今天有了共产党和青年团的培养，又有苏联老大哥热心帮助，我们为什么不学呢？”

机车上有三种工作：火夫、司炉、司机，想开车就得从头往上学，不等上车烧火先得学会使铁锹。头一天练习投炭，把她们六个累的，好几吨煤像座大坟堆，得一锹锹把它全投进炉口里，投完了又一锹锹掏出来，掏空了又一锹锹地往里投。田桂英生怕考不及格，有多大劲只管往大使，来回投了一整天，满头满脸成了个黑小子。晚上浑身疼的睡不着觉，清早起来照样练习，一连三天没敢哼一声。段长问起来她们总是笑嘻嘻地说：“不累，啥也没啥！”

苏联段长很满意，鼓励她们说：“不锻炼，妇女的身体好不起来；你们要给中国妇女做出个榜样。”回过头又对中国段长说：“要好好照顾她们的健康，不能和男人一般看待。”她们的职务是见习火夫，李索夫请求上级按照司炉的工资发给，额外还配给四百斤大米改善生活；规定她们上班一天休息一天，身体不好时一定要请假；害怕车上热，吃不下饭，李段长三番五次告诉她们：“这是出力气的活，空着肚子干要累伤身子，不想吃也要勉强吃。过些天就能多吃饭了。”还怕她们淘气，不听话，每天总要亲自检查她们的饭盒：不盛满不准上车，谁剩饭回来就罚谁停止上班一次。开始上班以前，段长先考虑她们跟的司机技术好不好，会不会培养人；不准在车上欺负她们，说些“女人上不了火车头”之类的刺激话。机车跑弯道，上下坡和过道岔时最好摇晃，段长就动员司机好生关照管束，别让她们站到车门口，别让她们在半道倾炉灰……把这些当成命令说：“她们上了车就是你们的心事，出了危险你们负全责！”

上级特别关心妇女，想不通的乘务员就说：“才干两天就和干几年的一样拿钱；机务段还要男人干什么！”“来了个女火夫就像来了个亲老子一样，这不是吃饱饭没事情干！”怪话用麻袋装也装不完，李索夫就给乘务员们解释说：“男子不关心培养妇女，就是不关心自己的利益；现在一家子老婆孩子七八口人全指望一个人吃饭，你们挣的钱再多也吃不好啊！如果把家庭妇女都拉到生产战线上，一样挣钱养家，就等于把男人也解放出来了。我们大连机务段的男同志应该好好培养她们，给全中国做出个妇女参加重工业的榜样。”

英雄司机李庆荣说：“日本在时咱们男人谁个会开车来？还不是共产党和苏联老大哥一手提起来的？女同志这样热心学习，我就有决心把她们培养成功！”

田桂英第一次跟班，刚好遇上李庆荣，心里说不出的高兴，车一开动却站不住了。两手把住栏杆，没法锹煤，一手把住一手拿锹，使不上劲；她一咬牙就腾出两只手来，脑袋一阵晕糊，可也就站稳脚跟了。这一乐呀，浑身的劲全跑到铁锹上头，尽挑大块好煤往炉里扔，生怕烧不上汽，耽误大事。老大的坡道也烧上去了。回来估算一下，知道在三个钟头里多烧了一吨煤。英雄司机说：“当火夫也要熟悉线路，该上坡就得猛添煤，该下坡不添煤蒸汽也够用了；记清楚坡道弯道平道，烧起来省劲还能省煤。”——这么着学了半个月，上级又让她们歇工来专上技术课。段长挑选了四个好司机，每天给她们讲机车三大构造，信号和运转规程。李索夫每星期还亲自给她们讲授一次机车原理。宁肯把自己的工作放到晚上做。他又怕翻译不内行，又特别找英雄司机在旁边听着，一句句地给翻译校正错误。有一次讲到机车的锅炉烟管，由于构造比较复杂，不易理解，李索夫急的在房里不住地来回走着，想着怎样才能说的明白易懂。终于找来一根玻璃管子，比着自己画的草图，说清楚了之后，才匆匆的赶出开会。

大家都盼她们赶快学成功。谁知她们自己更性急。白天学的到半夜，躺在床上还一劲念叨，只怕一觉醒来忘记了；今天学了一点恨不得明天就上车实习，老向上级请求赶快让她们跟车跑班。苏联段长照顾她们的健康，没答应，她们悄悄串通司机便上车走了。田桂英因为这事受到了上级严厉的批评，还要她写一份违抗命令的“理由书”。李索夫说：“你们把身体累坏了，不但对不起全体同志的培养，而且会使得妇女们失掉参加重工业劳动的信心。只要你们保持经常的努力，我保证在明年‘三八’节能够培养出几个中国女司机来！”田桂英不懂俄文，听起来却是再没那样亲切的。

临到考试时更是感动人了，又是铁路局长，又是总工程师，好些苏联专家技师都要亲自看看她们的成绩。加上段长，英雄司机和男女翻译，监考的人比学生还多一两倍。这个考一句，那个考一句，几乎把整个机车都问遍了。田桂英一面回答一面偷看苏联段长，瞅神情八成是答的不大离。果然，除了两个新参加的以外，六个女火夫都被提升为见习司炉。李索夫非常高兴，第二天亲自带上她们六个去上班。三十三公里，拉一列客车，老司机和李索夫都在一旁坐着，第一个开车的就是田桂英自己。她又是高兴，又是着急，猛一过岔道心就慌了。老司机赶忙跑上去接手，李索夫却一把拦住说："别管她，不行了你再上去。放不开手，她们是不会进步的。"

列车穿过田野，正在修铁路的苏联红军乐的直向她们招手叫好；列车刚一进站，苏联乘客马上跑来抢着跟她们握手道喜。

有一次她们跟车到了瓦房店，那里的老站长不多久也要招考女乘务员；她们的消息传到东北各地，远在北满的妇女也来信要求跟她们一起学开车。十月末我去访问田桂英，她们六个已升为正式司炉。我问她："你想不想和苏联妇女那样，当个段长或者铁路局长呢？"她说："我当见习火夫时，一心想赶快升为正式火夫；当了火夫就一心想赶快升为见习司炉。现在够上正式司炉了，当不当段长还顾不上想，一心只想在明年'三八'节能考上正式司机。"

在云山战场上

本报随中国人民志愿军记者　顾　雷　吴少琦

发表于 1950 年 12 月 7 日二版

云山战斗结束的第二天晚上，我们乘着汽车、冒着雨赶到了战场上。这里仍然烧着熊熊大火：山头军在燃烧、汽车在燃烧、村镇在燃烧——美国侵略军用火毁灭了战场周围的一切！

我们的汽车穿过云山街的时候，看到了使人酸心的惨景：一两千户的镇子变成一堆黑灰了！到处荡着焦臭气味。透过仍在跳动的火光，我们看见了被打死、烧死的男男女女和孩子们的尸体。但是，就是在这些和平居民的尸体旁边，躺着匪徒们丢下的坦克、大炮、汽车、成堆的炮弹和匪徒们的尸体。这些尸体中有的是佝偻着身子把头摘在地上，有的是两手摊开匍匐在那里，在整个云山战场上，到处都是如此。就是这些没有人性的家伙，在前两天，还高叫着"感恩节（十一月廿三日）以前全部占领朝鲜"，而今天，在人民志愿部队的铁拳下，被打的落花流水，这些靠着飞机、坦克、大炮、自动火器吃饭的"洋克"们，在这里丢掉了自己的生命！

在参观战场的时候，中国人民志愿军的指挥员和战士们向我们讲述了许多英勇的战斗故事，同时也告诉了我们：匪徒们在志愿部队的勇士面前是非常怯懦的。

战斗是按原定计划进行的。各个部队顺利的完成了对敌人的包围，而后，差不多在同一个时间里，有许多把尖刀向敌人插去。夜是漆黑的，山峦崎岖不平，战士们越过大山、沟渠、工事，冒着敌人密集的炮火冲下去，互相鼓励着："同志们！冲啊！夜间的飞机是没有眼睛的，榴弹炮不能当刺刀用！"神速的猛扑，把敌人打乱了，战斗在许多个角落里进行着。

× 团三营在战斗开始的时候，奉命由侧翼扫清敌人，向敌人背后迂回。他们用

在雲山戰場上

本報隨中國人民志願軍記者　顧雷　吳少琦

雲山戰鬥結束的第二天晚上，我們乘着汽車、冒着雨趕到了戰場上。這裡仍然燒着熊熊大火：山頭在燃燒、汽車在燃燒、村鎮在燃燒——美國侵略軍用火毀滅了戰場週圍的一切！

我們的汽車穿過雲山街的時候，看到了使人酸心的慘景：一兩千戶的鎮子變成一堆黑灰了！到處蕩着焦臭氣味。透過仍在跳動的火光，我們看見了被打死、燒死的男男女女和孩子們的屍體。但是，就是在這些和平居民的屍體旁邊，躺着匪徒們丟下的坦克、大砲、汽車、成堆的砲彈和匪徒們的屍體。這些屍體中有的是胸膛着身子把頭摘在地上，有的是兩手攤開匍匐在那裡，在整個雲山戰場上，到處都是如此。就是這些沒有人性的傢伙，在前兩天，還高叫着『感恩節（十一月廿三日）以前全部佔領朝鮮』，而今天，在人民志願部隊的鐵拳下，被打的落花流水，這些靠着飛機、坦克、大砲、自動火器吃飯的『洋克』們，在這裡丟掉了自己的生命！

在參觀戰場的時候，中國人民志願軍的指揮員和戰士們向我們講述了許多英勇的戰鬥故事，同時也告訴了我們：匪徒們在志願部隊的勇士面前是非常怯懦的。

戰鬥是按原訂計劃進行的。各個部隊順利的完成了對敵人的包圍，而後，差不多在同一個時間裡，有許多把尖刀向敵人揮去。夜是漆黑的，山巒崎嶇不平，戰士們越過大山、溝渠、工事，冒着敵人密集的砲火衝下去，互相鼓勵着：『同志們！衝啊！夜間的飛機是沒有眼睛的，榴彈砲不能當刺刀用！』神速的猛撲，把敵人打亂了，戰鬥在許多個角落裡進行着。

×團三營在戰鬥開始的時候，奉命由側翼掃清敵人，向敵人背後迂迴。他們用輕機槍、手榴彈、刺刀為自己開闢前進的道路，由××洞開始出擊，一直打到了××下洞。卅多里路，十幾個大小山頭，戰士們在樹叢和荊棘中間一面肅清敵人一面前進，美國兵被這勇猛的動作驚呆了；不少的美國兵還沒鑽出鴨絨被子，就滾到山下去了。當九連衝到一個山底下時，一隊美國兵並未意識到來的是什麼人，慌忙的給戰士們讓路，並且和戰士們握手，但剎那間，槍就在他們的面前響起來了！美侵略軍許多卡賓槍手，有些根本未來得及打一槍，便被打死了，甚至有些人不知不覺的被打死在工事裡邊了！在密集的槍聲中，這些侵略軍的兵士們，總是哇里哇啦的叫喚，有的嚇的大聲哭起來，能夠聽懂的只有一句，不少人在叫：『媽媽！』

×團一營一連，在外圍的××洞，也是用同樣快的動作，向敵人進攻的。差不多用幾個小時的時間，以廿名傷亡整整吃掉了美騎一師的一個連。打死八十多個，俘虜十四個。

第二天上午十點鐘，從七十里以外的地方調來了五輛坦克，六百多步兵，配屬了重砲，向一連固守的山頭進行反擊。戰士們頭上是飛機，遠處是重砲，山脚下是坦克，一天中，山頭上各處都被打着了，戰士們仍不離開戰鬥崗位。最後，敵人將山上洒上汽油，投下火箭彈、燒夷彈，整個山上燃起了熊熊大火，這時戰士們暫時退到山脚下等着，當敵人以為這個連隊被火燒光，狂妄的指揮着步兵衝上山頭的時候，我們的戰士馬上跳起來，端着刺刀反撲上去，匪徒們一看見明晃晃的刺刀又都滾下山去了。最後，敵人怕被包圍，不得不從原來的路上退回去。

我們正面的攻擊將敵人逐出了雲山，迂迴的部隊切斷了敵人的退路，增援的又被打回去了，大批的敵人被壓縮在雲山西南的一段公路上。面對着全部被殲的前途，匪徒們作垂死的掙扎。他們盲目的用重砲向四面射擊，五十五噸的重坦克像一座活的碉堡，跑來跑去衛護着他們的兵士，並且向我們的火力點攻擊，為了很快的消滅它，戰士們響亮的提出：『同志們！向坦克攻擊，立功的時候到了！』驚人的事蹟就在這個時候出現了：×團三連六班戰士王有一個人跳上了坦克的塔頂，隻身與坦克搏鬥；×團七連小戰士魯良士，一個人抱着兩個爆破筒，跑到了坦克跟前，將爆破筒塞到輪帶中去，使這個鋼鐵的怪物在一陣煙火中只跳了一下，便躺在那裡不動了。戰士崔毆福左肩上負了傷，仍然堅持戰鬥，他會爬上坦克，用刺刀撬開砲塔的蓋子，把駕駛員打死在坦克裡。這些戰士們的行為使坦克在這裡都當了俘虜。

類似這樣英勇的故事是非常多的：比方在殲滅敵人步兵的時候，班長張友君帶着一個戰士會將五個美國兵追了二里多路；機槍射手高昇像端着衝鋒槍一樣的端着輕機槍衝向敵人。這些英雄的行為，把那些匪徒們的膽都吓碎了。他們昏頭昏腦的像木頭人一樣的在那裡等着挨打，這樣的故事同樣出現在每一個戰鬥的角落，在戰場上被當成笑話傳流着。

當戰士王有爬上一輛坦克時，突然發現在離坦克不遠的地方爬着五個美國兵，他們瞪着眼看着王有一個人與坦克搏鬥，一槍不放。王有打完坦克後回來，看見這五個美國兵仍然像蛤蟆一樣爬在那裡，他一個人又向那五個美國兵撲去。這時，那些傢伙才想到跑，結果都被打死了。他們到這時卻仍然忘記了放槍。一個夜晚，某團團長帶着兩個通訊兵到一個小山頭上指揮部隊。他命令兩個通訊員到週圍搜索一下，自己便找個地方坐下來。剛坐下，看見對面有兩個圓傢伙發亮，仔細一看，是兩個美國兵戴着鋼盔，頭靠着頭，端着自動步槍坐在那裡，又仔細一看，槍口正對着自己的胸口。團長因為沒帶手槍，便叫通訊員：『喂！快過來看看這是什麼玩意？』通訊員向前一摸，便高興的叫起來：『是老美！』接着繳了這兩個傢伙的槍，而這兩個美國兵也是私毫沒有抵抗。在消滅敵人的步兵時，有不少戰士衝到汽車跟前，看見了許多屁股，美國兵都把頭藏起來了！有的一看見我們的戰士到了，立刻跪下繳上了自己的槍。戰士李連先衝到一個窪地剛臥下，馬上發現身旁有兩個美國兵，他迅速跳過去拏他們的槍，當他與另外一個美國兵搏鬥時，另外一個站在那裡看着，這樣都被他一個人收拾了！

我們的戰士，就是用這樣頑強、勇猛的戰鬥動作，在每個角落裡殲滅敵人的。那些武裝到牙齒、依靠着重武器、自動火器、高叫着進軍鴨綠江的匪徒們，在這裡遭到了沉重的打擊。戰鬥之後，戰士們紛紛談論着第一個交手仗中的故事。他們說：『這些兵看起來個子很大，拿的武器也不錯，但一碰到咱們就裝狗熊了！』有些戰士看到週圍仍在燃燒的時候，又向上級請求戰鬥任務了，他們說：『這次仗打的還不過癮，將來一定要打更大的仗，消滅更多的美國侵略軍！』

注：在抗美援朝战争开始后，东北日报社先后派出三批、9位记者入朝采写战地通讯。第一批派出的是顾雷和吴少琦同志，他们发回的第一篇通讯《在云山战场上》，是国内详细报道云山战役经过较早的一篇通讯。

轻机枪、手榴弹、刺刀为自己开辟前进的道路，由 ×× 洞开始出击，一直打到了 ×× 下洞。卅多里路，十几个大小山头，战士们在树丛和荆棘中间一面肃清敌人一面前进，美国兵被这勇猛的动作惊呆了；不少的美国兵还没钻出鸭绒被子，就滚到山下去了。当九连冲到一个山底下时，一队美国兵并未意识到来的是什么人，慌忙的给战士们让路，并且和战士们握手，但刹那间，枪就在他们的面前响起来了！美侵略军许多卡宾枪手，有些根本未来得及打一枪的，便被打死了，甚至有些人不知不觉的被打死在工事里边了！在密集的枪声中，这些侵略军的兵士们，总是哇里哇啦的叫唤，有的吓的大声哭起来，能够听懂的只有一句，不少人在叫：“妈妈！”

× 团一营一连，在外围的 ×× 洞，也是用同样快的动作，向敌人进攻的。差不多用几个小时的时间，以廿名伤亡整整吃掉了美骑一师的一个连。打死八十多个，俘虏十四个。这下子把敌人惹火了，第二天上午十点钟，从七十里以外的地方调来了五辆坦克，六百多步兵，配属了重炮，向一连固守的山头进行反击。战士们头上是飞机，远处是重炮，山脚下是坦克，一天中，山头上各处都被打着了，战士们仍不离开战斗岗位。最后，敌人将山上洒上汽油，投下火箭弹、烧夷弹，整个山上燃起了熊熊大火，这时战士们暂时退到山脚下等着，当敌人以为这个连队被火烧光，狂妄的指挥着步兵冲上山头的时候，我们的战士马上跳起来，端着刺刀反扑上去，匪徒们一看见明晃晃的刺刀又都滚下山去了。最后，敌人怕被包围，不得不从原来的路上退回去。

我们正面的攻击将敌人逐出了云山，迂回的部队切断了敌人的退路，增援的又被打回去了，大批的敌人被压缩在云山西南的一段公路上。面对着全部被歼的前途，匪徒们作垂死的挣扎。他们盲目的用重炮向四面射击，五十五吨的重坦克像一座活的碉堡，跑来跑去卫护着他们的兵士，并且向我们的火力点攻击，为了很快的消灭掉它，战士们响亮的提出：“同志们！向坦克攻击，立功的时候到了！”惊人的事迹就在这个时候出现了：× 团三连六班战士王有一个人跳上了坦克的塔顶，只身与坦克搏斗；× 团七连小战士鲁良士，一个人抱着两个爆破筒，跑到了坦克跟前，将爆破筒塞到轮带中去，使这个钢铁的怪物在一阵烟火中只跳了一下，便躺在那里不动了。战士崔殿福左肩上负了伤仍然坚持战斗，他曾爬上坦克，用刺刀撬开炮塔的盖子，把驾驶员打死在坦克里。这些战士们的行为使坦克在这里都当了俘虏。

类似这样英勇的故事是非常多的：比方在歼灭敌人步兵的时候，班长张友君带着一个战士，曾将五个美国兵追了二里多路；机枪射手高升像端着冲锋枪一样的端着轻机枪冲向敌人。这些英雄的行为，把那些匪徒们的胆都吓碎了。他们昏头昏脑的像木头人一样的在那里等着挨打，这样的故事同样出现在每一个战斗的角落，在战场上被当成笑话传流着。

当战士王有爬上一辆坦克时，突然发现在离坦克不远的地方爬着五个美国兵，他们瞪着眼看着王有一个人与坦克搏斗，一枪不放。王有打完坦克后回来，看见这五个美国兵仍然像蛤蟆一样爬在那里，他一个人又向那五个美国兵扑去。这时，那些家伙才想到跑，结果都被打死了，他们到这时却仍然忘记了放枪。一个夜晚，某团团长带着两个通讯兵到一个小山头上指挥部队。他命令两个通讯员到周围搜索一下，自己便找个地方坐下来。刚坐下，看见对面有两个圆家伙发亮，仔细一看，是两个美国兵戴着钢盔，头靠着头，端着自动步枪坐在那里，又仔细一看，枪口正对着自己的胸口。团长因为没带手枪，便叫通讯员："喂！快过来看看这是什么玩意？"通讯员向前一摸便高兴的叫起来："是老美！"接着缴了这两个家伙的枪，而这两个美国兵也是丝毫没有抵抗。在消灭敌人的步兵时，有不少战士冲到汽车跟前，看见了许多屁股，美国兵都把头藏起来了！有的一看见我们的战士到了，立刻跪下缴上了自己的枪。战士李连先冲到一个洼地刚卧下，马上发现身旁有两个美国兵，他迅速跳过去夺他们的枪，当他与另外一个美国兵搏斗时，另外一个站在那里看着，这样都被他一个人收拾了！

我们的战士，就是用这样顽强、勇猛的战斗动作，在每个角落里歼灭敌人的。那些武装到牙齿、依靠着重武器、自动火器、高叫着进军鸭绿江的匪徒们，在这里遭到了沉重的打击。战斗之后，战士们纷纷谈论着第一个交手仗中的故事。他们说："这些兵看起来个子很大，拿的武器也不错，但一碰到咱们就装狗熊了！"有些战士看到周围仍在燃烧的时候，又向上级请求战斗任务了，他们说："这次仗打的还不过瘾，将来一定要打更大的仗，消灭更多的美国侵略军！"

为和平而斗争

本报特派朝鲜开城记者　张　沛

发表于 1951 年 8 月 2 日一版

和平的代价

我们出发到开城去。当我们正要越过鸭绿江进入朝鲜国境的时候，美国军用飞机正在侵袭安东市。我们是带着和平愿望动身的，但美帝国主义者给予我们的却只有战争的感觉。

安东市的人民，和他们对岸的朝鲜人民一样的坚定沉着，沿着鸭绿江岸，人们正在屋顶上整理被敌机扫碎的石棉瓦；玻璃被震坏的窗户口，已经放上盛开的花朵。我们的人民，最懂得和平的真实意义，但更懂得必须为和平而斗争。

过了鸭绿江，愈往前走，愈使你感到：为了和平解决朝鲜问题，千百万人民已经付出了如何浩大而高贵的代价。千真万确的事实是：你按照所有朝鲜地图的标识，绝不能找到一个通常概念中的城市，和一些较大的村庄。但是帝国主义者永不可能懂得：人民绝不会被毁灭的。朝鲜西北部今年庄稼长得好，连城市中被炸的废墟上，也是绿盈盈的一片，好些城市均已恢复了白天的市场活动。美帝国主义者曾经千百次轰炸过的铁路和公路运输线，并没有一分钟停止过它的生命力，美国空中强盗的新花样——空中封锁口，其实际作用并不会比抗日战争中日本侵略者的陆上封锁线更好些。一个号码二十三的卡车司机宁静地向我说："敌机挂灯（指封锁口上敌机彻夜不断所放的大量照明弹）正好给我们照明，可以跑得快些。敌机可以给我们带来些困难，但绝不能让我们不动。我这部车，这次是第一百次上前线了。"他是从北京志愿来参加抗美援朝的一个青年司机，名字叫小高。

爲和平而鬪爭

本報特派朝鮮開城記者　張沛

朝鮮通訊

和平的代價

我們出發到開城去。當我們正要越過鴨綠江進入朝鮮國境的時候，美國軍用飛機正在侵襲安東市。我們是帶着和平願望動身的，但美帝國主義者給予我們的卻只有戰爭的感覺。

安東市的人民，和他們對岸的朝鮮人民一樣的堅定沉着，沿着鴨綠江岸，人們正在屋頂上整理被敵機掃碎的石綿瓦；玻璃被震壞的窗戶口，已經放上盛開的花朵。我們的人民，最懂得和平的真實意義，但更懂得必須爲和平而鬪爭。

過了鴨綠江，愈往前走，愈使你感到：爲了和平解決朝鮮問題，千百萬人民已經付出了如何浩大而高貴的代價。千眞萬確的事實是：你按照所有朝鮮地圖的標幟，絕不能找到一個通常概念中的城市，和一些較大的村莊。但是帝國主義者永不可能懂得：人民絕不會被毀滅的。朝鮮西北部今年莊稼長得好，連城市中被炸的廢墟上，也是綠盈盈的一片，好些城市均已恢復了白天的市場活動。美帝國主義者曾經千百次轟炸過的鐵路和公路運輸綫，並沒有一分鐘停止過它的生命力，美國空中強盜的新花樣——空中封鎖口，其實際作用並不會比抗日戰爭中日本侵略者的陸上封鎖綫更好些。一個號碼二十三的卡車司機寧靜地向我說：〝敵機掛燈（指封鎖口上敵機澈夜不斷所放的大量照明彈）正好給我們照明，可以跑得快些。敵機可以給我們帶來些困難，但絕不能讓我們不動。我這部車，這次是第一百次上前綫了。〞他是從北京志願來參加抗美援朝的一個青年司機，名字叫小高。

當我們正在黑暗中數着被打壞的橫七豎八躺在路旁塗有白五星的美國坦克，忽聽到遠方鐵路機車的吼叫聲，這時很容易使人想到：當千百萬人民，奮不顧身地付出了巨大的和平代價，眞正的和平，才有它的堅實基礎。

我們是在風雨中進入英雄的平壤城的，這個被敵人認爲已經毀滅了的城市，照樣擔負着它的巨大任務。朝鮮人民是如此地充滿自信，他們沒有被人類歷史上罕有的摧殘所嚇倒，緊張嚴肅地進行着世界上最莊嚴的鬪爭——打擊美國侵略者，爲和平而鬪爭。

開城一瞥

開城是一千年以前的朝鮮古都。是朝鮮中部的商業樞紐。因爲氣候涼爽，到處是山澗流水，有如我國的廬山，舊日朝鮮的官僚地主都到這裡來避暑。全朝鮮均是秀麗山河，而開城更顯得清新奪目。可是開城的人民則是苦難重重，三十多年的日本侵略者的黑暗統治，又加美國侵略者及其走狗李承晚匪帮五年的奴役，人民生活惡劣，特別是經過幾次大轟炸，市區內一片瓦礫，已看不出一個近代城市的面貌。

我們是在清晨到達開城的。汽車通過一條數公里長的柏油路，兩旁蕩然無存，但路旁的一個露天市場上，已有人群在集聚，交易。

人們没有悲哀的面容，沉靜地在進行着日常勞動，雖然離這裡二十里，就是戰爭的最前綫。

在這小小的中立區內，目前聽不到炸彈的聲音，但是我們的頭頂上美國侵略者的重轟炸機與噴氣式飛機晝夜不斷地隆隆而過，到朝鮮北部的城市和鄉村去執行殺人的任務。

全世界人民的眼睛，都注視着開城，這裡在進行着一場劇烈的鬪爭——和平力量與戰爭力量的鬪爭。

談判會議

談判地點，是在開城西北二公里半的一個名叫廣文洞的山莊，會場設在來鳳莊，是舊日官僚地主的別墅。我們到達的那天（七月二十五日），正是休會三天後復會的一天。

一大群所謂聯合國的記者們，群集在會場門口，他們照例每天開動着麥拉和照像機，每天要花費上千尺的電影膠片，一百多照像閃光燈泡。他們醜態百出的搶奪鏡頭，但他們中間很少有人能說出和平的眞實意義。

雙方代表均按照會議的時間準時到會，喬埃照例乘着第一輛新的塗有白五星小吉普車到會。南日將軍也是乘的一輛塗有白五星的美國吉普，車尾的號碼是50F，這不是從美國商務部買來的，而是在戰場上繳獲的，美國代表們看着自然不大愉快。

一大群美國青年司機在會場門口互相戲謔，這是一帮在反動教育下極無知的美國青年，但在他們談話中卻有一個共同的要求：〝快一點回家去。〞

蔣介石匪帮和李承晚匪帮也派來記者，他們穿着美國戰地記者的軍服，顯得一付卑鄙相。英美記者很少理睬他們，把他們摔在一邊。蔣匪中央社的記者，載一付黑眼鏡，偷偷地拍幾張中國代表和中國記者的照片，好回去領取〝獎賞〞。

會議第一日上午爲南日將軍的發言，下午討論。第二天（廿六日）美方提出給他們半天的考慮時間，下午一時開會，不到一小時半，會議即結束，達成議程的協議。在這一天以南日將軍爲首的朝中人民部隊的代表團，答應了英美記者的要求，讓他們拍了一張全體照片。

議程討論雖已達到協議，但今後仍然會有鬪爭。但不管情況如何，朝鮮人民、中國人民和全世界人民均將以自己的力量，來取得朝鮮的和平。

注：1951年7月25日，正值朝鲜板门店谈判进入紧张激烈阶段，东北日报社副总编辑张沛作为团长，率领中外记者团到开城采访。在开城期间，张沛同志以“本报特派朝鲜开城记者”的名义，共完成了4篇通讯。

当我们正在黑暗中数着被打坏的横七竖八躺在路旁涂有白五星的美国坦克，忽听到远方铁路机车的吼叫声，这时很容易使人想到：当千百万人民，奋不顾身地付出了巨大的和平代价，真正的和平，才有它的坚实基础。

我们是在风雨中进入英雄的平壤城的，这个被敌人认为已经毁灭了的城市，照样担负着它的巨大任务。朝鲜人民是如此地充满自信，他们没有被人类历史上罕有的摧残所吓倒，紧张严肃地进行着世界上最庄严的斗争——打击美国侵略者，为和平而斗争。

开城一瞥

开城是一千年以前的朝鲜古都。是朝鲜中部的商业枢纽。因为气候凉爽，到处是山涧流水，有如我国的庐山，旧日朝鲜的官僚地主都到这里来避暑。全朝鲜均是秀丽山河，而开城更显得清新夺目。可是开城的人民则是苦难重重，三十多年的日本侵略者的黑暗统治，又加美国侵略者及其走狗李承晚匪帮五年的奴役，人民生活恶劣，特别是经过几次大轰炸，市区内一片瓦砾，已看不出一个近代城市的面貌。

我们是在清晨到达开城的。汽车通过一条数公里长的柏油路，两旁荡然无存，但路旁的一个露天市场上，已有人群在集聚交易。

人们没有悲哀的面容，沉静地在进行着日常劳动，虽然离这里二十里，就是战争的最前线。

在这小小的中立区内，目前听不到炸弹的声音，但是我们的头顶上美国侵略者的重轰炸机与喷气式飞机昼夜不断地隆隆而过，到朝鲜北部的城市和乡村去执行杀人的任务。

全世界人民的眼睛，都注视着开城，这里在进行着一场剧烈的斗争——和平力量与战争力量的斗争。

谈判会议

谈判地点，是在开城西北二公里半的一个名叫广文洞的山庄，会场设在来凤庄，是旧日官僚地主的别墅。我们到达的那天（七月二十五日），正是休会三天后复会的一天。

一大群所谓联合国的记者们，群集在会场门口，他们照例每天开动着开麦拉和照相机，每天要花费上千尺的电影胶片，一百多照相闪光灯泡。他们丑态百出的抢夺镜头，但他们中间很少有人能说出和平的真实意义。

双方代表均按照会议的时间准时到会，乔埃照例乘着第一辆新的涂有白五星小吉普车到会。南日将军也是乘的一辆涂有白五星的美国吉普，车尾的号码是50F，这不是从美国商务部买来的，而是在战场上缴获的，美国代表们看着自然不大愉快。

一大群美国青年司机在会场门口互相戏谑，这是一帮在反动教育下极无知的美国青年，但在他们谈话中却有一个共同的要求："快一点回家去。"

蒋介石匪帮和李承晚匪帮也派来记者，他们穿着美国战地记者的军服，显得一副卑鄙相。英美记者很少理睬他们，把他们甩在一边。蒋匪中央社的记者，戴一副黑眼镜，偷偷地拍几张中国代表和中国记者的照片，好回去领取"奖赏"。

会议第一日上午为南日将军的发言，下午讨论。第二天（廿六日）美方提出给他们半天的考虑时间，下午一时开会，不到一小时半，会议即结束，达成议程的协议。在这一天以南日将军为首的朝中人民部队的代表团，答应了英美记者的要求，让他们拍了一张全体照片。

议程讨论虽已达到协议，但今后仍然会有斗争。但不管情况如何，朝鲜人民、中国人民和全世界人民均将以自己的力量，来取得朝鲜的和平。

我国第一座自动化的炼铁炉
——鞍山钢铁公司三大工程介绍之三

常　工　爱　芝

发表于 1953 年 1 月 5 日一版

改建鞍钢炼铁厂第八号高炉，是鞍山去年进行的三大工程之一。改建工程的主要目的，是要把从“九三”以来即已停止生产的八号高炉复活，并在结构与附属设备不大变动的条件下，把高炉改建成为我国的第一座自动化的高炉。将来，这座高炉的生产量，将大大超过敌伪时期最高水平。这一改建工程，也将为今后我国改建其他高炉取得成功的经验。

改建八号高炉的工程，牵联到一系列厂矿的改变：为了供应八号高炉的动力和原料，选矿厂早已把第三选矿场修复了；火力发电厂改修了两座蒸汽锅炉，安装了每分钟鼓风二千立方公尺的鼓风机；化工部也修复了年产焦炭四十万吨的两座炼焦炉，以及利用高炉瓦斯和炼焦炉每日排出的煤气制作各种化学产品的回收厂……这些大小数十件工程，和八号高炉工程连在一起，人们便把它们称为八号高炉系统工程。

八号高炉工程是这个系统工程中的主要工程，它的规模宏大，技术复杂。它要改添的部件有两千多种，共七百三十余吨。另外，它还需要用数千吨耐火砖、上千吨的金属结构品、九百八十吨机械设备、一万一千余公尺电缆管道、二十座通讯设备台和十六台马达。这些物资、器材，再加上其它附属品，共重万余吨。而改建以后，当它开始生产时，这座高炉每天需要吞食四千吨矿石、焦炭和熔剂以及三百余万立方米空气。

八号高炉是按照苏联的先进设计和用苏联制造的最新式的设备与计器装备的，它开始生产时，自动化的操作将完全代替费力的劳动。例如，过去过秤、挂钩、开

我國第一座自動化的煉鐵爐

——鞍山鋼鐵公司三大工程介紹之三

常工　愛芝

改建鞍鋼煉鐵廠第八號高爐，是鞍山去年進行的三大工程之一。改建工程的主要目的，是要把從「九三」以來即已停止生產的八號高爐復活，並在結構與附屬設備不大變動的條件下，把高爐改建成爲我國的第一座自動化的高爐。將來，這座高爐的生產量，將大大超過敵偽時期最高水平。這一改建工程，也將爲今後我國改建其他高爐取得成功的經驗。

改建八號高爐的工程，牽聯到一系列廠礦的改變：爲了供應八號高爐的動力和原料，選礦廠早已把第三選礦場修復了；火力發電廠改修了兩座蒸氣鍋爐，安裝了每分鐘鼓風二千立方公尺的鼓風機；化工部也修復了年產焦炭四十萬噸的兩座煉焦爐，以及利用高爐瓦斯和煉焦爐每日排出的煤氣製作各種化學產品的回收廠……這些大小數十件工程，和八號高爐工程連在一起，人們便把它們稱爲八號高爐系統工程。

八號高爐工程是這個系統工程中的主要工程，它的規模宏大，技術複雜。它要改添的部件有兩千多種，共七百三十餘噸。另外，它還需要用數千噸耐火磚、上千噸的金屬結構品、九百八十噸機械設備、一萬一千餘公尺電纜管道、二十座通訊設備台和十六台馬達。這些物資、器材，再加上其它附屬品，共重萬餘噸。而改建以後，當它開始生產時，這座高爐每天需要吞食四千噸礦石、焦炭和熔劑以及三百餘萬立方米空氣。

八號高爐是按照蘇聯的先進設計和用蘇聯製造的最新式的設備與計器裝備的，它開始生產時，自動化的操作將完全代替費力的勞動。例如，過去過稱、掛鈎、開捲揚機、打開爐頂的大蓋和小蓋，都離不開人，而且，裝的料夠不夠，人還不知道，以致出鐵的數量常有差別。改建以後，就完全不一樣了。當自動稱量車把原料送到爐旁，捲揚機就自動掛鈎，把原料送上爐頂。這時，爐上的大蓋和小蓋已自動打開，吞食着巨量的原料，隨後，兩根探尺自動地走進爐內去探測原料是否足夠了，並將結果經過計器向值班人員報告。

又如掌握高爐生產過程時，過去大部分都靠經驗。工人們經常戴着有色眼鏡，一會爬在這兒看看，一會又爬到另一個地方看看，整天忙忙碌碌，仍然不能掌握爐內情況，以致事故很多，影響正常生產。改建以後，這也完全改變了，只要值班人員坐在計器操縱室內，不用出門，就可以知道爐內的一切情況。因爲改建以後，不是靠經驗，而是靠自動計器來掌握。爐內的料多料少、風溫的大小、出鐵的時間等等，都有信號向值班人員經常報告，或自動地記錄下來。

還有，在出鐵出渣方面，過去開口、塞口，都離不開人。今後又將是怎樣的情況呢？爐子要出鐵，只要按一下電鈕，開口機便自動地前去開口。鐵出完後，再按一下電鈕，泥淪機就自動地把口封上。因此，改建後的八號高爐，有了這些自動化的設備，它就像一個活人一樣，知道冷熱，也知道飢飽，當然也就更知道工作了。

根據目前的情況來看，八號高爐和它的系統工程，基本上已算完成了，八號高爐只等待幾項設備齊全了就能很快開始生產。輔助工程中，火力發電廠的兩個蒸氣鍋爐，早已修復完畢；新式的鼓風機也已安裝停當，都正在試行運轉。化工廠的兩座煉焦爐，爐身已經烘乾，高爐系統工程中的回收廠等，也都按照預定計劃先後完成，正進行最後的檢驗，不久就可以開始生產。從這些情況來看，這個工程的進度也是很快的。儘管我們的工程技術力量還十分薄弱，但是這一工程的事實，也像其它巨大複雜的工程一樣，再度向我們證明了一個眞理：我們有着共產黨和人民政府的領導，有着熱愛祖國和熱愛勞動的人民，再加上蘇聯對我們的幫助，一切困難是可以戰勝的，我們的祖國正迅速地走向美好的工業化的前途。

注：鞍钢是国家第一个五年计划156项重点工程中的重点项目，是建设东北工业基地的骨干工程。东北人民政府工业部在《关于加强鞍钢基本建设工作的指示》中曾指出：鞍钢基本建设工作的成效，在某种意义上相当地影响着东北工业建设的速度，自然也就会影响着全国工业建设速度。《东北日报》对鞍钢的建设始终非常关注，对著名的鞍钢三大工程进行了全过程的报道。

卷扬机、打开炉顶的大盖和小盖，都离不开人，而且，装的料够不够，人还不知道，以致出铁的数量常有差别。改建以后，就完全不一样了。当自动称量车把原料送到炉旁，卷扬机就自动挂钩，把原料送上炉顶。这时，炉上的大盖和小盖已自动打开，吞食着巨量的原料，随后，两根探尺自动地走进炉内去探测原料是否足够了，并将结果经过计器向值班人员报告。

又如掌握高炉生产过程时，过去大部分都靠经验。工人们经常戴着有色眼镜，一会爬在这儿看看，一会又爬到另一个地方看看，整天忙忙碌碌，仍然不能掌握炉内情况，以致事故很多，影响正常生产。改建以后，这也完全改变了，只要值班人员坐在计器操纵室内，不用出门，就可以知道炉内的一切情况。因为改建以后，不是靠经验，而是靠自动计器来掌握。炉内的料多料少、风温的大小、出铁的时间等等，都有信号向值班人员经常报告，或自动地记录下来。

还有，在出铁出渣方面，过去开口、塞口，都离不开人。今后又将是怎样的情况呢？炉子要出铁，只要按一下电钮，开口机便自动地前去开口。铁出完后，再按一下电钮，泥沦机就自动地把口封上。因此，改建后的八号高炉，有了这些自动化设备，它就像一个活人一样，知道冷热，也知道饥饱，当然也就更知道工作了。

根据目前的情况来看，八号高炉和它的系统工程，基本上已算完成了，八号高炉只等待几项设备齐全了就能很快开始生产。辅助工程中，火力发电厂的两个蒸汽锅炉，早已修复完毕；新式的鼓风机也已安装停当，都正在试行运转。化工厂的两座炼焦炉，炉身已经烘干，高炉系统工程中的回收厂等，也都按照预定计划先后完成，正进行最后的检验，不久就可以开始生产。从这些情况来看，这个工程的进度也是很快的。尽管我们的工程技术力量还十分薄弱，但是这一工程的事实，也像其它巨大复杂的工程一样，再度向我们证明了一个真理：我们有着共产党和人民政府的领导，有着热爱祖国和热爱劳动的人民，再加上苏联对我们的帮助，一切困难是可以战胜的，我们的祖国正迅速地走向美好的工业化的前途。

鞍钢无缝钢管厂
第一批无缝钢管试轧成功

发表于 1953 年 10 月 28 日一版

【本报讯】我国第一座近代化的无缝钢管厂已在十月二十七日开始热试轧，并于当日下午胜利地轧出了新中国第一批无缝钢管，这是我国执行五年建设计划一大胜利。

热试轧这天，无缝钢管厂充满了一片紧张愉快而又庄严隆重的气氛。中共鞍山市委书记韩天石，副书记刘家栋、丁秀，鞍山钢铁公司代总经理华明，副经理赵北克、王文、阎志遵、刘克刚、张益民，原无缝钢管厂工地主任刘铁男以及前来帮助鞍山建设的苏联专家都赶来参加。七点钟，中央油站和主电室等部门就给全厂设备送了油、电、水、风和压缩空气。上班的汽笛还没响，各机组的运转工和操作工都怀着紧张和愉快的心情走上了工作岗位；前来指导操作的生产专家们也登上了操作台。八点钟，汽笛长鸣两声，全厂各种近代化设备便“呜”地一声飞快地合拍地转动起来。与机械飞快转动的同时，加热炉车间的工人们，成批成批地把冰冷的钢坯送进加热炉。随着机械的飞快转动，人们的心绪更加紧张起来。苏联专家们脚步不停地到处观察着机械运转的情况，操作台上的工人们，则聚精会神地操纵着各种电钮，全场每一个人都怀着共同的信念：要在今天顺利地试轧出无缝钢管。

下午两点二十分，冰冷的钢坯加热到一千二百度，其它各项准备工作也已就绪，指挥台发出一个短促的汽笛声。二号操作台上的工人，把主管推钢机的电钮一按，火红的钢坯便吱吱地从加热炉里窜了出来。虽然前两根不太顺利，但第三根很快地便通过了穿孔机、轧管机和整径机……最后，一根晶晶发亮的无缝钢管便诞生了。这时，全场爆发了雷动的掌声，人们都情不自禁地欢呼起来；苏联专家和工人互相

鞍鋼無縫鋼管廠
第一批無縫鋼管試軋成功

【本報訊】我國第一座近代化的無縫鋼管廠已在十月二十七日開始熱試軋，並於當日下午勝利地軋出了新中國第一批無縫鋼管，這是我國執行五年建設計劃一大勝利。

熱試軋這天，無縫鋼管廠充滿了一片緊張愉快而又莊嚴隆重的氣氛。中共鞍山市委書記韓天石、副書記劉家棟、丁秀，鞍山鋼鐵公司代總經理華明，副經理趙北克、王文、閻志遒、劉克剛，張益民，原無縫鋼管廠工地主任劉鐵男以及前來幫助鞍山建設的蘇聯專家都趕來參加。七點鐘，中央油站和主電室等部門就給全廠設備送了油、電、水、風和壓縮空氣。上班的氣笛還沒響，各機組的運轉工和操作工都懷着緊張和愉快的心情走上了工作崗位；前來指導操作的生產專家們也登上了操作台。

八點鐘，汽笛長鳴兩聲，全廠各種近代化設備便「嗚」地一聲飛快地合拍地轉動起來。與機械飛快轉動的同時，加熱爐車間的工人們，成批成批地把冰冷的鋼坯送進加熱爐。隨着機械的飛快轉動，人們的心緒更加緊張起來。蘇聯專家們脚步不停地到處觀察着機械運轉的情況，操作台上的工人們，則聚精會神地操縱着各種電鈕，全場每一個人都懷着共同的信念：要在今天順利地試軋出無縫鋼管。

下午兩點二十分，冰冷的鋼坯加熱到一千二百度，其它各項準備工作也已就緒，指揮台發出一個短促的汽笛聲。二號操作台上的工人，把主管推鋼機的電鈕一按，火紅的鋼坯便吱吱地從加熱爐裡竄了出來。雖然前兩根不太順利，但第三根很快地便通過了穿孔機、軋管機和鏨徑機……最後，一根晶

道贺。鞍山钢铁公司一位负责同志兴奋地对旁边的人说：“轧出来了，轧出来了！”

人们十分珍爱这些宝贵的产品，当钢管还余热烘人的时候，人们就去看呀，摸呀，一个老矫正工人一面抚摸心爱的钢管一边说：“太好了，太好了！”青年工人则挤开人群，在光亮的钢管上写着“第一根，第二根，第三根”，有人问他写这干什么，他扬起笑脸说：“留作纪念哪！”

二十七日，热试轧的结果良好，苏联专家一致感到满意。现在，热试轧工作正在继续进行。试轧工作结束时，这座近代化的工厂就要大量生产人们渴望已久的无缝钢管了。

生产革新者——王崇伦

修　英

发表于 1953 年 11 月 12 日二版

党培养出来的好工人

走进鞍钢机械总厂工具车间的机械工段，你会看到一个二十五岁的小伙子，中等身材，动作敏捷。长长的脸上时时浮着笑容，褐色的眼睛炯炯有神，有着倔强而乐观的性格。他就是先进工人、生产革新者王崇伦。小伙子整天高高兴兴，手脚总闲不住，浑身充满着青春活力。他不仅在生产上是好样的，还是个运动健将：在鞍山市体育运动大会上，跑百米高栏他是第二名；打起球来没有够，人家都叫他“球迷”。王崇伦的家庭和睦团结，喜气洋洋，他经常帮助妻子，妻子对他也体贴入微，两口子你敬我让的，结婚五年多从来没翻过脸。他说：“我是二级工匠，每月基本工资就是三百三十五分。在家里，大人孩子和和乐乐，我和我媳妇的感情非常好。走在路上，看吧，大卡车一辆接一辆，新工厂总在修，新楼房天天盖；到厂里更不用说，车间、机器、工人的脸上都放着亮光。每天听到的、看到的都是些让人高兴的事情。我怎能不高兴呢！”

可是在过去，王崇伦也有过想不通的时候。一九五一年十二月，他因为没涨工资，一气之下旷工三天。那时，他觉得：三百六十行，刨工最“下次赖”，别的工种最高工资都是三百九十分，刨工最高才三百三十五分。是党使这个青年人变好的。车间党支部书记白明欣，很了解他的心情，晚上常到王崇伦家里去唠嗑。他讲到国民党反动匪帮抢光过他家的东西，毒打过他的老母亲。他讲到光复当时，日本帝国主义者曾公开声言：“我们走了五年以后，鞍钢就得种高粱，连高粱也长不高！”可是五

充分發揚民主，糾正不合理的規定

解才社社員實際收入增多

延邊黎明集體農莊獲得大豐收

確定合理的分配原則後隨打隨分

紅光生產合作社社員收入普遍比去年增加

瀋撫碎石公路已鋪柏油路面

新人新事

生產革新者——王崇倫

本報記者 修 英

王崇倫在勞動中

年后的鞍钢并没种高粱，新建的无缝钢管厂、大型轧钢厂和自动化的七号炼铁高炉，就要开工生产了！这些过去做梦也想不到呵！未来的鞍钢会更美好，工人的生活，也会随着改善。白明欣说：“今天的社会决不埋没人。工厂里实行多劳多得的工资制度，只要你好好干，工资一定会增加，你也一定会有出息，——钻眼床子差不多谁都能摆弄吧，可是苏联还有钻眼专家呢！你没看见咱车间的技术员胡延林，过去也是工人吗？再说，你不是要参加共产党吗？那更得好好干了！”

党支部书记的话句句打进王崇伦的心里。这些事情都是生长在鞍山的王崇伦亲自听见、看见的。王崇伦在生产中有一点成就，车间主任也随时表扬他，有毛病也找他亲切地个别谈话。车间团支部书记和团委会的冉中绂，也经常帮助王崇伦，他们有时跑到远在沙河的王崇伦的家里，问他有什么困难，鼓励他。王崇伦深受感动，他想到在旧社会没办法治的老母亲的眼病，现在在职工医院治好了；和他一起进工厂学徒的刘世凤，早已经入党，成为鞍山市的劳动模范，还不是因为人家把工厂当成自己的家，好好干活吗！

在党的培养教育下，王崇伦热爱祖国的思想生长起来了，开始把自己的精力都放在生产上。他从一九四九年八月，到今年十月，四年来从来没有出过废品；经他手生产的零件都是一级品。但过去不出废品，是因为“怕丢人”，“干坏了活，那叫什么手艺人哪！”一九五二年初以后，他的想法不一样了：“一个零件值许多钱，做坏了国家损失多大呵！”“我们觉得出二级品没啥，可是拿到别的工厂、矿山就容易出毛病，耽误生产。”所以，他每天专心致志地工作，熟练地操纵着机器，两眼紧盯着工作物，思想从不溜号。

当然，不出废品不单是精力集中可以做到的。他每次接到生产任务，总是先仔细地看明白图纸，和毛料（还没加工的材料）对比一下，看看是否合适，然后再干。第一个活干完了，马上拿给技术员或检查员看看：“这样行不行？”干到第五个活自己又抽查一次，看看是否合乎图纸要求，而后再继续做下去。遇到不明白的地方他从来不装懂，马上去找技术员或老工人问个明白。他一直把操作规程看成是厂规厂法，丝毫不违犯。

王崇伦十分疼爱机器。每天早上上班，总是用十分钟的时间检查机器的闸把、齿轮、油眼等各个部分是否有毛病；每天三次，按时浇油；从来不把工具、零件等放在床面子上，操作时决不让进刀量和吃刀量超过规定数，不超过马达负荷；上活、下活时首先检查卡活工具是否有毛病。听到机器有一点不正常的声响，便把耳朵贴上去听听，微小的毛病也不放过。他说：“机器和人一样，有一点毛病也不能马虎，大发了就没法治。我看到别的工人不爱护机器，常出事故，有时一天不能干活，心里十分难过。因为我们使用的机器，是苏联老大哥从遥远的地方运到中国来，帮助我们进行生产建设的。”所以，他平常更爱护机器，已两年时间没有发生过机器事故。

这样，王崇伦不仅认识到应该以主人翁的姿态进行工作，而且用实际行动表明了自己是工人阶级的先进分子，因此，一九五二年十月，他光荣地参加了中国共产党。入党宣誓那一天，是他一生中永远不会忘记的一天。他常想：“我已经宣誓说为共产主义事业奋斗到底，那么究竟怎样实现自己的誓言呢？！”

万能工具胎

凿岩机是矿工的主要工具。但，就是这种并不十分复杂的机械，在旧中国却从来没有制造过。随着国家经济建设的发展，凿岩机供不应求；特别是往往因为一个零件坏了，八千余万元一架的凿岩机只好弃置不用。在鞍钢，制造凿岩机零件，保证矿山生产的任务，落到机械总厂工具车间全体职工的身上了。

工具车间从上到下十分重视新产品试制工作。可是，从去年第四季度开始，直到今年三月，始终没有结果。最初，费一夜时间只能做几个零件，有的只能用一天。矿工拿着它到机械总厂来说：“这也不像话呀！好歹也得能干几天哪！”不仅质量不好，而且做得很慢。干这个活必得用插床，但全车间只有一台，锻、车、钳、铣四个工序的活都堆到它的周围。当时，做一个内齿螺母得三十分钟，一个制逆轮得一点十五分钟，一个卡动器最快也得两点半钟（都是凿岩机的零件）。这还是工资科、计划科、车间联合标定经公司批准的估工时间，这样下去，生产任务都完不成，更谈不到增产节约了。车间的每一个人都着急，可是眼看任务都堆到自己小组的王崇伦更着急！

王崇伦整天在插床旁边转动。他想：插床的效能是全部发挥出来了，但插床干活不仅慢，插长活时质量还不好。如果创造个工具，安在我的刨床上，就好比把插床横倒过来，那不又快又好吗？！他又一想：就凭我这两下子，怎么能凭空创造个工具，让刨床干插床的活呢！可是，公司刘经理动员全厂职工坚决完成新产品试制任务的话，总在自己耳旁嗡嗡：任务很紧急，不能制造凿岩机零件，矿石采不出来，也就没有铁、没有钢、没有一切了！想了几天，崇高的责任感，使他决心试试看。他想：天上飞的，地上跑的，世界上所有的机器，不都是人创造出来的吗，张明山过去是个文盲，却创造出惊人的“反围盘”；天下无难事，只怕有心人！我决不能坐视矿山停止生产！

王崇伦下定了创造工具的决心之后，首先向车间技术组说明了自己的想法。但技术组要求他画出图来，他们说：“没有图我们照着什么帮助你做呀？！”这可把王崇伦难坏了：“我一个普通工人，从来也没画过什么图呀！”可是，他还是决心画画看。从此，下班回家后饭也顾不得吃就爬在桌子上画。想不到的地方就拿茶杯、砖头翻过来覆过去地比量。半夜十二点钟过去了。快天亮了。他还是埋头画。他母亲爱儿心切，紧着催他快睡觉：“你这不是自己找死吗？！铁打的身子也抗不了啊！”他还是画。有一次，王崇伦睡着以后两只胳膊还不停地抡来抡去，大叫着：“这不行，这不行……”原来他睡梦中也在创造工具。刚画好一半，他的淘气的小儿子又把钢笔水洒到图上了……整整五天五夜，王崇伦辛苦地琢磨，一遍又一遍地画，终于画出一个虽不完全但已略具雏形的草图，交给了车间主任韩剑光。

车间的每一个人都关怀着王崇伦的创造。韩主任一看草图有门道，经厂合理化建议委员会批准，便指定车间技术组帮助他。技术组参考着万能分度盘的原理进行设计。王崇伦原来打算在工具上安摇把，技术组建议改成指数板，这样，六十等分以下的精密活能够分开。为了保证精密度，技术员胡延林建议在工具胎内加垫、加滚珠。材料员冯克明也主动问王崇伦缺什么材料，凡是仓库有的，他都马上调给王崇伦。生产组长李海峰也不断鼓励他：“小伙子，活有的是，一年两年干不完，你放心创造吧！”党支部书记和工会、青年团的干部更是经常找王崇伦谈话，帮助他克服困难，坚定创造信心。王崇伦被大家的帮助感动了，更是废寝忘食地制造工具。白天下班后回家挟着个小铺盖卷又来了，整夜在车间里造零件；材料库里没有大架子，他耐心地到废铁堆里找到。自己不懂的就虚心请教别人：零件造好后自己不会装配，他找到老钳工郝国富：“郝师傅，帮我装配吧！”郝国富说：“错不了。”在装配的过程中，郝国富提出许多改进意见，王崇伦一一接受了，用了两天时间装配好了，安到刨床上一试，很好使。

新工具创造成功了！王崇伦忘掉了半个多月的疲劳，乐得像小孩子似地蹦高跳！车间的人们也分享了他的快乐，因为新工具从根本上改变了刨床的作用，从来刨床只能刨平面，但王崇伦的刨床还能刨圆和内齿轮！大家给新工具起名叫“万能工具胎”。刨一个内齿螺母只用五分钟，一个制逆轮只用十分钟，一个卡动器只用二十六分钟，以十五种规格零件的标定时间计算，平均提高工作效率六倍！一台刨床等于六台插床，而且质量很好，完全是一级品。新产品试制成功了，全车间和全厂也能够按期完成凿岩机零件的生产任务了！

“心是一个伟大的要素”

我问王崇伦：你为什么能够创造万能工具胎？他回答说：“没啥！只要有决心、有信心，不懂的虚心问别人，什么事情都好办！”

是的，当一个人能把自己的全部心灵贯注到事业上的时候，他的工作就会有光彩！王崇伦的创造改变了工具车间的生产面貌：创造万能工具胎以前，车间每月只能完成凿岩机零件生产任务的百分之八十，且有不少是二级品。现在车间每月能完成生产任务的百分之二百，且绝大部分是一级品，不仅使机械总厂完成了繁重的新产品试制和生产任务，为今后大批生产凿岩机零件，源源供应全国矿山的需要创造了条件，而且王崇伦创造的万能工具胎，还是一个重大的技术改革。他给机械加工和修配工厂指出一个新的方向：即以革新精神，创造各种“万能”性质的工具，以扭转因设备不平衡而造成的生产与需要脱节的局面。王崇伦的创造是在机械总厂加工、试制任务频繁而复杂，产品经常变化的困难条件下产生的，因此，有极大的实际推广意义。正像现在的工具车间党支部书记白永威同志所说的：“我们厂子要有十个王崇伦，那对全厂的影响简直难以想象！”可是王崇伦并不感到满足，他的眼光永远向前，要为国家创造更多的财富。

九月初，轰轰烈烈的增产节约竞赛展开了，机械总厂的每一个人都以给国家创造财富为无上光荣。王崇伦更不甘心落后。他想：党委书记说今年的增产节约与往年不同，我们国家开始有计划的经济建设了，今年是国家第一个五年计划的第一年，超额完成生产计划更重要。我是个共产党员，必须坚决响应党的号召，订出先进的增产节约计划。

在订计划过程中，王崇伦看到有的工人订的计划是“保证超额完成生产计划，保证不出废品”等等，太笼统，缺乏具体内容和办法。他就决心精打细算，订个切合实际的计划。他首先检查了过去八个月的工作，发现了生产当中有许多漏洞。如工具胎卡四个活还多余十几耗（编者注：公制长度单位千分之一米的略写，即毫米）的地方，他便在背帽外面延长一点，多卡一个活，每天多生产十二个零件；刀杆太长，吃刀量不大，他就改短，吃刀量大了，每天能多干四个活。王崇伦还特别虚心学习先进车工韦玉玺缩短辅助生产时间的先进经验。他做了一个工具箱，螺丝放一起，扳子放一起，工具摆得有条不紊，用时手到拿来，不用到处找工具，耽误生产时间。由于他创造了新工具，大大提高了生产效率，再加上改进了刀杆，使刨床的冲行次数，由一分钟五十次增加到七十二次，八月份一个月完成了六个月零三天的生产任务。

在这些成绩的基础上，王崇伦估计到一切有利条件，如由于平常爱护机器，贯彻机器维护责任制，不出事故，可以放心生产，没有“后患”；特别是贯彻作业计划后，各工序生产均衡，不用停工待料。最后，在保证质量的前提下，订出全年完成等于三年生产任务的先进的个人增产节约计划，为国家增产两亿二千八百万元价值的财富，降低成本两亿三千万元。

永远向前！

王崇伦大大突破了旧生产定额之后，不但超额完成了生产任务，而且按照多劳多得的原则，工资也空前地增加了：九月份一个月得了四百零七万元的计件工资。王崇伦觉得自己挣得太多，便主动要求修改定额。但是，领导上拒绝了他的请求，因为国家规定半年修改一次定额，职工有创造，提高生产效率，应该多劳多得。党支部很关怀他的健康，一再督促他进业余休养所去休养，王崇伦不去，他说：“我的身体很好，让别的老工人去吧！”王崇伦十分感谢党的关怀，决心以超额完成增产节约计划来报答党！

王崇伦根据一年完成三年工作的总计划，又订出了每月的具体计划。王崇伦十分重视自己的计划，他说："我从十四岁进工厂学徒，从来没订过什么工作计划：过去进工厂就受日本鬼子的气，每天对付着挣碗饭吃，哪有心思计划工作；解放以后，总觉得上面给啥就干啥，反正不闲着就行呗。这次一订增产节约计划可就不同了，心里总像有事似的，咱不能空口说白话呀，提出一年完成三年工作，一定得完成才行。"计划就像一个得力的助手，它帮助、督促王崇伦完成自己的工作。过去刨完了活用手松，一下一下地很慢，王崇伦仔细琢磨，创造了一个拐形的钩具，松活时只要一拽，活就飞快地从螺丝上转下来，一次就节省三十秒钟！他说："什么事都经不起精打细算，越算计越有新窍门。"九月份，王崇伦完成了六个月零两天的生产任务，十月份虽然因为国庆假日等只有二十一个工作日，王崇伦还是完成了六个月零六天的生产任务。他的全部计划，到十一月底就可以完成！他驾驭了时间，超越了时间。现在，已经在完成着一九五五年下半年的生产任务！根据统计员刘宝忠的精确计算，王崇伦能够超额完成自己的计划——今年一年中，完成三年半的生产任务。

王崇伦以自己的光辉榜样，开辟了一条新的道路，工具车间的每一个工人都表示要向王崇伦学习，订出自己的创造工具、提高生产效率的保证计划。钳工王佐成创造了一个划线工具，提高工作效率十五倍。王崇伦不但自己克服困难，奋勉前进，还带动许多人前进。王崇伦耐心地培养自己的徒工。每星期一、三、五，提前上班，教给徒工技术道理和看图纸，站在刨床旁边仔细指教徒工操作。短短的半年，他就把徒工李敬言培养得能独立生产了。王崇伦并不骄傲自满，工人们有什么事找到他名下，总是和蔼地谈话，所以，和群众的关系很好。老钳工郝国富说："这小伙真是个好样的！我最佩服他的是：自己不懂的，能接受别人意见。"

王崇伦向鞍钢各厂矿职工提出了挑战，炼钢厂等单位工人已向他应战，这一竞赛正在发展着。